本书获得教育部人文社会科学青年基金项目资助（项目编号：
16YJC770022）

中央高校基本科研业务费专项资金资助（supported by "the
Fundamental Research Funds for the Central Universities"）

光明社科文库

清华简与先秦史事探研

申　超◎著

光明日报出版社

图书在版编目（CIP）数据

清华简与先秦史事探研 / 申超著 . -- 北京：光明
日报出版社，2019.4
（光明社科文库）
ISBN 978－7－5194－5271－1

Ⅰ. ①清… Ⅱ. ①申… Ⅲ. ①简（考古）—研究—中国
—战国时代②中国历史—研究—先秦时代 Ⅳ.
①K877.54②K220.7

中国版本图书馆 CIP 数据核字（2019）第 081553 号

清华简与先秦史事探研
QINGHUAJIAN YU XIANQIN SHISHI TANYAN

著　　者：申　超

责任编辑：曹美娜　黄　莺　　　　　责任校对：赵鸣鸣
封面设计：中联学林　　　　　　　　责任印制：曹　净

出版发行：光明日报出版社
地　　址：北京市西城区永安路 106 号，100050
电　　话：010-63131930（邮购）
传　　真：010－67078227，67078255
网　　址：http://book.gmw.cn
E － mail：caomeina@ gmw.cn
法律顾问：北京德恒律师事务所龚柳方律师

印　　刷：三河市华东印刷有限公司
装　　订：三河市华东印刷有限公司
本书如有破损、缺页、装订错误，请与本社联系调换，电话：010-67019571

开　　本：170mm×240mm
字　　数：268 千字　　　　　　　　印　　张：17
版　　次：2019 年 9 月第 1 版　　　印　　次：2019 年 9 月第 1 次印刷
书　　号：ISBN 978－7－5194－5271－1
定　　价：89.00 元

序

　　先秦时期是中国古代历史发展过程的重要阶段，早期国家制度在这时得以建立和完善。传统的礼乐制度乃致学术文化，也在这时定型奠基。然而由于距今久远，和后世汗牛充栋的史料相比较，传世史料十分有限，故研究中疑点难题重重，普遍遭到怀疑的问题很多。自宋代开始的以怀疑为特点的史学批判传统经过清代的传承，到 20 世纪 20 年代疑古学派的出现达到了高峰，有限的先秦典籍大部被判为伪书，长期以来形成的中国传统的古史系统遭到破坏。1925 年，王国维先生到清华大学任国学研究院导师，讲授《古史新证》。他在讲义开端即指出，"信古"有过，"疑古"也有过，"疑古之过，乃并尧舜禹之人物而亦疑之，其于怀疑之态度和批评之精神无不可取，然惜于古史材料未尝为充分之处理也"①。王国维先生在此所说的"未尝充分处理"的古史材料，即他所在的那个时代可以看到的甲骨文和金文。由此，他提出了以传世文献材料与地下材料互证的"二重证据法"，成为现代考古学在中国建立的先声，开拓了考古学与历史学结合的道路。

　　可喜的是，我们现在所处的时代比起王国维先生在清华大学国学院任导师的年代，有了更多地下出土的材料。尤其是近年来有大量简、牍、帛书新材料出现，为探索先秦历史提供了可贵的资料，清华简即是其中之

---

① 王国维. 古史新证［M］. 北京：清华大学出版社，1996：2.

一。清华简自 2008 年面世以来便受到古史学界的极大关注，至今已经出版整理报告八辑，包含四十余篇极其重要、极其珍贵的战国竹书。这其中便包括《尚书》《逸周书》中的相关篇目，还有其他虽不见于今本，但同属"书"类的文献。更为难得的是还发现了一部史料价值足以媲美《竹书纪年》的编年体史书——《系年》，所记史事上起西周之初，下到战国前期。这些珍贵竹书的发现和相关研究成果的不断问世，无疑将推动古史研究的不断深入，尤其是对商周史、春秋史研究来说，清华简的发现更是提供了除传世文献、商代、西周甲骨文、金文以外的新的出土文字资料，不但补充和完善了先秦史研究的史料种类，还开拓了先秦史研究的新视角。而如何认识和运用清华简中所见的先秦史料，则是清华简面世后摆在学界面前的新课题。

近年来许多青年学者运用新材料、新方法，在先秦史研究领域辛勤耕耘，不断推出了新的见识和成果，申超博士的这本新著，即代表之一。《清华简与先秦史事探研》是在他的博士论文基础上完成的。申超在 2011 年来到西北大学随我攻读先秦史博士研究生时，正值清华简第一辑、第二辑《系年》出版，他在读的几年间又相继有第三辑、第四辑出版。新材料不断推出，真是碰到了好时机。做博士论文选题时，我要求他尽量使用新材料，在先秦史研究已经历两千余年、成果众多的当今，只有采用新材料，并与现存的传世材料、考古材料结合起来，进行多重考证，方能有所创新。我们在共同研读清华简的基础上，设定了他的研究方向和选题。

《清华简与先秦史事探研》立足于清华简，分作上下两编，上编首先对清华简第一册进行梳理、归纳、考释，包括字句的考订、主旨的阐发、文献的疏通等。在这些工作的基础之上，选定商周若干事件为突破点，就事件性质、起因和实际影响给以动态分析，提出自己独立的见解，以求揭示某些历史事件的相互关系及相关制度的变动轨迹。下编则着重清华简《系年》所记春秋史事的研究，主要以晋、楚两国为主线，对其涉及的历史事件展开多角度的思考，同时讨论了《系年》《春秋》三传、《国语》《史记》之间的关系。

纵观整部著作，可见其方法是从实证的角度，以传世先秦史籍为基础，围绕清华简，综合利用甲骨刻辞、铜器铭文，通过辨析相关历史记载的史料价值，对清华简反映的重要史事进行综合考释，并对清华简与某些传世文献递嬗关系展开论述。特别是对《系年》的研究，立足于西周、春秋的历史变迁，给以动态分析，针对《系年》所涉及的重要史事提出自己独立的见解，以求揭示某些历史事件的相互关系及相关制度的变动轨迹。所考证的若干春秋史事，除了肯定《系年》的史料价值以外，也有助于我们从整体上理解春秋时期政治格局变迁的大致轮廓。

申超博士能坚持实事求是的治学态度，从小处着手，以小见大，不忽略细微问题，同时为解决较大的历史问题进行学术积累。这些都是值得肯定和赞赏的。2014 年 6 月，他的博士论文顺利通过答辩，答辩委员会主席周天游教授，委员黄留珠教授、张懋镕教授、王晖教授、徐卫民教授一致认为论文选题重要且有意义，论文考证严谨，学术视野开阔，有所创新。他的博士论文被评为"2014 年西北大学优秀博士论文"，次年又被评为"陕西省优秀博士论文"，进而被光明社科文库选中，这是大好事。相信申超在今后的研究中还会解决更多的学术难点，取得更多收获，为推进先秦史的研究尽自己的一份力量。

仅此为序。

田旭东

2018 年 12 月 13 日

目　录
CONTENTS

绪　论

先秦时期是中国漫长历史阶段中的重要组成部分，对中国古代社会影响既深且巨，值得深入研究，以把握中国社会发展的历史脉络，为现实社会的建设提供良性的助力。目前新出土资料层出不穷，令人目不暇接，如何将这些新材料与传世文献较好地结合起来，尽可能地还原历史，是一个非常重要且研究前景巨大的课题。

一、研究意义

清华大学于 2008 年入藏了一批战国楚简，包括整简与残片在内，共计 2500 枚左右，学术界称之为清华简。经北京大学加速器质谱实验室、第四纪年代测定实验室对清华简无字残片做了 AMS 碳十四年代测定和树轮校正，其时代为公元前 305 ± 30 年，相当于战国中晚期。2008 年 10 月 14 日召开 "清华大学所藏竹简鉴定会"，专家们对清华简做了认真细致的观察，最终鉴定组对清华简的时代给出了与科学测试相同的结论，并指出这批战国竹简是十分珍贵的历史文物，涉及中国传统文化的核心内容，是前所罕见的重大发现，必将受到国内外学者重视，对历史学、考古学、古文字学、文献学等许多学科将会产生广泛深远的影响。①

清华简目前已经出版八册，本研究以前两册为主。第一册包含九篇文献：《尹至》《尹诰》《程寤》《保训》《耆夜》《金縢》《皇门》《祭公》《楚居》。其

---

① 刘国忠. 走近清华简 [M]. 北京：高等教育出版社，2011：1 - 2.

中多与《尚书》《逸周书》关系密切，可以为解决经学的相关问题提供新的资料。第二册整理者定名为《系年》，体裁类似《竹书纪年》，是一部记载上起西周之初、下到战国前期的史书。其中涉及厉王与国人暴动、周之东迁、三监之乱、卫的分封、息楚蔡之争、晋国内乱、城濮之战等重要史事，多可与传世文献如《左传》《国语》《史记》对读，补证传世文献的缺失。

把清华简作为一个专门的研究对象进行研究，是历史学不可或缺的一个方面，其学术意义可以分为以下几个方面：

第一，促进先秦史研究的进一步发展。先秦时期是中华文明形成的奠基时期，苦于资料的稀缺，往往令研究者望而却步。清华简的出现，提供了新的史料，从而使得人们可以从另一个视角来审视一些被误读的史料。尽管学界已经展开对清华简的专题研究，但力度远远不够，对简文史料价值的挖掘仍需要加强。

第二，推动先秦时期治国观念的研究。治国观念是维护国家安定的重要因素，健康的治国观念可以使国家与人民共谋福祉，对当今国家的治理亦有重要的借鉴意义。西周的治国观念继承了五帝、夏、商以来形成的良好的因子，摒弃了其不合理的因素，因而西周时期的治国观念得到丰富与发展，形成具有西周特色的治国思想。这种思想深深影响了春秋战国政治思想的发展。西周的治国观念正是这样承前启后，为中国先秦时期治国观念的形成奠定了基础，也为子学的兴起提供了思想源泉。西周治国观念是中国传统文化的重要组成部分，丰富了中国传统文化的内涵。

第三，推动春秋战国史事的研究。通过对《系年》的探讨，可以增进对春秋诸侯国争霸史事的了解，避免出现不必要的误解。春秋战国史事纷繁芜杂，许多看似不起眼的细枝末节却往往牵连甚巨，清华简的出现可以帮助人们较为准确地理解若干重要史事，从而加深对春秋历史发展线索的认知，总结历史经验，达到以史为鉴的目的。

由此可见，在先秦史料极为不足的情况下，清华简的出现无疑为学者提供了新的史料素材，它使一些传统观念中的史事得以重新审视，必将带来上古史研究的新热潮。因此本文选择清华简为研究对象，目前已经搜集到一些与清华简相关的材料：资料方面，《尚书》《诗经》《左传》《国语》《逸周书》《史记》

《汉书》及先秦诸子均是需要参考的基本典籍。清华简第一、二册是本书主要研究对象,也是本书的重要材料依据。此外,本人还利用其他一些简帛材料如上博简、郭店简,以及一些重要的甲骨文和青铜器铭文,力求在前人成果的基础上结合新出清华简,对某些重要史事得出更为稳妥的认识。

二、研究现状

清华简的研究目前已成为先秦史研究最前沿的课题,以李学勤先生为首,已围绕出版的清华简发表了大量研究论文,其中有代表性的文章如下。

(一)综述性质的文章

李学勤先生先后发表了一系列论文,如《清华简整理工作的第一年》① 总结了清华简的入藏、鉴定、保护、拍照、内容等具体情况。《清华简九篇综述》② 分别对清华简第一册收录的九篇文献的形制、内容做了简明而精辟的介绍与研究,揭示了清华简所收简文与传世文献的密切关系,指出简文对于上古史的深远影响。《清华简〈系年〉及有关古史问题》③ 详细介绍了第二册《系年》的相关情况,指出《系年》与《竹书纪年》的相似性,并讨论了周平王事迹、三监之乱、秦人起源、康叔始封等重要问题,为解决这些历史疑难事件提供了重要参考。《新整理清华简六种概述》④ 指出《周公之琴舞》体裁类似《周颂》,作于周初;《芮良夫毖》,体裁类似《大雅》,作于西周晚期;《说命》三篇是真正的古文《尚书》;《赤鹄之集汤之屋》是记汤与伊尹之事的佚书;还有一种记载古代贤臣,定名为《良臣》。

裘锡圭先生《出土文献与古典学重建》⑤ 从古书的真伪年代、体例源流、校勘解读三个方面高屋建瓴地讨论了出土文献与古典学之间的关系,并对清华简的价值给予充分的肯定。

---

① 李学勤. 清华简整理工作的第一年 [J]. 清华大学学报(哲社版),2009(5).
② 李学勤. 清华简九篇综述 [J]. 文物,2010(5).
③ 李学勤. 清华简《系年》及有关古史问题 [J]. 文物,2011(6).
④ 李学勤. 新整理清华简六种概述 [J]. 文物,2012(8).
⑤ 裘锡圭. 出土文献与古典学重建 [N]. 光明日报,2013 - 11 - 14.

廖名春先生《清华简与〈尚书〉研究》① 以《金縢》《尹至》《尹诰》《傅说之命》等文献为主要研究对象，认为清华简《金縢》支持孔传的正确，《尹至》为今本《尚书》中的《商书》，清华简本才是真正的《尹诰》与《咸有一德》，清华简《傅说之命》三篇才是真正的尚书原本。

（二）专题研究文章

1. 对第一册九篇文献的广泛研究，梳理如下：

（1）《尹至》：沈建华先生《清华楚简〈尹至〉释文试解》② 探讨了《尹至》篇的释文相关问题，提出了自己的看法。邢文先生《试释清华简·〈尹至〉的"一勿遗"》③ 重新考究了第 2、3 简的文句释读，着重讨论了《尹至》中"一勿遗"的理解，对夏商之际的史事进行了研究。田旭东师《尹挚与伊尹学派——以出土文献为考察中心》④ 梳理了伊尹在夏商之际的史事，结合商代甲骨文、西周金文及传世文献，指出伊尹是夏末商初的著名间谍，助商汤灭夏之后成为商代初年的杰出政治家，并结合马王堆汉墓帛书《伊尹·九主》展开对战国时期"伊尹学派"的探索。郭永秉先生《清华简〈尹至〉"彔至在汤"解》⑤ 分析了"彔"的字形，指出彔与"夜""夕"一样，是一种泛称的时称。"中彔"当指彔之中，指的是夜半。《尹至》所记伊尹来到汤所的时间，只能笼统定为夜间。

（2）《尹诰》：虞万里先生《由清华简〈尹诰〉论〈古文尚书·咸有一德〉之性质》⑥ 分析《尹诰》句义基础上，通过比较《尹诰》与东晋本《咸有一德》两篇的异同来讨论《咸有一德》的性质和来源，指出汤在灭夏之后，曾一度严饬诸侯群臣，以此体味伊尹诰语，似暗藏机锋，不无规劝之意。廖名春

① 廖名春. 清华简与《尚书》研究［J］. 文史哲，2010（6）.
② 沈建华. 清华楚简《尹至》释文试解［J］. 中国史研究，2011（1）.
③ 邢文. 试释清华简《尹至》的"一勿遗"［A］//清华简研究（第一辑）—《清华大学藏战国竹简（壹）》国际学术研讨会论文集［C］. 上海：中西书局，2012：1 - 8.
④ 田旭东. 尹挚与伊尹学派—以出土文献为考察中心［A］. 清华简研究（第一辑）—《清华大学藏战国竹简（壹）》国际学术研讨会论文集［C］. 上海：中西书局，2012：31 - 39.
⑤ 郭永秉. 清华简《尹至》"彔至在汤"解［A］. 清华简研究（第一辑）—《清华大学藏战国竹简（壹）》国际学术研讨会论文集［C］. 上海：中西书局，2012：48 - 52.
⑥ 虞万里. 由清华简《尹诰》论《古文尚书·咸有一德》之性质［J］. 史林，2012（2）.

《清华简〈尹诰〉篇的内容与思想》① 从思想史的角度指出《尹诰》所保存的伊尹建立在"君权天授""天人合一"基础上的民本思想，特别是伊尹提出的利益与民共享，以赍民争取民心的思想格外夺目。孙飞燕先生《也谈清华简〈尹诰〉的"惟尹既及汤，咸有一德"》② 探讨了《尹至》首句的理解，将其断句并标点为："惟尹既及汤，咸有一德。""及"的意思也是"至"。"就"的意思是"归于"，与"至""及"含义近似。"既"如字读，意思是"已经"。简文是说伊尹归汤之后，君臣同心同德，不互相怀疑。

（3）《程寤》：李学勤先生《〈程寤〉〈保训〉"日不足"等语的读释》③ 对词句进行了阐释，指出"日不足"指的就是惜日之短。黄怀信先生《清华简〈程寤〉解读》④、何有祖先生《清华简〈程寤〉补札》⑤、李锐先生《〈程寤〉试读》⑥、袁莹先生《清华简〈程寤〉校读》⑦、复旦大学出土文献与古文字研究中心研究生读书会《清华简〈尹至〉、〈尹诰〉研读札记（附：〈尹至〉、〈尹诰〉、〈程寤〉释文）》⑧ 均对《程寤》做了一一考释，尤其对字句的考订、句义的论述展开了深入研究。

（4）《保训》：李学勤先生的《论清华简〈保训〉的几个问题》⑨ 认为《保训》是周文王临终时对其太子发即武王的遗言，文王在去世之前已经称王，遗

① 廖名春. 清华简《尹诰》篇的内容与思想 ［A］. 清华简研究（第一辑）—《清华大学藏战国竹简（壹）》国际学术研讨会论文集 ［C］. 上海：中西书局，2012：40－47.

② 孙飞燕. 也谈清华简《尹诰》的"惟尹既及汤，咸有一德" ［A］. 清华简研究（第一辑）—《清华大学藏战国竹简（壹）》国际学术研讨会论文集 ［C］. 上海：中西书局，2012：57－61.

③ 李学勤.《程寤》《保训》"日不足"等语的读释 ［J］. 清华大学学报（哲学社会科学版）2011（2）.

④ 黄怀信. 清华简《程寤》解读 ［J］. 鲁东大学学报（哲学社会科学版），2011（4）.

⑤ 何有祖. 清华简《程寤》补札 ［EB/OL］. 武汉大学简帛研究中心网站，2010－05－31.

⑥ 李锐.《程寤》试读 ［EB/OL］. 武汉大学简帛研究中心网站，2011－03－30.

⑦ 袁莹. 清华简《程寤》校读 ［EB/OL］. 复旦大学出土文献与古文字研究中心网站，2011－01－11.

⑧ 复旦大学出土文献与古文字研究中心研究生读书会. 清华简《尹至》《尹诰》研读札记（附：《尹至》《尹诰》《程寤》释文）［EB/OL］. 复旦大学出土文献与古文字研究中心网站，2011－01－05.

⑨ 李学勤. 论清华简《保训》的几个问题 ［J］. 文物，2009（6）.

言的中心是文王告诫武王要以中道治国;《清华简〈保训〉释读补正》① 对于曾经公布的释文做了进一步的修正,从而使得《保训》的理解更为顺畅;《〈程寤〉〈保训〉"日不足"等语的读释》② 分析了《保训》中"日不足"使用情况,对其含义进行了阐发;杨朝明先生《"清华简"〈保训〉与"文武之政"》③ 指出"清华简"《保训》篇对认识"周政"和儒家思想意义重大,该篇关于"中"的论述,印证了儒家中道思想的源流及其对"周政"的极大影响,说明孔子儒家思想与"文武之政"的确一脉相承。邢文先生《〈保训〉之中与天数"五"》④ 通过研究认为"中"需要满足《保训》文本所限的十五个条件,清华简《保训》所描述的"中"符合河图所见天数之"五"。廖名春、陈慧先生《清华简〈保训〉篇解读》⑤ 认为"中"即"和",指和谐的治国理民之道。刘国忠先生《清华简〈保训〉与周文王事商》⑥ 推测周文王生前已经秘密称王,积极从事灭商大业,清华简《保训》提供了周文王生前称王的证据。郭伟川先生《〈保训〉主旨与"中"字释读》⑦ 认为周文王之所以在遗书中一再向姬发提及"中"字,指的就是"中土"。

此外,还有王连龙《谈清华简〈保训〉篇的"中"》⑧、陈伟《〈保训〉字句试读》⑨、王辉《也说清华楚简《保训》的"中"字》⑩、刘光胜先生《〈保训〉之中何解——兼谈清华简〈保训〉与〈易经〉的形成》⑪、张卉先生《清

---

① 李学勤. 清华简《保训》释读补正 [J]. 中国史研究, 2009 (3).
② 李学勤.《程寤》《保训》"日不足"等语的读释 [J]. 清华大学学报 (哲学社会科学版), 2011 (2).
③ 杨朝明. "清华简"《保训》与"文武之政" [J]. 管子学刊, 2012 (2).
④ 邢文.《保训》之中与天数"五" [J]. 清华大学学报 (哲学社会科学版), 2011 (2).
⑤ 廖名春, 陈慧. 清华简《保训》篇解读 [J]. 中国哲学史, 2010 (3).
⑥ 刘国忠. 清华简《保训》与周文王事商 [J]. 清华大学学报 (哲学社会科学版), 2011 (2).
⑦ 郭伟川.《保训》主旨与"中"字释读 [N]. 光明日报, 2010 - 12 - 06.
⑧ 王连龙. 谈清华简《保训》篇的"中" [J]. 古籍整理研究学刊, 2010 (2).
⑨ 陈伟.《保训》字句试读 [M] //出土文献:第一辑. 上海:中西书局, 2010:61.
⑩ 王辉. 也说清华楚简《保训》的"中"字 [A]. 中国古文字研究会,吉林大学中国古文字研究中心编. 古文字研究:第二十八辑 [Z]. 北京:中华书局, 2010:473.
⑪ 刘光胜.《保训》之中何解—兼谈清华简《保训》与《易经》的形成. 光明日报, 2009 - 05 - 18.

华简〈保训〉"中"字浅析》①、乔松林《对清华简〈保训〉篇思想的三层解读——由〈保训〉篇"中"的含义说起》②、李零《说清华楚简〈保训〉篇的"中"字》③、李均明《周文王遗嘱中之中道观》④、沈建华《〈保训〉所见王亥史迹传说》⑤、连劭名《战国竹简〈保训〉与古代思想》⑥、艾兰《怎样成为君王》⑦ 等均对"中"的含义进行了积极而有深度的研究。

（5）《耆夜》：李学勤先生《从清华简谈到周代黎国》⑧ 认为毕公是伐黎的主将，功绩最高，周朝建立之后，将毕公一子分封到黎国，以此将西周晚期的楷器（西周楷侯盛食用的青铜器）与之联系起来；裘锡圭先生《说"夜爵"》⑨ 将"夜"释为举，给人以极大的启发；田旭东师《清华简〈耆夜〉中的礼乐实践》⑩ 认为简文展示了西周初年庆功典礼饮至的内容，反映了周人的礼乐文化；王鹏程先生《"清华简"武王所戡之"黎"应为"黎阳"》⑪ 结合清华简、上博简、今本《竹书纪年》以及相关文献，提出"二次戡黎说"，即文王和武王都曾戡黎，但所戡之黎不同，清华简所载武王所戡之黎为朝歌附近的黎阳。陈致先生《清华简所见古饮至礼及〈耆夜〉中古佚诗试解》⑫ 认为四言成语的大量出现、四言体诗的形成，都应该在西周中晚期形成，与音乐的发展和周代礼乐中变音钟的规范使用、四声音阶在礼乐中的定型有所关联。

（6）《皇门》：孙飞燕先生《清华简〈皇门〉管窥》⑬ 将清华简本《皇门》

① 张卉. 清华简《保训》"中"字浅析 [J]. 史学月刊, 2010（12）.
② 乔松林. 对清华简《保训》篇思想的三层解读—由《保训》篇"中"的含义说起 [J]. 船山学刊, 2012（3）.
③ 李零. 说清华楚简《保训》篇的"中"字 [N]. 中国文物报, 2009-05-20.
④ 李均明. 周文王遗嘱之中道观 [N]. 光明日报, 2009-04-20.
⑤ 沈建华. 《保训》所见王亥史迹传说 [N]. 光明日报, 2009-04-20.
⑥ 连劭名. 战国竹简《保训》与古代思想 [J]. 中国哲学史, 2010（3）.
⑦ 艾兰, 撰. 王进锋, 译. 怎样成为君王 [N]. 光明日报, 2010-07-12.
⑧ 李学勤. 从清华简谈到周代黎国 [M] //出土文献：第一辑. 上海：中西书局, 2010：1-6.
⑨ 裘锡圭. 说"夜爵" [M] //出土文献：第二辑. 上海：中西书局, 2011：17-21.
⑩ 田旭东. 清华简《耆夜》中的礼乐实践 [J]. 考古与文物, 2012（1）.
⑪ 王鹏程. "清华简"武王所戡之"黎"应为"黎阳" [J]. 史林, 2009（4）.
⑫ 陈致. 清华简所见古饮至礼及《耆夜》中古佚诗试解 [M] //出土文献：第一辑. 上海：中西书局, 2010：6-31.
⑬ 孙飞燕. 清华简《皇门》管窥 [J]. 清华大学学报（哲学社会科学版）, 2011（2）.

与今本《皇门》进行对比，说明《皇门》的成文年代就是西周时期，并指出与《尚书·周书》各篇在文气上存在较多的相似性。李均明先生《周书〈皇门〉校读记》① 仔细对比了传世本《皇门》与简本，讨论了简本与传世本的优劣。黄怀信先生《清华简〈皇门〉校读》② 对简文做了逐字逐句的考释与疏通。王连龙先生仿照顾颉刚先生研究《世俘》篇的体例对《皇门》展开研究，并认为《皇门》的"骄"应读作"嚣"，犬嚣即犬吠。③

（7）《金縢》：刘国忠先生《从清华简〈金縢〉看传世本〈金縢〉的文本问题》④ 指出《金縢》篇是先秦时期一篇真正的《尚书》，并非出自后世的伪造；《金縢》篇的叙述清晰，内容完整，不存在一些学者所说的错简问题；《金縢》篇全篇应是同时完成，不存在有些段落出自后人增附的问题；《金縢》篇在先秦时期还有其他的篇名存在，证明《书序》的问题非常复杂，有可能在战国中期存在不同传本的《金縢》文本，或者是当时还没有出现《书序》。马楠《〈金縢〉篇末析疑》⑤ 指出"王出郊"之"郊"为城外郊野，非出行郊祭。

（8）《祭公》：李学勤先生《清华简〈祭公〉与师询簋铭》⑥ 明确指出清华简《祭公》与师询簋的密切联系，再次论证了《祭公》的史料价值。沈建华先生《清华简〈祭公〉与〈逸周书〉校读记》⑦ 则以简本为基础，详细对比与传世本《祭公》的优劣情况，揭示了简本的价值。沈建华先生《清华楚简〈祭公之顾命〉中的三公与西周世卿制度》⑧ 通过三公在传世文献与清华简的相关记

---

① 李均明. 周书《皇门》校读记 [M] //中国文化遗产研究院编. 出土文献研究：第十辑. 北京：中华书局，2011：9.
② 黄怀信. 清华简《皇门》校读 [EB/OL]. 武汉大学简帛网，2011 - 03 - 14.
③ 王连龙. 《逸周书》研究 [M]. 北京：社会科学文献出版社，2010：147.
④ 刘国忠. 从清华简《金縢》看传世本《金縢》的文本问题 [J]. 清华大学学报（哲学社会科学版），2011（3）.
⑤ 马楠. 《金縢》篇末析疑 [J]. 清华大学学报（哲学社会科学版），2011（2）.
⑥ 李学勤. 清华简《祭公》与师询簋铭 [M] //初识清华简. 上海：中西书局，2013：135 - 139.
⑦ 沈建华. 清华简《祭公》与《逸周书》校读记 [M] //出土文献研究：第十辑. 北京：中华书局，2011：23 - 37.
⑧ 沈建华. 清华楚简《祭公之顾命》中的三公与西周世卿制度 [J]. 中华文史论丛，2010（4）.

载，重新审视西周的"三公"及世卿制度。陈颖飞先生《清华简祭公与西周祭氏》① 结合简文对西周的祭氏家族进行了探索。

（9）《楚居》：李学勤《清华简〈楚居〉与楚徙鄩郢》② 推测《楚居》写作在楚肃王时，楚徙鄩郢又见于葛陵简，据其历日推定为悼王四年，即公元前398年。赵平安先生《楚居的性质、作者与写作年代》③ 指出《楚居》是以楚公楚王的谱系为经，以居处迁徙为纬的综合体。李守奎先生《论〈楚居〉中季连与䓻熊事迹的传说特征》④ 指出《楚居》中季连与䓻熊事迹的传说的三个特征，其与楚人其他先祖事迹一样，都来自神话传说，《楚居》是对神话传说的加工。楚人先祖可能自西而来，逐渐南移，至晚在西周初年就迁徙到了丹水和汉水流域。随着楚人的迁徙，这些山水地名也被他们带到了新的居住之地。《楚居》中季连的行踪可能有楚族迁徙的影子，但如果是移植的地名，就难以据此确考其准确的方位。

2. 第二册的研究成果主要集中在几个热点问题上，诸如：

（1）第二章"周亡王九年"的理解。

李学勤先生《由清华简〈系年〉论〈文侯之命〉》⑤ 指出二十一年是携王纪年，相当于晋文侯的三十一年，即公元前750年。"周亡王九年"不能由携王被杀算起，而是从幽王之死开始算，相当晋文侯十九年即公元前762年。王晖先生《春秋早期周王室王位世系变局考异——兼说清华简〈系年〉"周无王九年"》⑥ 认为周幽王死后"邦君诸正"拥立幽王之弟余臣为王，此即携惠王；携惠王二十一年被晋文侯所杀，之后有"周亡王九年"的时期；再后才是晋文侯迎平王于少鄂，立之于京师；三年后才迁居洛邑；而平王在幽王死去的30年间

---

① 陈颖飞. 清华简祭公与西周祭氏 [J]. 江汉考古，2011（2）.

② 李学勤. 清华简楚居与楚徙鄩郢 [J]. 江汉考古，2011（2）.

③ 赵平安. 楚居的性质、作者与写作年代 [J]. 清华大学学报（哲学社会科学版），2011（4）.

④ 李守奎. 论《楚居》中季连与䓻熊事迹的传说特征 [J]. 清华大学学报（哲学社会科学版），2011（4）.

⑤ 李学勤. 由清华简《系年》论《文侯之命》[J]. 扬州大学学报，2013（3）.

⑥ 王晖. 春秋早期周王室王位世系变局考异——兼说清华简《系年》"周无王九年" [J]. 人文杂志，2013（5）.

并未被立为王。刘丽结合史实对此处的年代进行推算，确认整理者的意见可取，认为《系年》里之所以称"周亡王九年"，正是因为如《纪年》里所说，携王本非嫡，因此幽王死后，携王被虢公立，然并未被众诸侯邦君所承认。邓少平《清华简〈系年〉与两周之际史事综考》① （《深圳大学学报》2012 年第 3 期）赞同刘丽的说法。刘国忠先生《从清华简〈系年〉看周平王东迁的相关史实》② 认为"周亡王九年"是指携王被弑，周有九年的时间无王，然后平王即位。王红亮《清华简〈系年〉中周平王东迁的相关年代考》③ 指出清华简《系年》与《史记·十二诸侯年表》实际上是两套纪年系统。魏栋《清华简〈系年〉与携王之谜》④ 认为"周亡王九年"之"周"指携惠王之周，"王"指周幽王，"九年"就是周幽王九年。

（2）第三章关于秦人始源问题。

李学勤先生《清华简关于秦人始源的重要发现》⑤ 重新探讨了秦人始源问题，认为秦人东来说更合情理。《清华简〈系年〉"奴䖒之戎"试考》⑥ 研究了奴䖒之戎的具体情况。田旭东师《清华简〈系年〉与秦人西迁新探》⑦ 利用考古资料与传世文献赞同秦人东来的观点。沈建华先生《秦族西迁朱圉原因及有关地理》⑧ 探讨了朱圉与西犬丘的关系，并认为成王迁西的原因之一是着眼于长远的经济利益。史党社先生《近二十年秦人来源研究的新进展述评》⑨ 对近二十年来的秦人始源问题做了梳理，同时主张将秦人上层与下层区分开来，秦人上层可能来自东方，但下层不排除本土文化的可能性，在肯定清华简《系年》

---

① 邓少平. 清华简《系年》与两周之际史事综考 [J]. 深圳大学学报，2012（3）.
② 刘国忠. 从清华简《系年》看周平王东迁的相关史实 [M] //陈致主编. 简帛·经典·古史. 上海：上海古籍出版社，2013：173－180.
③ 王红亮. 清华简《系年》中周平王东迁的相关年代考 [J]. 史学史研究，2012（4）.
④ 魏栋. 清华简《系年》与携王之谜 [J]. 文史知识，2013（6）.
⑤ 李学勤. 清华简关于秦人始源的重要发现 [N]. 光明日报，2011－09－08.
⑥ 李学勤. 清华简《系年》"奴䖒之戎"试考 [J]. 社会科学战线，2011（12）.
⑦ 田旭东. 清华简《系年》与秦人西迁新探 [J]. 秦汉研究，2012（6）.
⑧ 沈建华. 秦族西迁朱圉原因及有关地理 [A]. 中国古文字研究会. 吉林大学中国古文字研究中心编. 古文字研究：第二十九辑，570－574.
⑨ 史党社. 近二十年秦人来源研究的新进展述评 [M] //彭卫主编. 历史学评论：第一卷. 北京：社会科学文献出版社，2013：228－249.

价值的同时，也保留了一定的质疑。王洪军先生《清华简〈系年〉与少皞"西迁"之谜》① 认为奄是少皞的后裔，成王将一部分奄人西迁到甘陕一带，就是嬴秦的祖先。

（3）第四章关于卫国分封问题。

李学勤先生《清华简〈系年〉解答封卫疑谜》② 对于康叔封卫的谜团进行解析，《由清华简〈系年〉重释沬司徒疑簋》③ 利用《系年》第四章对习称的康侯簋铭文进行重释，认为沬曾为纣王所居，地势形胜，不是康侯初都的康丘所能比。董珊先生《清华简〈系年〉所见的"卫叔封"与"悼折王"》④ 探讨"卫叔封"与"悼折王"的相关史事。

（4）有关战国的一些史事。

刘全志先生《清华简〈系年〉"王子定"及相关史事》⑤ 认为《系年》第二十三章涉及的王子定是楚国王子，而非周朝王子，对传世文献的误读进行了纠正。李锐先生《由清华简〈系年〉谈战国初楚史年代的问题》⑥ 根据清华简《系年》与金文讨论了楚简王、楚声王的在位年代，得出了不同于古籍记载的结论，认为楚简王年代应该延长三年，楚声王在位只有四年而非六年，还讨论了新蔡葛陵楚简中的"大莫敖阳为、晋师战于长城"之事的年代问题。马卫东先生《清华简〈系年〉项子牛之祸考》⑦ 结合第二十二章简文研究了战国早期发生在齐国的和子之乱。和子之乱又称"项子牛之乱"，是由田和派项子牛暗杀田悼子引起，导致齐国被三晋乘机而入，为三晋获得周天子册封做了铺垫。罗恭先生《从清华简〈系年〉看齐长城的修建》⑧ 利用《系年》第二十章、二十二章涉及的齐国长城简文，推测齐国长城的修建应在战国初年，起因是受到了晋、

---

① 王洪军. 清华简《系年》与少皞"西迁"之谜 [J]. 北方论丛，2013（1）.

② 李学勤. 清华简《系年》解答封卫疑谜 [J]. 文史知识，2012（3）.

③ 李学勤. 由清华简《系年》重释沬司徒疑簋 [J]. 中国高校社会科学，2013（3）.

④ 董珊. 清华简《系年》所见的"卫叔封"与"悼折王" [EB/OL]. 复旦大学出土文献与古文字研究中心网站，2011 - 04 - 01.

⑤ 刘全志. 清华简《系年》"王子定"及相关史事 [J]. 文史知识，2013（6）.

⑥ 李锐. 由清华简《系年》谈战国初楚史年代的问题 [J]. 史学史研究，2013（2）.

⑦ 马卫东. 清华简《系年》项子牛之祸考 [M] //华夏文化论坛：第九辑. 长春：吉林文史出版社，2013.

⑧ 罗恭. 从清华简《系年》看齐长城的修建 [J]. 文史知识，2012（7）.

鲁、越的军事威胁，长城的修建帮助齐国抵御了晋、越等国的攻击，是一项积极的防御措施。陈民镇《清华简〈系年〉研究》① 对清华简《系年》有关释文的研究成果做了一定的汇总与疏通，另外还着重讨论了《系年》中虚词、副词的用法以及部分战国时期的史事。陈颖飞先生《楚悼王初期的大战与楚封君——清华简〈系年〉札记之一》② 指出楚封君乃世袭爵位，不同文献的鲁阳公、平夜君、阳城君未必是同一人。楚悼王初期的战争，作为楚晋相争的重要阶段，虽不是开始，也不是结束，却是奠定战国早期晋强楚弱格局的关键。

（5）对《系年》体例的研究。

陈伟先生《清华大学藏竹书〈系年〉的文献学考察》③ 对《系年》的写作年代、作者国别、与《竹书纪年》体例关系等方面做了详细论证，认为《系年》成篇于楚肃王、宣王之世，其中肃王之世可能性较大。作者应是楚国人，其体裁应该是由《左传》一类文献改编而成，与《铎氏微》相关。廖名春先生《清华简〈系年〉管窥》④ 对《系年》的定名提出不同意见，认为"系年"是编年体史书之称，清华简《系年》既然为纪事本末体，应另拟新名。陈民镇《〈系年〉故志说——清华简〈系年〉性质及撰作背景刍议》⑤ 推测《系年》作者未必就是楚人，用词风格不同于一般的楚地文献，其史料来源较多，《系年》可能正是"志"类文献，至少是类似于"志"的文献，还具有教材的品格。许兆昌、齐丹丹先生《试论清华简〈系年〉的编纂特点》⑥ 认为《系年》属于纪事本末体裁，以记事为主，记言为辅，因事成篇，应当是一部经过系统编纂的战国史学要典。

（6）对《系年》文字的研究。

---

① 陈民镇. 清华简《系年》研究 [D]. 烟台：烟台大学，2013.
② 陈颖飞. 楚悼王初期的大战与楚封君—清华简《系年》札记之一 [J]. 文史知识，2012（5）.
③ 陈伟. 清华大学藏竹书《系年》的文献学考察 [J]. 史林，2013（1）.
④ 廖名春. 清华简《系年》管窥 [J]. 深圳大学学报（人文社会科学版），2012（3）.
⑤ 陈民镇.《系年》故志说—清华简《系年》性质及撰作背景刍议 [J]. 邯郸学院学报，2012（2）.
⑥ 许兆昌，齐丹丹. 试论清华简《系年》的编纂特点 [J]. 古代文明，2012（6）.

　　肖攀先生《清华简〈系年〉文字研究》① 对《系年》中一些构形不明、形近易误的文字进行研究，详细讨论了"徵""徹""追"等字形的问题，并对相关文句进行了疏通。牛鹏涛先生《清华简〈系年〉与铜器铭文互证二则》② 由清华简《系年》与金文对照，印证了河南辉县一带所出的"子龙""子龚""龚子"类具铭铜器中的"龙""龚"字可读为文献中"共伯和"之"共"，二者用字相通，地望一致，族属关系可能密切相关。

　　以上所列只是部分研究成果，清华简的研究可谓方兴未艾。学者们的丰硕成果虽然推动了此一时期的历史研究，使得研究角度、广度均有极大拓展，但也存在一些不足之处。第一，相较已出版的清华简而言，学者对其研究程度不同。由于第一册出版时间早于第二册，所以关于第一册的研究成果较多，从侧面反映第二册的研究亟待加强。第二册共有二十三章，但学者的关注度主要集中于几个热点问题之上，一些章节的研究较为冷清，讨论春秋史的相关成果较少，亟待加强。第二，由于清华简公布不久，学界虽然涌现出较多成果，但就某种程度而言还比较零散，缺乏综合各项新成果进而以一种新认识为基点，对清华简的学术价值尚待展开专门而有针对性的深入挖掘。第三，研究者需要不断从新视角、多角度审视清华简的史料价值及其与传世文献之间的递嬗关系。第四，如何将新材料与传世文献紧密结合起来，使得两者共同为历史研究服务，而非简单的互相否定，也是需要引起关注的问题。综上所述，清华简的出现与公布对学者来说是莫大的福音，同时也带来严峻的挑战，在当前的学术环境下，对于清华简进行持续不断的研究十分必要。

三、主要内容

　　本书立足于清华简，选定商周若干问题为突破点，就事件性质、起因和实际影响给以动态分析，提出自己独立的见解，以求揭示某些历史事件的相互关系及相关制度的变动轨迹。另外本书加强了对清华简《系年》的研究，主要以

---

① 肖攀. 清华简《系年》文字研究［D］. 长春：吉林大学，2010.
② 牛鹏涛. 清华简《系年》与铜器铭文互证二则［J］. 深圳大学学报（人文社会科学版），2012（2）.

晋、楚两国为主线，对其涉及的历史事件展开多角度的思考，同时讨论了《系年》《春秋》三传、《国语》《史记》之间的关系。

上编主要对清华简第一册进行梳理、归纳、考释，包括字句的考订、主旨的阐发、文献的疏通等，这都属于基础性的工作，但对于利用这些文献重新认识商周史的一些重要问题是必不可少的环节。例如《尹诰》不仅有利于证明伪古文尚书的确为伪书，还揭示了商汤与伊尹君臣齐心协力灭夏的史事；《傅说之命》则通过记述武丁寻找傅说的过程及失仲史事，展示了贤人兴国的历史规律；理清《程寤》主旨有利于我们了解商周之间敌对的紧张气氛，文王早已蓄意反商，武王在太姒梦中的主导作用为周人反商提供了受命于天的理论依据；而《金縢》《皇门》的重新解读有助于我们分析成王与周公之间及周公与召公、太公之间的关系，对西周初期政权一度飘摇却最终稳定发展的现象做出合理解释。《祭公之顾命》则体现了周人治国观念的传承，帮助我们深入了解周穆王与祭公谋父的关系。

下编主要是对《系年》春秋部分的研究，也是本书的主要特色。以二重证据法为基本研究方法，仔细梳理传世文献与简文之间的关系，发现《系年》涉及的春秋史事确实可以纠正一些传统意义上的错误认识，例如楚国灭息是争霸中原的关键一步，因为息国为楚国提供了北上问鼎中原的绝佳跳板，其政治与军事意义不可小视；经过几代楚王的积极努力，楚庄王消灭了国内强横的若敖氏，铲平不安定因素，同时整合了楚国的内政与军事力量，先征服陈国与郑国，然后与晋国会战于邲，大败晋国军队，获得梦寐以求的霸主地位。但是巫臣叛逃、郤克受辱两个看似不起眼的小事件却为楚国的衰落埋下了伏笔。巫臣叛逃为楚国增加了吴国这一新的强敌，大耗楚国军事实力；郤克受辱则导致鞌之战的爆发，晋国大败齐国，也使得楚国无法再利用齐国牵制晋国。再如《系年》揭示的晋文公回国的曲折之路，预示了晋国君权衰微的必然性，而以赵盾为首的赵氏家族的崛起，开启了异姓卿大夫专权晋国的先例，邲之战的失败就是晋国内各卿族权力失衡的结果。晋、楚两个都拥有较强实力的大国，均因为各自的内部问题致使其霸业中衰。本书下编所考证的若干春秋史事，有助于我们从整体上理解春秋时期政治格局变迁的大致轮廓。

四、创新之处

本书尝试从实证的角度，以传世先秦史籍为基础，围绕清华简，利用甲骨刻辞、铜器铭文，通过辨析相关历史记载的史料价值，对清华简反映的重要史事进行综合考释，并对清华简与某些传世文献递嬗关系展开论述。立足于西周、春秋的历史变迁，选定若干问题为突破点，就事件性质、起因和实际影响给以动态分析，针对清华简所涉及的重要的先秦史事提出自己独立的见解，以求揭示某些历史事件的相互关系及相关制度的变动轨迹。本书加强了对清华简《系年》的研究，对其涉及的历史事件展开多角度的思考。通过初步研究，本书得到以下一些新认识，简述如下：

1. 清华简《尹诰》中"我克协我友，今惟民远邦归志"一句的解释还存在一定的问题。这关系到全篇文意的理解，因此很有必要对其进一步阐释。本文通过论证说明"我克协我友"的"友"是归降的夏臣，"今惟民远邦归志"中的"民"是指夏民。

2. 简本《说命上》主旨在于强调武丁与傅说之间相得益彰的史实：武丁因傅说而成为殷商复兴的明王，傅说则由于武丁的超擢而成为一代名臣，君臣个人价值均得到十足的彰显。

3. 《程寤》中太姒所梦的梓树与太子发密切相关，代表周；松、柏、棫、柞指周的贤臣。太子发在梦中的作用十分重要，此梦的象征意义乃是太子发将会率周的贤臣占领商都，推翻商朝。

4. 清华简《金縢》的发现，使"周公居东"的问题得以重新审视，为这一问题的解决提供了可能。本文认为东征管蔡说、周公奔楚说两种观点还存在诸多问题，避居待罪说较为合理。召公不是文王之子，而有可能是周的同族，与武王、周公为族兄弟。

5. 清华简《皇门》"譬如戎夫，骄用从禽，其犹克有获？"当依今本校改为："譬若畋，犬骄用从禽，其犹克有获？"就是说譬如王田猎时，以不熟悉地形和兽情的犬官随行去擒获猎物，如何能有收获？如此解释，方与《皇门》主旨相符。《皇门》与《立政》的关系较为密切，很可能《皇门》作于《立政》之前，两者在思想、内容方面均极为相似，应该可以推测周公是先对群臣做了训诫，要求他们向成王举贤任才，然后再嘱咐成王要任用、依赖贤臣，远离奸佞小人，以保周邦国运长久。

6. 通过分析清华简《祭公之顾命》体现的祭公与周穆王的治国观念，指出简文主旨在于提示周穆王要继承文王、武王的遗志，恪守天命，依靠姬氏宗族，亲贤远佞，慎用刑罚，维护西周统治稳定。

7. 本书据清华简《系年》第二章，以周平王经历了"太子—流亡者—周天子"的角色转换为线索，说明周平王为太子时就已拥有自己的政治派系，内得皇父之助，外有申、缯、西戎之援，遂致政治斗争白热化。周平王流亡申国时期另立小政权，致使幽王兴兵伐申，反被申侯攻杀。平王为与携王争夺王位，依靠申、晋、郑等诸侯支持，最终迁东都、杀携王，获得这场政治斗争的最终胜利。因平王得国不正，不得不对诸侯多加倚重，又自弃镐京王畿之地，终致东周不振之局。

8. 《系年》第五章涉及息、楚两国关系，本文通过用词差异、灭息时间和方式、楚王对待蔡侯的处理、蔡侯强留息妫的理由等四个方面分析比较，肯定了清华简的史料价值。从楚文王灭息对楚国的发展意义的角度出发，进而指出楚文王灭息对楚国的发展意义重大，为楚国北上争霸提供了有力保障。

9. 围绕《系年》第六章的简文，发现骊姬立为夫人的时间当在晋献公伐狄回国不久，奚齐出生之前；重耳、夷吾集团在面临抉择时互有得失；里克也有自己的政治立场和理想，多重因素导致其悲惨的结局。

10. 围绕《系年》第七、八章的简文，发现参加城濮之战的国家中晋国阵营包括晋、宋、秦群戎之师；楚国阵营包括楚、陈、蔡、郑群蛮夷之师。城濮之战使晋国称霸中原，而楚国则因战败导致国内政局的变动。

11. 《系年》第九、十两章记录了晋襄公卒后国内卿大夫为自身利益各自拥立国君继承人，展开激烈的政治博弈。本文将对晋灵公得立及赵氏取得胜利的内外因素进行了初步分析：认为埋葬晋襄公的时间当依传世文献所记载为宜，赵盾拥立晋灵公的原因是掌握政权的需要、襄夫人的政治压力、秦国军事力量的威胁、国内秩序亟待安定的客观要求。

12. 《系年》第十三章记述邲之战这一重要历史事件。本文认为子家之乱并非楚国讨伐郑国的借口，其实是因为郑国背楚与晋国结盟，危害了楚国在中原的利益，不利于楚国争霸。邲之战亦可称之为"河上之役"，爆发的真实原因是楚国国力渐强，晋国内部各种势力失衡，双方的目的均是维持中原霸权。

13.《系年》第十四章记述鞌之战的前因后果，发现嘲笑郤克的女子不能肯定为萧同叔子，主角应当是不知名的齐国妇人。部分文献混淆两者之间的概念，是由于郤克提出齐晋和谈的条件所致。郤克没有条件得知妇人的确切身份，以萧同叔子为质的出发点在于其尊贵的地位。

14.《系年》第十五章记述围绕夏姬的身份、申公巫臣的命运等问题，本文认为夏姬应为徵舒之母，而非徵舒之妻；巫臣奔晋的过程应当私自携夏姬至齐之后再逃亡晋国；巫臣坚持迎娶夏姬并非仅仅贪图夏姬的美色，还存在追逐财富、提升政治地位等多种因素，巫臣事件表面上看是巫臣、子反的争妻之案，实则潜藏着楚国嫡系王族打击其他支族的历史素地。

五、研究方法

1. 本书以马克思主义理论为指导，坚持历史唯物主义。唯物史观强调经济与政治之间的关系，强调社会存在决定社会意识，清华简所反映的历史事实有深厚的社会背景亟待挖掘。应以实事求是的原则对待传世文献与出土文献，应采取中立客观的态度。不能完全盲目依靠出土文献，也应关注大量的、普遍的、主要的史料。因为出土文献固然重要，但有局部性、碎片化、不完整性等缺点，无法取代传世文献的宏观性、系统性、整体性等优势。另外，需要以发展的眼光审视研究对象的历史轨迹，以获得多面的认识。

2. 二重证据法。1925 年王国维先生在清华讲授"古史新证"课程，曾经说过："吾辈生于今日，幸于纸上之材料外，更得地下之新材料。由此种材料，我辈固得据以补正纸上之材料，亦得证明古书之某部分全为实录，即百家不雅训之言亦不无表示一面之事实。此二重证据法惟在今日始得为之。"陈寅恪先生曾经概括二重证据法在 20 世纪初的发展："一曰取地下之实物与纸上之遗文互相释证"；"二曰取异族之故书与吾国之旧籍互相补正"；"三曰取外来之观念，以固有之材料互相参证"。以此为指导，本项研究主要通过对传统文献的梳理、排比、分析，对资料作横向与纵向的比较，同时结合考古资料，运用二重证据法进行论证，力求通过传世文献与考古资料的对比结合，探析清华简所反映的治国观念以及春秋战国史事的历史线索。

3. 历时与共时结合的方法。从历时性角度来看，任何一种文献的流传都有形成、增加、删改的过程，所以在考察若干简文涉及的经典文献如《书》《诗》《左传》等作品的产生、形成与发展时，一定要关注它的流传过程与变迁。在中国古代的不同阶段，由于形势变化、国家政治制度的调整及其他相关因素的改变，一些被视为定论的史事会呈现出不同的样貌。从共时性角度来看，由于清华简内容繁杂，在同一历史阶段我们所面对的不同种类的资料有时会相互矛盾，对此我们要加以鉴别。因此，只有将历时与共时相结合，才能较为全面而又系统地挖掘清华简的宝贵价值。

由于清华简的涉及面广、内容丰富，囿于个人能力有限，本书只讨论了其中部分内容。此外，相关先秦史料有限，本书的一些观点存在一定的局限性，一些论断或有不足之处，还请各位专家学者谅解并给予批评指正。

上编 01

**清华简与商周的
治国观念**

第一章

从清华简看商代的治国观念

清华简在出版之后，引起了众多研究先秦史学者的积极关注。本章拟围绕第一册中的《尹诰》篇与第三册的《说命上》相关简文，进行部分字句的考释及主旨的阐发，进而一窥商代治国观念的风貌。

第一节　清华简《尹诰》篇研究

《尹诰》一篇是《尚书》的佚篇，或称《咸有一德》,① 由此引发很多学者的热烈讨论。不过，对这篇简文的理解还存在一些问题。本节拟就《尹诰》的个别词句为出发点，略陈一些不成熟的看法。首先将《清华大学藏战国竹简》（壹）中《尹诰》的释文按通行字体照录于下：

惟尹既及汤咸有一德。尹念天之败西邑夏，曰："夏自绝其有民，亦惟厥众。非民亡与守邑，厥辟作怨于民，民复之用离心，我捷灭夏。今后胡不监？"挚告汤曰："我克协我友，今惟民远邦归志。"汤曰："呜呼！吾何祚于民，俾我众勿违朕言？"挚曰："后，其赉之，其有夏之金玉实邑，舍之吉言。"乃致众于亳中邑。②

《尹诰》首句是这篇简文的主旨。孙飞燕先生将其断句并标点为："惟尹既

---

① 李学勤. 清华简九篇综述［J］. 文物，2010（5）；清华简与《尚书》《逸周书》的研究［J］. 史学史研究，2011（2）.

② 清华大学出土文献研究与保护中心编，李学勤主编. 清华大学藏战国竹简：壹［M］. 上海：中西书局，2010：133.

及汤，咸有一德。"　"及"的意思也是"至"。"就"的意思是"归于"，与"至""及"含义近似。"既"如字读，意思是"已经"。简文是说伊尹归汤之后，君臣同心同德，不互相怀疑。① 此说可从。通过阅读简文，可以看出伊尹作《尹诰》目的是向汤进谏，汤不怀疑伊尹，君臣二人共同解决危机，这当是《尹诰》本篇的中心所在。

"我克协我友，今惟民远邦归志"应当如何理解？此句中的"友""民"是指哪些人？学者间有很大的认识分歧。如有学者认为，《尹至》和《尹诰》中的"众"是指军队，而"民"是人民、民众。② 还有学者将此句断作"挚告汤曰：'我克协我友。今惟民、远邦归志。'"谓伊尹告汤，若我商人能协和我友邦，民众、远邦均有归附之心。③ 以上学者的观点都有一定道理，但联系上下文意，仍有抵牾之处。此句的解释众说纷纭，因此有必要对其中的某些字词重新进行解释，其中"友"和"民"是理解此句真实含义的关键。

本书分别对"我克协我友"的"友"与"今惟民远邦归志"中的"民"所指的具体对象进行分析讨论，认为"我克协我友"的"友"是归降商汤的夏臣；"今惟民远邦归志"中的"民"是指夏民。

一、"我克协我友"解

"我克协我友"的"友"，整理者指出是"《说文》古文'友'"④。《说文》："友，同志为友。从二又相交友。"⑤

"友"，学者大多将其解释为友邦，但这样解释与上下文意思不合。因为伊

---

① 孙飞燕. 也谈清华简《尹诰》的"惟尹既及汤，咸有一德"[A]. 清华简研究（第一辑）—《清华大学藏战国竹简（壹）》国际学术研讨会论文集[C]. 上海：中西书局，2012：57－61.

② 王宁. 清华简《尹至》《尹诰》中的"众"和"民"[EB/OL]. 复旦大学出土文献与古文字研究中心网站，2011－02－04.

③ 陈民镇. 清华简《尹诰》集释[EB/OL]. 复旦大学出土文献与古文字研究中心网站，2011－09－12.

④ 清华大学出土文献研究与保护中心编，李学勤主编. 清华大学藏战国竹简：壹[M]. 上海：中西书局，2010：134.

⑤ （汉）许慎撰，（清）段玉裁注，许惟贤整理. 说文解字注. 南京：凤凰出版社，2007：208.

尹先说:"夏自绝其有民,亦惟厥众。非民亡与守邑,厥辟作怨于民,民复之用离心,我捷灭夏。今后胡不监?"这是在分析总结夏朝灭亡的教训,并以此提醒汤避免犯同样的错误。随后却将讨论对象转向友邦,"我克协我友,今惟民远邦归志",则与前句简文关系不大,文意脱节。"友"为友邦的解释着实令人生疑。

"友"字在文献中除了"友邦"之外,还存在其他解释。《尚书·盘庚上》:"汝克黜乃心,施实德于民,至于婚友,丕乃敢大言,汝有积德。"① 其中"友"字,王国维、杨筠如、曾运乾、杨树达诸先生均解释为僚友。②《尚书·酒诰》:"予惟曰:汝劼毖殷献臣,侯甸男卫;矧太史友、内史友,越献臣百宗工;矧惟尔事,服休服采;矧惟若畴,圻父薄违,农父若保,宏父定辟。"③ 这里提到的"太史友""内史友"也当释为太史、内史的僚友。杨筠如《尚书覈诂》解释:"友,谓僚友也……盖太史、内史之官僚友甚多。"④《逸周书·商誓》:"王若曰:'告尔伊旧何父。□□□几、耿、肃、执,及殷之旧官人序文□□□□,及太史比、小史昔,及百官里居献民,□□□来尹师之敬诸戒,疾听朕言,用胥生蠲尹。'"其中"太史比、小史昔"庄述祖校改为"太史友、小史友",孙诒让赞同其说,认为这样改可以和《书·酒诰》的"太史友、内史友"相合。⑤可知"友"有僚友的意思。

在金文中"友"也可作为职官的一种泛称。张亚初、刘雨先生指出金文有"内史友员",在金文里寮与友并称,指部属、助手。⑥ 例如西周早期麦尊:

　　用赞侯逆复迺明令,唯天子休于麦辟侯之年铸,孙孙子子其永亡终终用复德绥多友,享旋走令。(《集成》6015)

---

① (清)阮元校刻. 十三经注疏·尚书正义 [M]. 北京:中华书局,1980:169.

② 王国维. 古史新证—王国维最后的讲义 [M]. 北京:清华大学出版社,1994:235,263;杨筠如. 尚书覈诂 [M]. 西安:陕西人民出版社,1959:150;曾运乾. 尚书正读 [M]. 上海:上海古籍出版社,2011:107;杨树达. 积微居读书记 [M]. 上海:上海古籍出版社,2007:6.

③ (清)阮元校刻. 十三经注疏·尚书正义 [M]. 北京:中华书局,1980:207.

④ 杨筠如. 尚书覈诂 [M]. 西安:陕西人民出版社,1959:193–194.

⑤ 黄怀信,张懋镕,田旭东撰,李学勤审定. 逸周书汇校集注 [M]. 上海:上海古籍出版社,2007:449–451.

⑥ 张亚初,刘雨. 西周金文官制研究 [M]. 北京:中华书局,1986:59.

李学勤先生指出多友是器主的同僚。①

再如麦方鼎：

唯十又一月，井侯延嚃于麦，麦锡赤金，用作鼎。用从邢侯征事，用飨多僚友。（《集成》2706）

邢侯赏赐麦赤色的铜，麦作鼎，以从邢侯征行所用，宴飨其同僚。

西周晚期师询簋：

王曰："师询，哀哉！今日天疾畏降丧。首德不克夒，故亡承于先王。向汝彶纯卹周邦，绥立余小子。载乃事，唯王身厚稽。今余唯申京乃命，命汝惠雍我邦小大猷，邦佑潢。敬明乃心，率以乃友捍御王身，欲弗汝以乃辟陷于艰。"（《集成》4342）

西周孝王时期的师晨鼎：

唯三年三月初吉甲戌，王在周师彔宫，旦，王格大室，即位，司马共佑师晨，入门立中廷，王呼作册尹册命师晨："胥师俗司邑人，唯小臣、膳夫守［友］、官犬、眔奠人、膳夫官守友，锡赤舄。"晨拜稽首，敢对扬天子丕显休命，用作朕文祖辛公尊鼎，晨其［万年］世子子孙孙，其永宝用。（《集成》2817）

夷王时期的大鼎：

唯十又五年三月既霸丁亥，王在蠚辰宫，大以厥友守。王飨醴，王乎膳夫马骍召大以厥友入攼。（《集成》2807）

马承源先生认为"友"指僚友②，杨树达先生指出友通言朋友，而此则谓同僚或部属。③ 王命膳夫骍和他的僚友进宫负责保卫工作。以上"友"字均应当释为僚友。

根据文献记载，在汤伐桀的战争中，有很多夏臣因为不满桀的残暴统治而投奔商汤，这为汤击败桀创造了有利条件。如《吕氏春秋·先识》记载：

夏太史令终古出其图法，执而泣之。夏桀迷惑，暴乱愈甚，太史令终古乃

① 李学勤. 释"出入"与"逆造"——金文释例之一［M］//通向文明之路. 北京：商务印书馆，2008：181.

② 马承源. 商周青铜器铭文选：三［M］. 北京：文物出版社，1988：270.

③ 杨树达. 积微居金文说［M］. 长沙：湖南教育出版社，2007：306.

出奔如商。汤喜而告诸侯曰："夏王无道，暴虐百姓，穷其父兄，耻其功臣，轻其贤良，弃义听谗，众庶咸怨，守法之臣，自归于商。"①

桀渐渐丧失夏朝臣民的支持，面对这种情形，商汤向诸侯宣告夏行将灭亡。君主统治国家需要杜绝荒淫的欲望，坚持与民同乐，才能得到百姓的支持。这种治国观念楚简中亦有体现，比如在郭店简《成之闻之》中讲述了上下相处之道：

上不以其道，民之从之也难。是以民可敬导也，而不可掩也；可御也，而不可牵也。故君子不贵庶物，而贵与民有同也。秩而比次，故民欲其秩之遂也。富而分贱，则民欲其富之大也。贵而能让，则民欲其贵之上也。反此道也，民必因此重也以复之，可不慎乎？故君子所复之不多，所求之不远，窃反诸己而可以知人。是故欲人之爱己也，则必先爱人；欲人之敬己也，则必先敬人。②

简文认为统治者不能教导民众，漠视民众的利益，就会导致民众的反抗。反观夏桀暴虐的行为，早已使得民众不堪重负，夏桀的统治基础陷于崩塌，夏朝已经行将就木。《吕氏春秋·简选》：

殷汤良车七十乘，必死六千人，以戊子战於郕，遂禽推移、大牺，登自鸣条，乃入巢门，遂有夏。桀既奔走，於是行大仁慈，以恤黔首，反桀之事，遂其贤良，顺民所喜，远近归之，故王天下。③

击败夏桀之后，汤积极推行"反桀之事，遂其贤良，顺民所喜"的方针，目的就是为了取得"远近归之，故王天下"的效果。由此可知，归顺商汤的夏臣当不在少数，显然是一股不能忽视的政治势力。

对于商的统治者来说，灭夏后如何处理归顺的夏朝臣民，牵一发而动全身。伊尹视归降的夏臣为僚友，积极安抚他们，也是希望他们能与商汤同心同德，共致天下于太平。鉴于此，伊尹称呼这些归降的夏朝贵族为友也就顺理成章。通过以上探讨，本书认为"友"当指归顺商汤的夏朝贵族大臣。

---

① 许维遹撰，梁运华整理. 吕氏春秋集释［M］. 北京：中华书局，2009：395 – 396.
② 李零. 郭店楚简校读记［M］. 北京：中国人民大学出版社，2009：158.
③ 许维遹撰，梁运华整理. 吕氏春秋集释［M］. 北京：中华书局，2009：184.

二、"今惟民远邦归志"解

关于"今惟民远邦归志"的解释，整理者认为是去其家邦者有回归之志。①
黄怀信先生认为"远邦归志"谓远邦有归附之心，民远邦归志不可通，"民"
字当涉上文衍。② 以上两种说法孰是孰非可以结合传世文献进行探索。先秦典
籍中常见"远志"的记载，如《国语·周语上》：

十五年，有神降于莘，王问于内史过，曰："是何故？固有之乎？"对曰：
"有之。国之将兴，其君齐明衷正，精洁惠和，其德足以昭其馨香，其惠足以同
其民人。……明神不蠲，而民有远志，民神怨痛，无所依怀，故神亦往焉，观
其苛慝，而降之祸。……是皆明神之志者也。"③

其中关于"远志"的解释，韦昭注："欲叛也。"《国语·周语中》：

王至自郑，以阳樊赐晋文公。阳人不服，晋侯围之。仓葛呼曰："王以晋君
为德，故劳之以阳樊。阳樊怀我王德，是以未从于晋。谓君其何德之布以怀柔
之，使无有远志……"晋侯闻之，曰："是君子之言也。"乃出阳民。

韦昭注："远志，离叛也。"④《国语·周语下》："景王二十一年，将铸大
钱。单穆公曰：'不可。……民不给，将有远志，是离民也。……令之不从，上
之患也，故圣人树德于民以除之。'"⑤ 韦昭注："给，共也。远志，逋逃也。"
《吕氏春秋·慎大》：

桀为无道，暴戾顽贪，天下颤恐而患之，言者不同，纷纷分分，其情难得。
干辛任威，凌轹诸侯，以及兆民，贤良郁怨。杀彼龙逢，以服群凶。众庶泯泯，
皆有远志，莫敢直言，其生若惊。⑥

高诱注："龙逢忠而桀杀之，故众庶泯泯然乱。有远志，离散也。"上述史

---

① 清华大学出土文献研究与保护中心编，李学勤主编. 清华大学藏战国竹简：（壹）
　　[M]. 上海：中西书局，2010：134.
② 黄怀信. 由清华简《尹诰》看《古文尚书·咸有一德》[EB/OL]. 武汉大学简帛研究
　　中心网站，2011 – 03 – 25.
③ 徐元诰. 国语集解 [M]. 北京：中华书局，2002：28 – 30.
④ 徐元诰. 国语集解 [M]. 北京：中华书局，2002：54 – 55.
⑤ 徐元诰. 国语集解 [M]. 北京：中华书局，2002：105 – 106.
⑥ 许维遹撰，梁运华整理. 吕氏春秋集释 [M]. 北京：中华书局，2009：353 – 354.

料中的"远志"均指叛逃离散之意。结合清华简，本书赞同整理者对"远邦归志"的理解，即去其家邦者有回归之志。这样，"民"是这句话的主语，"民"远离家乡有离散逋逃的迹象，所以伊尹才向汤反映，以引起汤的重视。所谓"远邦归志"，不当解释为远邦有归附之心。如前所述，《尹诰》的主旨是伊尹归汤之后向汤进谏，君臣同心同德，不互相怀疑。据《尹诰》简文，伊尹先总结了夏灭亡的教训，关键在于夏桀自绝其民，丧失了民的支持，商才可以顺利灭夏。接下来伊尹提出当前汤面临的危机，汤才忧虑地问如何才能不丧失民的支持。伊尹提出的建议是赏赐金玉实邑，并善加抚慰。若说"远邦归志"指远邦都有归附之心，那么汤就没有必要担忧。接下来"呜呼！吾何祚于民，俾我众勿违朕言？"这句话也就显得突兀。

　　李学勤先生指出《尹至》《尹诰》在简中是两篇，但应有密切关系。① 这两篇字迹、简制相同，为同一书手所抄。②《尹至》中的民是指夏民，对我们理解《尹诰》的"民"提供了新的思路。《尹至》重点突出夏民与桀离心离德，商汤因之以灭夏。《尹诰》可能作于《汤诰》之后。《史记·殷本纪》：

　　汤归至于泰卷陶，中𧽊作诰。既绌夏命，还亳，作《汤诰》：'维三月，王自至於东郊。告诸侯群后："毋不有功於民，勤力乃事。予乃大罚殛女，毋予怨。"曰："古禹、皋陶久劳于外，其有功乎民，民乃有安。东为江，北为济，西为河，南为淮，四渎已修，万民乃有居。后稷降播，农殖百谷。三公咸有功于民，故后有立。昔蚩尤与其大夫作乱百姓，帝乃弗予，有状。先王言不可不勉。"曰："不道，毋之在国，女毋我怨。"以令诸侯。伊尹作《咸有一德》，咎单作《明居》。③

　　通过上述记载并结合清华简《尹诰》，可以得知伊尹作《咸有一德》或在商汤作《汤诰》之后。细审简文，此"民"当指夏民。由于夏民曾被迁徙，这才会出现民有离散之心的情况。《逸周书·商誓》："在我王曰：'百姓，我闻古商先哲王成汤克辟上帝，保生商民，克用三德，疑商民弗怀，用辟厥辟。'"唐

---

① 李学勤．清华简九篇综述［J］．文物，2010（5）．

② 李学勤．清华简与《尚书》《逸周书》的研究［J］．史学史研究，2011（2）．

③ （汉）司马迁撰．史记［M］．北京：中华书局，1959：97－98．

大沛云："三德，刚、柔、正直也。"丁宗洛云："'疑商民弗怀'的'商民'当作'夏民'。"① 按丁说可从。据此可知商灭夏后，有部分夏民存有不服之心。《尹诰》即《咸有一德》重点讨论了如何安抚夏民，下文汤所言"我众"也是夏民，汤既灭夏，自然视夏民为自己治下之民。伊尹向汤提出的建议是对这些夏民善加抚慰，赏赐金玉实邑。

《尹诰》中伊尹总结夏朝灭亡的教训就是丧失夏民的支持，探讨灭夏之后如何妥善处理夏民的问题，这不是无的放矢。今按汤伐桀之战并非没有遇到抵抗，《尹至》中既有盼商如甘霖的夏民，亦有与汤作战的夏翾民。"夏翾民入于水，曰：'战。帝曰：一勿遗。'"整理者注：翾，《说文》古文"番"，读为"播"，《国语·晋语二》注："散也。"《书·大诰》"于伐殷逋播臣"，疏云："播谓播荡逃亡之意。"② 黄怀信先生解释："播，布也。播民，谓逃散之民。"③ 所以这部分夏播民当是追随夏桀逃亡、被汤击溃的夏民，表明多数夏民对汤是真心归附，但也有部分顽民不服。《史记·殷本纪》：

> 桀败於有娀之虚，桀奔於鸣条，夏师败绩。汤遂伐三朡，俘厥宝玉，义伯、仲伯作典宝。汤既胜夏，欲迁其社，不可，作《夏社》。伊尹报。于是诸侯毕服，汤乃践天子之位，平定海内。④

《说文》："社，地主也。从示、土。《春秋传》曰：'共工之子句龙为社神。'《周礼》二十五家为社，各树其土所宜木。"⑤ 这说明商汤或许曾意图改变或迁走夏民的土地神，只是因故未成。晁福林先生指出："在会战中，成汤不仅掠获许多宝玉，而且想迁走夏社，以示彻底灭夏之义，可能是迫于诸方国的态度，此事终不能行，不得已而封夏之后，保存了夏王朝的残余势力。"⑥ 此说较

① 黄怀信，张懋镕，田旭东撰，李学勤审定. 逸周书汇校集注 [M]. 上海：上海古籍出版社，2007：461.
② 清华大学出土文献研究与保护中心编，李学勤主编. 清华大学藏战国竹简：壹 [M]. 上海：中西书局，2010：130.
③ 黄怀信. 清华简《尹至》补释 [EB/OL]. 武汉大学简帛研究中心网站，2011 - 03 - 17.
④ （汉）司马迁撰. 史记 [M]. 北京：中华书局，1959：96 - 97.
⑤ （汉）许慎撰，（清）段玉裁注，许惟贤整理. 说文解字注 [M]. 南京：凤凰出版社，2007：12.
⑥ 晁福林. 夏商西周社会的变迁 [M]. 北京：中国人民大学出版社，2010：67.

符合当时史实。商灭夏后，如何处置夏朝的遗民便成为至关重要的政治问题。对此，商汤与伊尹必然会思虑如何加以妥善解决。

周灭商后也存在妥善安置商朝遗民的政治问题。《左传》桓公二年记载："武王克商，迁九鼎于雒邑，义士犹或非之。"① 曾运乾认为"义士"是指殷顽民。②《逸周书·度邑》："惟王克殷国，君诸侯，乃厥献民征主九牧之师见王于殷郊……王至于周，自□至于丘中，具明不寝……王曰：'呜呼……我来所定天保，何寝能欲？'王曰：'旦！予克致天之明命，定天保，依天室。志我共恶，俾从殷王纣。四方赤宜未定我于西土。'我惟显服，及德之方明。"③ 武王向周公阐述了营建洛邑的急迫性，并表达出对殷商顽民的忧虑。《书·多士序》："成周既成，迁殷顽民，周公以王命诰，作《多士》。"④《逸周书·作雒》："凡所征熊盈族十有七国，俘维九邑。俘殷献民，迁于九里。"⑤ 清华简《系年》："周成王、周公既迁殷民于洛邑，乃追念夏商之亡由，旁设出宗子，以作周厚屏，乃先建卫叔封于康丘，以侯殷之余民。"⑥ 周公继承了武王的遗志，营建成周并迁殷顽民于洛邑，封卫叔封于康丘，为的是监视殷遗民，从而稳定西周的统治。以此例之，不排除汤灭夏后，出于巩固统治的考虑，曾将部分夏民迁徙至亳的可能。

此外，封夏遗民于杞，当是伊尹作《尹诰》之后采取的后续措施。《史记·夏本纪》："汤乃践天子位，代夏朝天下。汤封夏之後，至周封於杞也。"⑦《大戴礼记·少间》："成汤卒受天命，不忍天下粒食之民刈戮，不得以疾死，故乃

①　杨伯峻. 春秋左传注［M］. 北京：中华书局，1990：89－90.
②　曾运乾. 尚书正读［M］. 上海：上海古籍出版社，2011：225.
③　黄怀信，张懋镕，田旭东撰．李学勤审定. 逸周书汇校集注［M］. 上海：上海古籍出版社，2007：465－473.
④　曾运乾. 尚书正读［M］. 上海：上海古籍出版社，2011：225.
⑤　黄怀信，张懋镕，田旭东撰．李学勤审定. 逸周书汇校集注［M］. 上海：上海古籍出版社，2007：518.
⑥　清华大学出土文献研究与保护中心编，李学勤主编. 清华大学藏战国竹简（贰）［M］. 上海：中西书局，2011：144.
⑦　（汉）司马迁撰. 史记［M］. 北京：中华书局，1959：88－89.

放移夏桀，散亡其佐。乃迁姒姓于杞。"① 《史记·陈杞世家》："杞东楼公者，夏后禹之后苗裔也。殷时或封或绝。周武王克殷纣，求禹之后，得东楼公，封之於杞，以奉夏后氏祀。"② 清人梁玉绳认为："禹后封杞，即汤封之，武王特因其旧封重命之耳。"③ 结合这些文献记载，汤极有可能在安抚夏民之后，将其封于杞。

综上所述，伊尹所说"我克协我友，今惟民远邦归志"的意思是指伊尹安抚了归顺商汤的夏朝贵族降臣，但夏民却因迁徙有人心不安的迹象。接下来商汤向伊尹咨询解决的办法，伊尹的建议是采取怀柔、赏赐的办法化解这一潜在的危机。

第二节　清华简《说命上》篇研究

清华大学第三册已经出版，其中《说命》三篇记载了很多传世文献未见的内容，引起学者的热切关注。简文长约 45 厘米，每篇最后一支简背均有篇题《傅说之命》，整理者分题《说命上》《说命中》《说命下》。《说命上》共七支简，记述武丁寻找傅说及傅说征伐失仲的事迹。

学界对《说命上》的关注度较高，如李学勤先生《论清华简〈说命〉中的卜辞》④，廖名春、赵晶先生《清华简〈说命上〉考释》⑤，杜勇先生《从清华简〈说命〉看古书的反思》⑥ 等，以上学者的成果均推动了《说命上》的研究，但《说命上》的价值仍有待深入挖掘。

---

① 黄怀信主撰，孔德立，周海生参撰. 大戴礼记汇校集注 ［M］. 西安：三秦出版社，2004：1239 - 1240.

② （汉）司马迁撰. 史记 ［M］. 北京：中华书局，1959：1583.

③ （清）梁玉绳撰. 史记质疑 ［M］. 北京：中华书局，1981：43.

④ 李学勤. 论清华简《说命》中的卜辞 ［M］//华夏文化论坛：第八辑. 长春：吉林文史出版社，2012

⑤ 廖名春，赵晶. 清华简《说命上》考释 ［J］. 史学史研究，2013（2）.

⑥ 杜勇. 从清华简《说命》看古书的反思 ［J］. 天津师范大学学报（社会科学版），2013（4）.

本节主要讨论清华简《说命上》所要表达的主旨，分析武丁与傅说的治国观念。现以通行字体将相关简文照录于下：

惟殷王赐说于天，甬为失仲使人。王命厥百工像，以货徇求说于邑人。惟弼人得说于傅岩，厥俾繌弓，引关辟矢。说方筑城，滕降庸力，厥说之状，鹃肩如惟。王乃讯说曰："帝繄尔以畀余，繄非？"说乃曰："惟，帝以余畀尔，尔左执朕袂，尔右稽首。"王曰："亶然。天乃命说伐失仲。"失仲是生子，生二牡豕失仲卜曰："我其杀之？我其已，勿杀？"勿杀是吉。佚仲违卜，乃杀一豕。说于郭伐失仲，一豕乃旋保以逝。乃践，邑人皆从。一豕随仲之自行，是为赤（赦）敦（俘）之戎。其惟说邑，在北海之州，是惟圜土。说来，自从事于殷，王用命说为公。①

简文可分为四个部分。第一部分为"惟殷王赐说于天，甬为失仲使人"，总括本篇简文所要阐发的主要意旨。第二部分包括"王命厥百工像，以货徇求说于邑人……王曰：'亶然。天乃命说伐失仲。'"描述殷王寻找傅说的过程。第三部分"失仲是生子，生二牡豕……一豕随仲之自行，是为赦俘之戎"，记述傅说受命讨伐失仲并顺利完成使命。第四部分"其惟说邑，在北海之州，是惟圜土。说来，自从事于殷，王用命说为公"，讲述傅说完成使命之后被殷王任命为公，成为殷商王朝的重臣。下面逐一讨论四个部分的主旨及相互关系。

一、简文主旨

（一）点出主题

"惟殷王赐说于天，甬为失仲使人。"整理者注："殷王，词见《书·无逸》，在此指高宗武丁。句云武丁受天之赐，与《书·禹贡》'禹锡玄圭'同例。甬，读为'庸'。《荀子·解蔽》注：'役也。'此言傅说为失仲庸役之人。"②

以整理者的建议，甬读为庸，解为役。然有不可通之处，若以整理者的意

---

① 清华大学出土文献研究与保护中心编，李学勤主编．清华大学藏战国竹简（叁）[M]．上海：中西书局，2012：122．
② 清华大学出土文献研究与保护中心编，李学勤主编．清华大学藏战国竹简（叁）[M]．上海：中西书局，2012：122．

见释为庸役，那既然已知傅说在失仲处服役，下文"王命厥百工像，以货徇求说于邑人"似无必要。按简文此处"庸"字之义，当有别解。

《说文·用部》："庸，用也。从用庚。庚，庚事也。《易》曰：'先庚三日。'"段注："'先庚三日'者，先事而图庚也。"① 则庸即用。而《说文》对用的解释为："用，可施行也。从卜中。卫宏说。"段注："卜中，则可施行，故取以会意。"②《说文》："甬，草木 $\approx$ 甬甬然也。"段注："小徐曰：'甬之言涌也。若水涌出也。《周礼》，钟柄为甬。'按凡从甬声之字，皆兴起之意。"③ 据此则甬含有兴起之意。

《说文·言部》："说，说释也。从言兑声。一曰：谈说。"段玉裁注："说释即悦怿。说、悦、释、怿，皆古今字。许书无悦怿二字也。说释者，开解之意，故为喜悦。采部曰：'释，解也。'儿部曰：'兑，说也。'本《周易》。此从言兑会意。兑亦声。"④

傅说之"说"字当是因傅说与武丁谈话而成为殷商大臣，时人以此称之为"说"。

然则此句应是整篇简文的总括，殷王得上天之赐，得到贤臣傅说，使殷商臻于极盛，傅说因为失仲使人而得以成为武丁之辅弼良臣。

（二）"使人"考

"使人"，《说文》："使，令也。"段注："令者，发号也。《释诂》：'使，从也。'其引伸之义也。"⑤ 使人或为派往某地处理相关事务的官员。甲骨卜辞也存在关于使人的记载，如：

---

① （汉）许慎撰，（清）段玉裁注，许惟贤整理．说文解字注［M］．南京：凤凰出版社，2007：228.
② （汉）许慎撰，（清）段玉裁注，许惟贤整理．说文解字注［M］．南京：凤凰出版社，2007：228.
③ （汉）许慎撰，（清）段玉裁注，许惟贤整理．说文解字注［M］．南京：凤凰出版社，2007：554 – 555.
④ （汉）许慎撰，（清）段玉裁注，许惟贤整理．说文解字注［M］．南京：凤凰出版社，2007：167.
⑤ （汉）许慎撰，（清）段玉裁注，许惟贤整理．说文解字注［M］．南京：凤凰出版社，2007：660.

贞：我三史不其使人？（《合集》822 正）

庚申卜，王，侯其立朕使人？（《合集》1022 甲、乙）

丁丑卜，韦贞：使人于我？（《合集》5525）

贞：使人往于唐？（《合集》5544）

贞：使人于沚？（《合集》6357）

使人。（《合集》2246、2247）

上述卜辞所涉及的"使人"应为商代的一种处理事务的职官。

金文中亦有关于"使人"的记载，如西周早期的小子生尊："唯王南征在
□，王令生办事［于］公宗。小子生赐金鬱邑，用作簋宝尊彝。对扬王休，其
万年永宝。用乡（饷）出入吏（使）人。"（《集成》6001）西周早期的卬簋：
"卬作宝簋用乡（饷）王逆舟（造）吏（使）。"（《集成》3731）1978 年出土于
河北元氏的西周早期的叔趯父卣："叔父曰：余考不克御事，唯女焂其敬辥乃
身，勿尚为小子余烎为女兹小鬱彝，女其用乡（饷）毕（厥）辟甄侯逆宆
（造）出入吏（使）人。呜呼！烎敬哉！兹小彝妹吙见余唯用其宆福女。"（《集
成》5428—5429）现藏于中国台湾"中央博物院"的西周中期卫鼎："卫肇作
厥文考己仲宝羔，用莽壽介永福，乃用乡（饷）王出入吏（使）卜罘（暨）多
朋友子孙永宝。（《集成》2733）西周中期伯密父鼎：伯密父作旅鼎用乡（饷）
王逆舟（造）吏（使）人。"（《集成》2487）以上所举诸器中的"使人"均为
周王派出处理相关事务的官员，说明商周职官制度有一定的延续性。

而上博简《鲍叔牙与隰朋之谏》有一段论及三代用人取官差异的文字，与
"使人"可相互发明：

乃命百有司曰："有夏氏观其容以使，及其亡也，皆为（伪）其容。殷人之
所以代之，观其容，听其言，珊（凡）其所以亡，为（伪）其容，为（伪）其
言。周人之所以代之，观其容，听〔其〕言，迥倘者使，珊（凡）其所以衰亡，
忘其迥倘也。二三子勉之，寡人将迥倘。"是岁也，晋人伐齐，既至齐地，晋邦
有乱，师乃归。①

---

① 李学勤. 试释楚简《鲍叔牙与隰朋之谏》［M］//文物中的古文明. 北京：商务印书馆，
2008：475.

李学勤先生指出这段话中的"使"就是"任贤使能"的"使",即对臣下的任用,此说可从。"迵佝",李学勤先生读为侯治,"侯治者使"就是只任用那些通礼仪的人士。① 史杰鹏先生解"迵佝"为年老有德之人。② 按上博简文有夏氏任用人才只是观其容貌,其丧亡时皆伪其容;殷人取代夏,任用人才不仅观其容貌,还注意听其言,其灭亡的原因是臣下皆伪其容、伪其言。周代殷后,不仅观其容貌,听其言,还任用通晓礼仪之人(或年老有德之人),周之所以衰,皆因忽视礼仪之人(或年老有德之人)的选拔。

《大戴礼记·少间》:"子曰:昔者尧取人以状,舜取人以色,禹取人以言,汤取人以声,文王取人以度此四代,五王之取人,以治天下如此。"③ 董珊先生指出《少间》之"状"与"色"都是属于容貌方面的,大略相当于《鲍叔牙》之"容",《少间》之"言"与"声",《鲍叔牙》之"言"大略相当。"迵"应从李锐先生所说,读为"考","佝"应从李学勤先生读为"治"。④

按《大戴礼记·少间》与上博简《鲍叔牙与隰朋之谏》存在可以对照之处,但并非一一对应。上博简提到有夏氏观其容,而《大戴礼记》则记载禹取人以言;上博简提到殷人观其容,听其言,而《大戴礼记》则记载汤取人以声;上博简提到周人观其容,听〔其〕言,迵佝者使,而《大戴礼记》则记载文王取人以度四代。

通过对比发现,夏商周三代取人之法确有不同,但具体不同之处出现歧异的记载,从而为研究者带来困惑。结合清华简文,可以解决这一难题。《说命上》简文:

王命厥百工像,以货徇求说于邑人。惟弼人得说于傅岩,厥俾缅弓,引关辟矢。说方筑城,滕降庸力,厥说之状,鹃肩如惟。王乃讯说曰:"帝緊尔以畀

---

① 李学勤. 试释楚简《鲍叔牙与隰朋之谏》[M] //文物中的古文明. 北京:商务印书馆,2008:475.

② 史杰鹏. 释上博简《鲍叔牙与隰朋之谏》中的"**迵佝**"[M] //中国古文字研究会. 吉林大学中国古文字研究中心编. 古文字研究:第二十八辑. 北京:中华书局,2010:438–442.

③ 黄怀信主撰,孔德立,周海生参撰. 大戴礼记汇校集注[M]. 西安:三秦出版社,2004:1226.

④ 董珊.《鲍叔牙》篇的"考治"与其历史文献背景[EB/OL]. 简帛网,2007–07–16.

余,繄非?"说乃曰:"惟,帝以余畀尔,尔左执朕袂,尔右稽首。"王曰:"亶然。天乃命说伐失仲。"……说于郭伐失仲。

武丁在观傅说之容、听傅说之言后命傅说为使人讨伐失仲。这段简文正符合上博简《鲍叔牙与隰朋之谏》"殷人之所以代之,观其容,听其言"的说法。因此上博简记载三代用人之法比《大戴礼记》较为得实。傅说曾任讨伐失仲的官员必有相关的历史背景为依据,可以说渊源有自。

二、武丁访贤

第二部分主要讨论了武丁如何寻找傅说的过程,可与传世文献相对照。

"王命厥百工像,以货徇求说于邑人。"整理者注:"向,原作'从口',楚文字习见,读为像,指画像。货,《说文》:'财也。'"① 武丁命百工画出傅说的样子到处张贴,并以财货悬赏以求寻得傅说。

"惟弼人得说于傅岩,厥俾繃弓,引关辟矢。"整理者注:

弼人当为与制弓有关的职官。傅岩,同《楚语上》等,《史记·殷本纪》作"傅险"。厥,义同于"其",在此训为"将"。繃,《说文》:"束也。"弓,读为"关"……《左传》昭公二十一年"豹则关矣",注:"关,引弓。""矢"字倒书,楚文字习见。辟矢,疑即《周礼·司弓矢》"八矢"的"庳矢","辟"在锡部,"庳"在支部,对转。②

整理者注释多可信从,弼人当是制弓之类的官员,厥可释为将。"俾",《说文》:"益也。"段注:"经传之俾,皆训使也,无异解,盖即益义之引伸。《释诂》:'俾,从也。'《释言》:'俾,职也。'亦皆引申之义。"③ 则"俾"有使意。此句是说在弼人去置办弓矢之类的物品时,在傅岩发现了傅说。

"说方筑城,滕降庸力,厥说之状,鹃肩如惟。"整理者注:

---

① 清华大学出土文献研究与保护中心编,李学勤主编.清华大学藏战国竹简(叁)[M].上海:中西书局,2012:122.

② 清华大学出土文献研究与保护中心编,李学勤主编.清华大学藏战国竹简(叁)[M].上海:中西书局,2012:123.

③ (汉)许慎撰,(清)段玉裁注,许惟贤整理.说文解字注[M].南京:凤凰出版社,2007:660.

縢，《诗·鲁颂·閟宫》传："绳也。"《广雅·释器》："索也。"隆，即"降"字，读为同属见母冬部的"躬"，《说文》："身也。"㾸为"状"字，见郭店简《老子甲》。"肩"字字形参见清华简《周公之琴舞》第三简。《荀子·非相》"傅说之状，身如植鳍"，可与此参看。①

此句描述傅说筑城时的样貌，当与画像上的样子大致一致。因此弼人将傅说带至殷王面前，交由武丁处置。

"王乃讯说曰：'帝繄尔以畀余，繄非？'说乃曰：'惟，帝以余畀尔，尔左执朕袂，尔右稽首。'王曰：'亶然。天乃命说伐失仲。'"整理者注：

殹，影母脂部，读为影母质部的"抑"，对转。抑，《国语·晋语九》注："枉也。"《玉篇》："冤也。""抑"在此为选择连词。亶，《尔雅·释诂》："信也。"又："诚也。"《小雅·常棣》："亶其然乎。"②

简文记述武丁见到傅说之后进行了交流：殷王询问梦中情况，傅说描述的情形与之丝毫不差，最终武丁确定傅说就是上天赐予自己的良弼。不过，对于"天乃命说伐失仲"一句是否为武丁所说的话还存在争议。整理者认为此句是武丁所说，而另有学者认为此句不属武丁的话，而是殷王武丁派傅说去讨伐失仲，替天行道。笔者认为整理者的句读可从。联系前后文语境，武丁在确认傅说就是上天赐予之人，因此借口武丁命令傅说讨伐失仲属于上天的意志。此举目的在于渲染傅说的神秘色彩，获得国内部众的支持，增强士气以便赢得战争。

此部分讲述武丁为寻得傅说，命人画其像而悬赏求之，其弼人在去失仲之处采办弓矢之类的物品之时，偶然发现了正在筑城的傅说，其样貌与画像相合。于是傅说被带至武丁面前，两人对话之后，武丁确信傅说就是上天派给自己的贤臣，因傅说了解失仲的实际情况，武丁借天意命令傅说前往讨伐失仲。

三、傅说功绩

第三部分先追述了失仲氏的一段史事，然后记述傅说奉命讨伐失仲的过程、

---

① 清华大学出土文献研究与保护中心编，李学勤主编. 清华大学藏战国竹简（叁）[M].
上海：中西书局，2012：123.

② 清华大学出土文献研究与保护中心编，李学勤主编. 清华大学藏战国竹简（叁）[M].
上海：中西书局，2012：123.

结果。

（一）失仲之子

"失仲是生子，生二牡豕，失仲卜曰：'我其杀之？我其已，勿杀？'勿杀是吉。佚仲违卜，乃杀一豕。"整理者注：

戊，读为"牡"，皆为明母幽部。"牡豕"形容其子生性顽劣，可参看《左传》昭公二十八年所载乐正后夔娶有仍氏女，"生伯封，实有豕心，贪惏无餍，忿类无期，谓之封豕"。"我其杀之"，"我其已，勿杀"，是相对立的卜辞。特别是"我其已"，与殷墟甲骨卜辞格式一致，参看李学勤《释改》。"违卜"语见《书·盘庚》《大诰》。

按"牡豕"显然是指失仲生有二子，而非公猪。《说文·豕部》："豭，牡豕也。从豕，叚声。"《广雅·释兽》："豭，雄也。"杨树达先生指出豬之牡拟人之男[1]，并举了两个例子论证。《左传》定公十四年：

卫侯为夫人南子召宋朝。会于洮，大子蒯聩献盂于齐，过宋野。野人歌之曰："既定尔娄豬，盍归吾艾豭？"太子羞之，谓戏阳速曰："从我朝少君，少君见我，我顾，乃杀之。"速曰："诺。"乃朝夫人，夫人见之，太子三顾，速不进。夫人见其色，啼而走，曰："蒯聩将杀余。"公执其手以登台。太子奔宋，尽逐其党。故公孟驱出奔郑，自郑奔齐。太子告人曰："戏阳速祸余。"戏阳速告人曰："太子则祸余。太子无道，使余杀其母，余不许，将戕于余；若杀夫人，将以余说，余是故许而弗为，以纾予死。谚曰'民保于信'，吾以信义也。"[2]

杜注："娄豬，求子豬，以喻南子。艾豭喻宋朝，艾老也。"孔颖达《正义》："《释兽》云：'豕，子豬，牝豝。'牝者谓之豝，则豭是豬之牡，故以喻宋朝也。以娄豬为求子之豬，相传为说也。"竹添光鸿《会笺》："定者定为定夫人也，《尔雅》：'豕，子豬。'豕其凡六畜通淫之时，好狂走群聚，故以为求子豬。艾，美好也。孟子曰知好色则少艾慕是也。以喻宋朝之美好。《说文》：'豭，牡豕也。'《始皇本纪》：'夫为寄豭'注云：'夫淫他室，若寄豭之豬也。'

---

①　杨树达. 积微居小学金石论丛 [M]. 上海：上海古籍出版社，2014：6.
②　（清）阮元校刻. 十三经注疏·春秋左传正义 [M]. 北京：中华书局，1980：2151.

则此歌以豕比淫夫淫妇，必有来历矣。"①

今按南子与宋朝原有私情，宋人以此嘲笑卫太子蒯聩，把南子比作求子猪，艾豭喻宋朝，导致蒯聩羞愧难当，动了杀机。蒯聩交代其家臣戏阳速根据自己的眼色行事，伺机杀死南子。结果事情败露，太子被迫逃亡他国。这里艾豭喻宋朝，豭豕互通，可说明豕可指代男性。《史记·秦始皇本纪》：

三十七年十月癸丑，始皇出游。左丞相斯从，右丞相去疾守。少子胡亥爱慕请从，上许之。十一月，行至云梦，望祀虞舜于九疑山。浮江下，观籍柯，渡海渚。过丹阳，至钱唐。临浙江，水波恶，乃西百二十里从狭中渡。上会稽，祭大禹，望于南海，而立石刻，颂秦德。其文曰："皇帝休烈，平一宇内，德惠修长……夫为寄豭，杀之无罪，男秉义程。"

司马贞《索隐》："豭，牡豕也。言夫淫他室，若寄豭之猪也。"② 司马贞也认为刻石文以豭指代男性。因此，豕指代男子在古籍中有例可徵，清华简《说命上》"失仲是生子，生二牡豕"当是指失仲生了两个儿子。失仲所占卜的内容是"我其杀之？我其已，勿杀？"即卜问此二子如何对待，结果是不杀为吉。甲骨文中有很多相关资料句式与此相似：

庚戌卜，亘贞：王其疾咎。庚戌卜，亘贞：王弗其疾咎。王占曰：勿疾。（《合集》709）

癸未卜，宾贞：兹雨唯降咎。兹雨不唯降咎。王占曰：吉。□□降咎。（《合集》11423）

甲子卜，狄贞：王異其田，亡巛（灾）。甲子卜，狄贞：王勿已田。（《合集》30757）

贞：王令妇好从侯告伐人。贞：王勿令妇好从侯［告伐人］。（《合集》6480）

□□［卜］，毃贞：王从望乘伐下危，受又。□□［卜］，□贞：王勿从望乘伐下危，不受又。□□卜，毃贞：我其已宾，乍帝降若。□□［卜］，毃贞：我勿已宾，乍帝降不若。（《合集》6498）

---

① 〔日〕竹添光鸿. 左氏会笺［M］. 成都：巴蜀书社，2008：2246.
② （汉）司马迁. 史记［M］. 北京：中华书局，1959：260－262.

另外大辛庄甲骨卜辞记载：

御四母，豲、豕、豕、豕。弜（勿）御。①

这是对贞，卜问是否分别用野猪、阉猪或家猪祭祀四位母。御祭是御除灾祸以求佑之祭祀。李学勤先生认为清华简《说命上》相关简文切合甲骨文中正反对贞的规律，据此推断简文失仲卜辞应有所本。② 此说甚是。失仲违背了卜辞，杀了其中一子，为其部族埋下祸根。"违卜"一语，还见于《书·大诰》："越予小子，考翼不可征，王害不违卜。"孔安国注："于我小子先卜敬周道，若谓今四国不可征，则王室有害，故宜从卜。"孔颖达疏："于我小子，先考疑而卜之，欲敬成周道，若谓四国难大不可征，则于王室有害，不可违卜，宜从卜往征也。"③ 曾运乾曰："害读为曷，《广雅》：害，曷也。"刘起釪先生持相同观点。杨筠如先生认为《汉书》无害字，当系伪说。④ 违卜就是违背占卜结果，失仲杀掉一子，已经违背"勿杀是吉"的卜辞。

（二）讨伐失仲

"说于郼伐失仲，一豕乃旋保以逝。"于，整理者注："《周南·桃夭》传：'往也。'"⑤ 今按于字的这种用法还见于其他青铜器铭文，如塱方鼎（《殷周金文集成》2739）："周公于征伐东夷丰伯薄姑。"如士山盘：

佳王十又六年九月既生霸甲申，王才周新宫，王各大室，即位。士山入门，立中廷，北乡。王呼作册尹册命山，曰："于入蓁侯。"遂惩蓋刑方，服；眔蔡虘，服；履，服；六蛮，服。蓁侯、蓋、方宾贝、金。山拜稽首，敢对扬天子不显休，用作文考厘仲宝尊盘盉，山其万年永用。⑥

李学勤先生指出"于入蓁侯"就是往纳蓁侯。令簋"惟王于伐楚伯，在

① 李学勤. 大辛庄甲骨卜辞的初步考察［J］. 文史哲，2003（4）.
② 李学勤. 论清华简《说命》中的卜辞［M］//华夏文化论坛：第八辑. 长春：吉林文史出版社，2012：274.
③ （清）阮元校刻. 十三经注疏·尚书正义［M］. 北京：中华书局，1980：198－199.
④ 杨筠如. 尚书覈诂［M］. 西安：陕西人民出版社，1959：243.
⑤ 清华大学出土文献研究与保护中心编，李学勤主编. 清华大学藏战国竹简（叁）［M］. 上海：中西书局，2012：123.
⑥ 李学勤. 论士山盘——西周王朝干预诸侯政事一例［M］//文物中的古文明. 北京：商务印书馆，2008：195－198.

炎"，即王往征楚伯的意思。①《书·大诰》："予惟以尔庶邦于伐殷逋播臣。"孔安国传："用汝众国，往伐殷逋亡之臣。谓禄父。"孔颖达疏："我惟与汝众国往伐殷逋亡播荡之臣。"② 曾运乾曰："于，往也。"③ 刘起釪先生认为"于"为征义。④《诗经·大雅·棫朴》："周王于迈，六师及之。"毛传："天子六军。"郑笺："于，往。迈，行。及，与也。周王往行，谓出兵征伐也。"孔疏："师之所行，必是征伐，故知周王往行，谓出兵征伐也。"⑤ 朱熹《诗集传》："于，往。"⑥ 综上所述，"于"确应释读为往。"说于郼伐失仲"是指傅说往伐失仲。

"乃践，邑人皆从"，"践"原文作"**後**"，整理者注："**後**，读为'践'，与'翦'通，义为伐灭。《尚书大传》释'践奄'云：'践之云者，谓杀其身，执其家，潴其宫。'但从此处简文看，并没有这样严重的意义。从，《左传》襄公十年注：'犹服也。'"⑦《说文·彳部》："**後**，迹也。"《说文·辵部》："迹，步处也。"段注："《庄子》云：'夫迹，履之所出，而迹岂履也？'"⑧ 可见"**後**"有步处之意。此处简文是说傅说所率军队进入失仲所在之邑，邑人皆望风而降。

（三）"赦俘之戎"考

"一豕随仲之自行，是为赦俘之戎。"整理者注："意云失仲逃走而其子随之。戎，指兵事。"⑨ 廖名春、赵晶赞同整理者的意见，认为此文是讲傅说的德政。⑩ 有人认为赤（赦）敔（俘）之戎当是赤敔之地的戎人，此句是说保着失仲的那只猪和失仲一起逃走，后来就繁衍为"赤敔之戎"。⑪ 按当从整理者说。

---

① 陈梦家. 西周铜器断代［M］. 北京：中华书局，2004：29.

② （清）阮元校刻. 十三经注疏·尚书正义［M］. 北京：中华书局，1980：198－199.

③ 曾运乾. 尚书正读［M］. 北京：中华书局，1964：151.

④ 顾颉刚，刘起釪. 尚书校释译论［M］. 北京：中华书局，2005：1271.

⑤ （清）阮元校刻. 十三经注疏·毛诗正义［M］. 北京：中华书局，1980：198－199.

⑥ （宋）朱熹集注. 诗集传［M］. 北京：中华书局，1958：181.

⑦ 清华大学出土文献研究与保护中心编，李学勤主编. 清华大学藏战国竹简（叁）［M］. 上海：中西书局，2012：124.

⑧ （汉）许慎撰，（清）段玉裁注，许惟贤整理. 说文解字注［M］. 南京：凤凰出版社，2007：124.

⑨ 清华大学出土文献研究与保护中心编，李学勤主编. 清华大学藏战国竹简（叁）［M］. 上海：中西书局，2012：124.

⑩ 廖名春，赵晶. 清华简《说命上》考释［J］. 史学史研究，2013（2）.

⑪ 子居. 清华简《说命》上篇解析［EB/OL］. 孔子2000网站，2013－01－06.

《说文·戈部》："戎，兵也。从戈甲。"段注：

兵者，械也。《月令》："乃教于田猎，以习五戎。"注："五戎谓五兵：弓矢、殳、矛、戈、戟也。"按《周礼》"司兵掌五兵"，郑司农云："戈，殳，戟，酋矛，夷矛。"后郑云："此车之五兵也，步卒之五兵，则无夷矛而有弓矢。"兵之引申为车卒、步卒，故戎之引申亦为卒旅。兵可相助，故引申之义，《小雅》"丞也无戎"传曰："戎，相也。"又引申为戎狄之戎，又《民劳》传："戎，大也。"《方言》："戎，大也。宋鲁陈卫之间语。"又郑《诗》笺云："戎犹女也。"犹之云者，以戎、汝双声而通之也。戎有读若汝者，《常武》之诗是也；又有读若輮者，《常棣》之诗是也。①

段注考证精审，戎可引申为兵、戎狄等含义。此处"赦俘之戎"之"戎"当解为兵。《易·同人》："伏戎于莽，升其高陵，三岁不兴。"② 孔颖达疏："九五刚健，九三力不能敌，故伏潜兵戎于草莽之中。"《易·夬卦》："惕号：莫夜有戎。勿恤。"③《国语·周语上》："商王帝辛大恶于民，庶民不忍，欣戴武王，以致戎于商牧。"韦昭注："戎，兵也。"④《国语·周语中》："夫战，尽敌为上。守和同，顺义为上。故制戎以果毅，制朝以序成。"⑤ 韦昭注："戎，兵也。"《国语·周语下》："吾闻之《大誓故》曰：'朕梦协朕卜，袭于休祥，戎商必克。'"⑥ 韦昭注："戎，兵也。言武王梦与卜和，又合美善之祥，以兵伐殷，必克之也。"《国语·周语下》："昔武王伐纣，岁在鹑火……王以黄钟之下宫，布戎于牧之野，故谓之《厉》，所以厉六师也。"韦昭注："布戎，陈兵，谓夜阵之。"⑦《国语·齐语》："戎士冻馁，戎车待游车之裂，戎士待陈妾之余。"⑧ 韦昭注："戎车，兵车也。"《国语·齐语》："十轨为里，故五十人为小

①　（汉）许慎撰，（清）段玉裁注，许惟贤整理. 说文解字注［M］. 南京：凤凰出版社，2007：1095.

②　（清）阮元校刻. 十三经注疏·周易正义［M］. 北京：中华书局，1980：29.

③　（清）阮元校刻. 十三经注疏·周易正义［M］. 北京：中华书局，1980：57.

④　徐元诰. 国语集解［M］. 北京：中华书局，2002：6.

⑤　徐元诰. 国语集解［M］. 北京：中华书局，2002：76.

⑥　徐元诰. 国语集解［M］. 北京：中华书局，2002：91.

⑦　徐元诰. 国语集解［M］. 北京：中华书局，2002：123 – 128.

⑧　徐元诰. 国语集解［M］. 北京：中华书局，2002：217 – 218.

戎，里有司帅之。"① 韦昭注："小戎，兵车也。"《国语·晋语一》："史苏告大夫曰：'有男戎必有女戎。'"② 韦昭注："戎，兵也。女兵，言其祸由姬也。"《国语·晋语一》："史苏朝，告大夫曰：'二三子其戒之乎，乱本生矣……乱必自女戎，三代皆然。'"③ 韦昭注："女戎，女兵也。"以上均可说明"戎"可训为兵。

前文已经举例说明"失仲是生子，生二牡豕"当是指失仲生了两个儿子。傅说率众进入失仲之邑，邑人皆降，自然没有必要大加屠戮，因此称之为赦俘之戎，赦俘之戎即赦俘之役。《国语·楚语下》：

吴人入楚，昭王出奔，济于成臼。见蓝尹亹载其孥，王曰："载予。"对曰："自先王莫坠其国，当君而亡之，君之过也。"遂去王。王归，又求见，王欲执之。子西曰："请听其辞，夫其有故。"王使谓之曰："成臼之役，而弃不穀，今而敢来，何也？"④

这则史料记载了吴王阖闾在伍子胥的帮助下击败楚国，攻克楚国都城。楚昭王被迫出逃，在成臼渡河的时候，遇见了蓝尹的车马。蓝尹拒绝楚昭王乘车，后来楚昭王回国复位之后欲捉拿蓝尹，子西询问原因，楚王声称在成臼之役蓝尹见死不救。《国语·吴语》：

王乃命有司大令于国曰："苟任戎者，皆造于国门之外。"王乃命于国曰："国人欲告者来告，告孤不审，将为戮不利，及五日必审之，过五日，道将不行。"

韦昭注："三君云：'告不任兵事也。'昭谓：告者，谓有善计策，及职事所当陈白者也。不任兵事，则下所谓'眩之疾''筋力不足以胜甲兵'者是也。"⑤ 这是说勾践欲攻击吴国，下令越国凡是能够打仗的人都到国门之外集合。勾践所谓"任戎者"就是"任兵者"，说明戎、兵互通。

按先秦时期存在以战役特点命名的习惯，如汤伐葛之战，有"葛伯仇饷"

---

① 徐元诰. 国语集解 [M]. 北京：中华书局，2002：234.
② 徐元诰. 国语集解 [M]. 北京：中华书局，2002：250.
③ 徐元诰. 国语集解 [M]. 北京：中华书局，2002：255 - 256.
④ 徐元诰. 国语集解 [M]. 北京：中华书局，2002：523 - 524.
⑤ 徐元诰. 国语集解 [M]. 北京：中华书局，2002：558.

的记载。《孟子·滕文公下》：

> 汤居亳，与葛为邻。葛伯放而不祀，汤使人问之曰："何为不祀？"曰："无以供牺牲也。"汤使遗之牛羊，葛伯食之，又不以祀。汤又使人问之曰："何为不祀？"曰："无以供粢盛也。"汤使亳众往为之耕，老弱馈食。葛伯率其民，要其有酒食黍稻者夺之，不授者杀之。有童子以黍肉饷，杀而夺之。《书》曰"葛伯仇饷"，以之谓也。为其杀是童子而征之，四海之内皆曰："非富天下也，为匹夫匹妇复仇也。"汤始征，自葛载，十一征而无敌于天下，东面而征西夷怨，南面而征北狄怨，曰："奚为后我？"①

赵岐注："童子未成人，杀之尤无状。《书》《尚书》逸篇也。仇，怨也。言汤所以伐杀葛伯，怨其害此饷也。"葛伯不祀，汤先送牛羊，后派亳众为葛伯耕田，不料葛伯贪婪，竟率人抢夺老弱送来的酒食黍稻，有一童子拒绝，结果被杀。商汤以此为借口，攻灭葛国。即《孟子》所说"汤始征，自葛载，十一征而无敌于天下"。此次战役也成为汤取代夏的开始。罗琨先生认为《孟子》语言难免有些夸张，但基本是世代的口耳相传，有一定的可信性。②

又如"泛舟之役"，《左传》僖公十三年："秦于是乎输粟于晋，自雍及绛相继，命之曰'泛舟之役'。"杜注："从渭水运入河、汾。"孔疏："秦都雍，雍临渭。晋都绛，绛临汾。渭水从雍而东，至弘农华阴县入河。从河逆流而北上，至河东汾阴县，乃东入汾，逆流东行而通绛。"③《国语·晋语三》："晋饥，乞籴于秦。……是故泛舟于河，归籴于晋。"韦昭注："泛，浮也。归，不反之辞。"④晋国发生饥荒，向秦国借粮。因晋惠公曾赖掉为国君前许下的割地承诺，秦国大臣有反对借粮者。秦穆公认为晋惠公之失不应由百姓受难，决定借粮。因数量较多，自秦都雍至晋都绛之间的运粮船只络绎不绝，称之为泛舟之役。

再如"拜赐之师"，《左传》僖公三十三年："孟明稽首曰：'君之惠，不以累臣衅鼓，使归就戮于秦。寡君之以为戮，死且不朽。若从君惠而免之，三年

---

① （清）焦循. 孟子正义［M］. 北京：中华书局，1987：431－434.
② 罗琨. 商朝的战争与军制［M］. 北京：中国社会科学出版社，2010：30.
③ （清）阮元校刻. 十三经注疏·春秋左传正义［M］. 北京：中华书局，1980：1803.
④ 徐元诰. 国语集解［M］. 北京：中华书局，2002：308.

将拜君赐。'"① 《左传》文公二年："二年，春，秦孟明视帅师伐晋，以报崤之役。二月，晋侯御之。先且居将中军，赵衰佐之。王官无地御戎，狐鞫居为右。甲子，及秦师战于彭衙，秦师败绩。晋人谓秦'拜赐'之师。"② 杜注："以孟明言'三年将拜君赐'，故嗤之。"按晋人将此次战役称为"拜赐"之师，则是以孟明之言反讽之。

还有迁延之役，《左传》襄公十四年：

夏，诸侯之大夫从晋侯伐秦，以报栎之役也，晋侯待于竟，使六卿帅诸侯之师以进。及泾，不济。叔向见叔孙穆子，穆子赋《匏有苦叶》。叔向退而具舟，鲁人、莒人先济。郑子蟜见卫北宫懿子曰："与人而不固，取恶莫甚焉，若社稷何？"懿子说。二子见诸侯之师而劝之济，济泾而次。秦人毒泾上流，师人多死。郑司马子蟜帅郑师以进，师皆从之，至于棫林，不获成焉。荀偃令曰："鸡鸣而驾，塞井夷灶，唯余马首是瞻。"栾黡曰："晋国之命，未是有也。余马首欲东。"乃归。下军从之，左史谓魏庄子曰："不待中行伯乎？"庄子曰："夫子命从帅。栾伯，吾帅也，吾将从之。从帅，所以待夫子也。"伯游曰："吾今实过，悔之何及，多遗秦禽。"乃命大还，晋人谓之"迁延之役"。③

杜注："迁延，退却。"杨伯峻注："初则诸侯之师不济泾，嗣则郑师进而后进，至棫林因将帅不和而大撤退。迁延者，因循拖拉而无成就也。"④ 竹添光鸿《会笺》："偃亦鉴于邲，以全师为上策。"⑤ 值得注意的是这次战争中晋君的东向，"晋侯待于竟，使六卿帅诸侯之师以进"。吴曾祺曰："晋悼公服郑之后，惰气已侵，卒至伐秦无功，为伯业之玷。观《传》晋侯待于竟一语，其畏葸无能，情态毕露。迁延之讥，实自取之矣。"⑥ 大战在即，晋君迁延不进，仅令六卿帅诸侯之师攻秦，已埋下战败的隐患。而荀偃为主帅又犹豫不决，不能得到下属的绝对服从，终致此次伐秦之战有名无实，被迫退军。晋人因此才称之为"迁

① （清）阮元校刻．十三经注疏·春秋左传正义 ［M］．北京：中华书局，1980：1833.
② （清）阮元校刻．十三经注疏·春秋左传正义 ［M］．北京：中华书局，1980：1838.
③ （清）阮元校刻．十三经注疏·春秋左传正义 ［M］．北京：中华书局，1980：1956.
④ 杨伯峻．春秋左传注 ［M］．北京：中华书局，1990：1009.
⑤ 〔日〕竹添光鸿．左氏会笺 ［M］．成都：巴蜀书社，2008：1284.
⑥ 吴静安．春秋左氏传旧注疏证续 ［M］．长春：东北师范大学出版社，2005：175.

延之役"。

再如晋献公伐骊戎之战,《国语·晋语一》:

献公卜伐骊戎,史苏占之……公弗听,遂伐骊戎,克之。获骊姬以归,有宠,立以为夫人。公饮大夫酒,令司正实爵与史苏,曰:"饮而无肴。夫骊戎之役,女曰胜而不吉,故赏女以爵,罚女以无肴。克国得妃,其有吉孰大焉!"①

晋献公欲伐骊戎,史苏占之不吉。献公没有采纳史苏建议,成功灭掉骊戎,且俘获骊姬以归,将骊姬立为夫人,回国后晋献公讽刺史苏预料战局错误。需要注意的是晋献公称此次战争为"骊戎之役",这也属因事命名。"葛伯仇饷"是商汤攻灭葛国的借口;"泛舟之役"是形容秦国动用人力、物力之多,不亚于一场战争;"拜赐之师"则是讥讽孟明视的攻晋之誓;"迁延之役"是讽刺晋悼公暮气、晋军将帅失和;"骊戎之役"是因讨伐骊戎而得名;"赦俘之戎"则是称赞傅说不滥杀百姓的良好品德。

这一部分介绍了失仲的情况,其生有二子,但顽劣无状,导致失仲占卜决定如何处理,结果是不杀二子为吉。失仲并未严格按照卜问的结果行事,杀其一子。当傅说大军将至,活着的失仲之子未能完成阻击任务,随失仲弃邑而逃。傅说顺利率军进入失仲之邑,降服了失仲之民。由于这次战役没有大规模流血,称为"赦俘之戎"。

四、封赏傅说

这一部分是讲傅说获得的封赏。"其惟说邑,在北海之州,是惟圜土。"整理者注:

员,读为"圜"。圜土,《周礼·大司寇》注:"狱城也。"《墨子·尚贤下》:"昔者傅说居北海之洲,圜土之上。"孙诒让《墨子间诂》引毕沅云:"洲当为州。"《书·说命》孔颖达《正义》:"《尸子》云:傅岩在北海之洲。"是《尸子》也有此说。《说命》孔传则云:"傅氏之岩在虞、虢之界,通道所经,有涧水坏道,常使胥靡刑人筑护此道。说贤而隐,代胥靡筑之以供食。"《正义》

---

①　徐元诰. 国语集解［M］. 北京:中华书局,2002:249.

只说："孔必有所案据而言之也。"①

这是傅说在降服失仲之后获得的封邑，在北海一带，又称为圜土。按说本是筑城之人，地位卑下，不应有姓。傅说名字中"傅"为姓，当因说被封于傅地而来。

"说来，自从事于殷，王用命说为公。"整理者注："《楚语上》：'（武丁）得说以来，升以为公。'《尚贤中》也说：'武丁得之，举以为三公，与接天下之政，治天下之民。'"武丁任命傅说为公，成就了一段君臣佳话。

傅说完成使命之后，被赐予北海一带被称作圜土之地的封邑。武丁征傅说入朝，封以公的高位，赞襄殷商的军国政事，奠定了殷商鼎盛的人才基础。

综上所述，清华简《说命上》殷王武丁得傅说得以使商朝臻于极盛，而傅说亦因武丁识人，被任用为讨伐失仲的主帅而建立功勋，得以入朝为臣，对殷商的强盛、国势的扩张起到了极其重要的作用，其个人抱负亦得以实现。君臣二人如鱼得水，相得益彰。以上所论当是简文的主旨所在。

第三节　小结

本章通过讨论《尹诰》与《说命上》两篇珍贵的简文，发现商汤与伊尹、武丁与傅说两对君臣所呈现的治国观念有一定的一致性。商汤依靠伊尹消灭夏桀，妥善处理了安置投降的夏朝臣民，使商的统治得以稳固。而武丁找到傅说之后，令其讨伐失仲以试其才，然后委以国政，终始商朝中兴。商汤、伊尹的善用人才体现了贤人兴国的历史规律。君臣均能同心同德、关注民众的利益的治国观念，是保证国家政权发展的重要因素。

---

① 清华大学出土文献研究与保护中心编，李学勤主编.清华大学藏战国竹简（叁）［M］.上海：中西书局，2012：124.

第二章

从清华简看西周的治国观念

本章围绕《程寤》《金滕》《皇门》《祭公》四篇简文对西周时期的治国观念进行初步研究，梳理文王对武王的训诰、周公对群臣的训示、祭公对穆王的劝诫，挖掘西周治国观念的内涵。

第一节　清华简《程寤》篇研究

关于清华简《程寤》的研究，已有学者展开积极讨论，如李学勤先生《〈程寤〉、〈保训〉"日不足"等语的读释》①、黄怀信先生《清华简〈程寤〉解读》② 等，成果丰富。不过学者们大多将注意力放在周文王及其是否称王的问题上，忽略了太子发在梦中的重要作用。

本节拟就初步探讨《程寤》简文所表达的主旨，解析梦的内涵，并尝试说明太子发在简文的地位。先将简文依通行字体照录于下：

惟王元祀正月既生魄，大姒梦见商庭唯棘，乃小子发取周廷梓树于厥间，化为松柏棫柞。寤惊，告王。王弗敢占，诏太子发，俾灵名凶，祓。祝忻祓王，巫率祓太姒，宗丁祓太子发。币告宗祊社稷，祈于六末山川，攻于商神，望，烝，占于明堂。王及太子发并拜吉梦，受商命于皇上帝。兴，曰："发！汝敬听

---

① 李学勤. 《程寤》《保训》"日不足"等语的读释 [J]. 清华大学学报（哲学社会科学版），2011（2）.

② 黄怀信. 清华简《程寤》解读 [J]. 鲁东大学学报（哲学社会科学版），2011（4）.

吉梦。朋棘戬梓松，梓松柏副，械覆柞柞，化为臕。呜呼！何警非朋？何戒非商？何用非树？树因欲，不违材。如天降疾，旨味既用，不可药，时不远。惟商戚在周，周戚在商。欲惟柏梦，徒庶言在，翅又毋亡秋明武戚，如械柞亡根。呜呼，敬哉！朕闻周长不贰，务择用周，果拜不忍，绥用多福。惟梓敷不义，芘于商，俾行量亡乏，明明在向，惟容纳棘，億亡勿用，不，使卑柔和顺，生民不灾，怀允。呜呼！何监非时，何务非和，何裹非文，何保非道，何爱非身，何力非人。人谋强，不可以藏。后戒，后戒，人用汝谋，爱日不足。"①

简文按内容可以分为三个部分，"惟王元祀正月既生魄，大姒梦见商庭唯棘，乃小子发取周廷梓树于厥间，化为松柏械柞。寤惊，告王"是第一部分。"王弗敢占，诏太子发，俾灵名凶，祓。祝忻祓王，巫率祓太姒，宗丁祓太子发。币告宗祊社稷，祈于六末山川，攻于商神，望，燎，占于明堂。王及太子发并拜吉梦，受商命于皇上帝"是第二部分。余下的简文属于第三部分。

一、梦象解析

简文第一部分是说周文王元年正月，大姒梦见商的庭院长满荆棘，太子发把周的梓树种在商庭，变成松、柏、械、柞。大姒醒后很吃惊，便将此梦之情景告诉周文王。在此应当注意"棘""梓""松""柏""械""柞"的具体所指，方能明白此梦的真实含义。

（一）"棘""梓"析义

"棘"，是指一种带刺的草木。《说文·束部》："小枣丛生者也。"《易·坎卦》："系用徽纆，寘于丛棘，三岁不得，凶。"② 这是说有人被官府置于监狱之中历时三年，而不释放，是为凶矣。③ 丛棘就是指监狱墙上墙外有刺的棘木，作用是防止犯人逃走。《左传》哀公八年："齐侯使吴请师，将以伐我。乃归邾子。邾子又无道，吴子使太宰子余讨之，囚诸楼台，栫之以棘。使诸大夫奉大

---

① 清华大学出土文献研究与保护中心编，李学勤主编. 清华大学藏战国竹简（壹）［M］. 上海：中西书局，2010：136.
② （清）阮元校刻. 十三经注疏·周易正义［M］. 北京：中华书局，1980：42.
③ 高亨. 周易大传今注［M］. 济南：齐鲁书社，1989：278.

子革以为政。"① 杨伯峻先生注："此谓以棘鍼为篱围之也。"② 因郏子无道，吴国将其囚禁于楼台。《周礼·秋官·朝士》："掌建邦外朝之法。左九棘，孤卿大夫位焉，群士在其后。右九棘，公侯伯子男位焉，群吏在其后。"③《礼记·王制》："成狱辞，史以狱成告于正，正听之。正以狱成告于大司寇，大司寇听之棘木之下。"④ 可见棘常与刑狱相关，并非良木。黄怀信先生认为指代朋比小人，⑤ 此说固然不错，不过笔者认为似可引申为商纣王及其所宠幸的佞臣更为准确。

"梓"，《说文·木部》："楸也。"⑥ 黄怀信先生认为梓是楸树，乔木，良材。⑦《国语·楚语》："晋卿不若楚，其大夫则贤，其大夫皆卿材也。若杞梓、皮革焉，楚实遗之，虽楚有材，不能用也。"韦注："杞梓，良才也。皮革，犀兕也。"⑧《埤雅·释木》："梓为木王，盖木莫良于梓，故《书》以《梓材》名篇，《礼》以《梓人》名匠也。"⑨《尚书大传》："梓者，子道也。"⑩ 陆玑《诗疏》："楸之疏理白色而生子者为梓。" 杨树达先生在《释梓》一文中考证梓之受名以其多实之故。⑪ 按梓既是材质极佳之木，又可以子道喻之，相对文王而言，当可指代太子发。大姒所梦的主角是太子发，不是别人，令人深思。文王在占卜之后，对太子发作了一段训诰，也能间接说明文王意识到此梦会应验在太子发身上，因此有必要告诫其兢兢业业，以求早日实现梦里所预示的大命。

（二）"松""柏""械""柞"析义

"松""柏""械""柞"，是四种树木，黄怀信先生指出它们皆栋梁之材，

① （清）阮元校刻．十三经注疏·春秋左传正义［M］．北京：中华书局，1980：2164.
② 杨伯峻．春秋左传注［M］．北京：中华书局，1990：1650.
③ 孙诒让．周礼正义［M］．北京：中华书局，1987：2817.
④ （清）阮元校刻．十三经注疏·礼记正义［M］．北京：中华书局，1980：1343.
⑤ 黄怀信．清华简《程寤》解读［J］．鲁东大学学报（哲学社会科学版），2011（4）.
⑥ （汉）许慎撰，（清）段玉裁注，许惟贤整理．说文解字注［M］．南京：凤凰出版社，2007：426.
⑦ 黄怀信．清华简《程寤》解读［J］．鲁东大学学报（哲学社会科学版），2011（4）.
⑧ 徐元诰．国语集解［M］．北京：中华书局，2002：489.
⑨ （宋）陆佃．埤雅［M］．北京：中华书局，1985：360.
⑩ （汉）伏生撰，（清）皮锡瑞疏证．尚书大传疏证．清光绪二十二年师伏堂刻本，13.
⑪ 杨树达．积微居小学述林全编［M］．上海：上海古籍出版社，2007：21.

质地较坚硬。① 不过也有学者认为"松""柏"是栋梁之材,"械""柞"是小人。② 因此有必要对四种树木所蕴含的意义一一加以探讨,才能较为准确地理解简文。

今按《说文》:"松,松木也。"③ "柏,鞠也。"④《尔雅·释木》:"如松柏曰茂"。郭璞注:"枝叶婆娑。"⑤ 说明松柏有枝叶长青的生长特点。《诗·小雅·天保》:"如松柏之茂,无不尔或承。"郑笺:"如松柏之枝叶,常茂盛青青,相承无衰落也。"⑥ 此以松柏茂盛比喻贤才众多。《诗·商颂·殷武》:"陟彼景山,松柏丸丸。"毛传:"丸丸,易直也。"郑笺:"取松柏易直者,断而迁之,正斲於椹上,以为桷与众楹。"⑦ 此以松柏易直可作桷与众楹,比喻人才对于国家的重要。《论语·子罕》:"子曰:岁寒,然后知松柏之后凋也。"⑧《史记·伯夷列传》:"'岁寒然后知松柏之后凋'。举世混浊,清士乃见。"⑨ 这又以松柏正直之品性比喻贤能之士。可见文献中对于松柏的用词常代指贤人。

关于"械""柞",《说文》:"械,白桵也。"⑩ "柞,柞木也。"段玉裁注:"陆玑引《三苍》:'械,即柞也。'"⑪

柞、械常连言,如《诗·大雅·绵》:"柞械拔矣,行道兑矣。"毛传:"兑,成蹊也。"郑笺:"今以柞械生柯叶之时,使大夫将师旅出聘问,其行道士

① 黄怀信. 清华简《程寤》解读[J]. 鲁东大学学报(哲学社会科学版),2011 (4).
② 袁莹. 清华简《程寤》校读 [EB/OL]. 复旦大学出土文献与古文字研究中心网站,2011 – 01 – 11.
③ (汉)许慎撰,(清)段玉裁注,许惟贤整理. 说文解字注 [M]. 南京:凤凰出版社,2007:436.
④ (汉)许慎撰,(清)段玉裁注,许惟贤整理. 说文解字注 [M]. 南京:凤凰出版社,2007:436.
⑤ (清)阮元校刻. 十三经注疏·尔雅注疏 [M]. 北京:中华书局,1980:2638.
⑥ (清)阮元校刻. 十三经注疏·毛诗正义 [M]. 北京:中华书局,1980:412.
⑦ (清)阮元校刻. 十三经注疏·毛诗正义 [M]. 北京:中华书局,1980:628.
⑧ 杨树达. 论语疏证 [M]. 上海:上海古籍出版社,1986:227.
⑨ (汉)司马迁撰. 史记 [M]. 北京:中华书局,1959:2126.
⑩ (汉)许慎撰,(清)段玉裁注,许惟贤整理. 说文解字注 [M]. 南京:凤凰出版社,2007:427.
⑪ (汉)许慎撰,(清)段玉裁注,许惟贤整理. 说文解字注 [M]. 南京:凤凰出版社,2007:428.

众兑然，不有征伐之意。"①《诗经·大雅·皇矣》："帝省其山，柞棫斯拔，松柏斯兑。"毛传："兑，易直也。"郑笺："省，善也。天既顾文王，乃和其国之风雨，使其山树木茂盛，言非徒养其民人而已。"② 据郑玄所说，"拔"是枝叶茂盛的意思。

《诗·大雅·棫朴》："芃芃棫朴，薪之槱之。"毛传："芃芃，木盛貌。朴，枹木也。槱，积也。山木茂盛，万民得而薪之。贤人众多，国家得用蕃兴。"③这是以茂盛的棫、朴比喻众多的贤臣。《诗·大雅·旱麓》："瑟彼柞棫，民所燎矣。"毛传："瑟，众貌。"郑笺云："柞棫之所以茂盛者，乃人燎燎除其旁草，养治之，使无害也。"孔疏云："言瑟然众多而茂盛者，是彼柞棫之木也。此柞棫所以得茂者，正以为民所燎燎，而除其傍草矣。傍无秽草，故木得茂盛。"④棫、柞之所以能够生长繁茂，乃因民去除其周围的杂草。由此可见，棫、柞亦属良才，可以代指贤臣。

结合上述分析，棘代指商纣王及其佞臣，梓是代指太子发及其代表的周邦，松、柏、棫、柞指周的贤臣。此梦蕴含的意义是太子发将会率周的贤臣占领商都，推翻商朝。

二、占梦仪式

第二部分是"王弗敢占，诏太子发，俾灵名凶，被。祝忻被王，巫率被太姒，宗丁被太子发。币告宗祊社稷，祈于六末山川，攻于商神，望，禜，占于明堂。王及太子发并拜吉梦，受商命于皇上帝"。这是记载周文王为确认梦的吉凶，举行了祭祀活动，最终明白此梦大吉的过程。

（一）"币告"释义

"币告"，是以币帛举行告神仪式的祭祀活动。《周礼·春官·占人》："凡卜筮既事，则系币以比其命，岁终则计其占之中否。"⑤ 杜子春云："系币者，

---

① （清）阮元校刻. 十三经注疏·毛诗正义 [M]. 北京：中华书局，1980：511.
② （清）阮元校刻. 十三经注疏·毛诗正义 [M]. 北京：中华书局，1980：520.
③ （清）阮元校刻. 十三经注疏·毛诗正义 [M]. 北京：中华书局，1980：514.
④ （清）阮元校刻. 十三经注疏·毛诗正义 [M]. 北京：中华书局，1980：516.
⑤ 孙诒让. 周礼正义 [M]. 北京：中华书局，1987：1963.

以帛书其占，系之于龟也。"郑玄云："既卜筮，史必书其命龟之事及兆于策，系其礼神之币，而合藏焉。"可见卜筮与币有紧密关系，举行卜筮之后，需要用币来确保祭祀仪式的可靠性。

春秋时期的齐侯壶（《集成》9729、9730）："齐侯拜嘉命，［于］上天子用璧、玉备一笥，于大巫司誓于大司命用璧、两壶、八鼎，于南宫子用璧两备、玉二笥、鼓钟一肆。"① 铭文中上天子、大巫司誓、大司命、南宫子等均为神名，齐侯祭祀用的物品就有玉。

《国语·鲁语上》："长勺之役，曹刿问所以战于庄公。公曰：'余不爱衣食于民，不爱牲玉于神。'"② 鲁庄公面对战争，首先想到的应对方式是用玉祭祀神灵，说明用玉祭祀是鲁人的惯常思维。

鲁庄公从齐国娶哀姜回国，命令同姓大夫的夫人均用玉帛作见面礼觐见哀姜，见《左传》庄公二十四年记载：

秋，哀姜至，公使宗妇觌，用币，非礼也。御孙曰："男贽，大者玉帛，小者禽鸟，以章物也。女贽，不过榛、栗、枣、修，以告虔也。今男女同贽，是无别也。男女之别，国之大节也；而由夫人乱之，无乃不可乎？"③

此事亦见于《国语·鲁语上》：

哀姜至，公使大夫、宗妇觌用币。宗人夏父展曰："非故也。"公曰："君作故。"对曰："君作而顺则故之，逆则亦书其逆也。臣从有司，惧逆之书于后也，故不敢不告。夫妇贽不过枣、栗，以告虔也。男则玉、帛、禽、鸟，以章物也。今妇执币，是男女无别也。男女之别，国之大节也，不可无也。"公弗听。④

面对哀姜的到来，鲁君命大夫、宗妇相见用币。由于此举违反了男女有别的礼仪，所以有大臣提出反对意见，认为男女有别，女人的见面礼不过是枣、栗之类，以表示虔诚，男人的见面礼则为玉帛、禽鸟之类，以区别贵贱。现在鲁庄公令女人以玉帛为见面礼，就混淆了男女之别，违背国家礼制。《鲁语》记

---

① 马承源. 商周青铜器铭文选：四［M］. 北京：文物出版社，1990：549-550；李学勤. 齐侯壶的年代与史事［J］. 中华文史论丛，2006（2）.

② 徐元诰. 国语集解［M］. 北京：中华书局，2002：143.

③ 杨伯峻. 春秋左传注［M］. 北京：中华书局，1990：229-230.

④ 徐元诰. 国语集解［M］. 北京：中华书局，2002：147.

载劝谏的大臣名为夏父展，官居宗人一职，而《左传》记载为御孙。而《国语·鲁语上》："庄公丹桓宫之楹，而刻其桷。匠师庆言于公曰……"韦昭注："匠师庆，掌匠大夫御孙之名也。"《左传》庄公二十四年就此事劝谏鲁公的是御孙。胡匡衷怀疑两者并非一人。① 可见夏父展、御孙、匠师庆是否同为一人还有待仔细考量。但这几条史料里记载鲁庄公命令大夫、宗妇相见所用币的史事应当可信，币即后文提到大臣相见所用的玉帛。

《左传》庄公二十六年："凡天灾，有币，无牲。"② 说明古人面对天灾常用币来禳灾。《国语·郑语》："《训语》有之曰：'夏之衰也，褒人之神化为二龙，以同于王庭，而言曰：'余，褒之二君也。'夏后卜杀之与去之与止之，莫吉。卜请其漦而藏之，吉。乃布币焉，而策告之。龙亡而漦在，椟而藏之，传郊之。'韦昭注：'布，陈也。币，玉帛也。'"③ 夏人用布币祭神以便达到无灾的目的，布币就是献上玉帛。

《左传》昭公十七年：

夏六月甲戌朔，日有食之。祝史请所用币。昭子曰："日有食之，天子不举，伐鼓于社，诸侯用币于社，伐鼓于朝，礼也。"平子御之，曰："止也。唯正月朔，慝未作，日有食之，于是乎有伐鼓、用币，礼也。其馀则否。"大史曰："在此月也。日过分而未至，三辰有灾，于是乎百官降物，君不举，辟移时，乐奏鼓，祝用币，史用辞。故夏书曰'辰不集于房，瞽奏鼓，啬夫驰，庶人走'，此月朔之谓也。当夏四月，是谓孟夏。"平子弗从，昭子退曰："夫子将有异志，不君君矣。"……郑裨灶言于子产曰："宋、卫、陈、郑，将同日火。若我用瓘斝玉瓒，郑必不火。"子产弗与。④

以上记载了两件事，一为鲁国发生日食现象，大臣们围绕是否用币祭祀的问题展开讨论。昭子认为天子不进丰盛的菜肴，在社击鼓，而诸侯用币在社祭祀，击鼓于朝。平子认为只有正月这样做，其他时间则不用这么做。太史认为就在这个月，就此讲了一番道理，最终平子没有听取其他人的意见。另一件事

①　徐元诰. 国语集解［M］. 北京：中华书局，2002：146.
②　杨伯峻. 春秋左传注［M］. 北京：中华书局，1990：232.
③　徐元诰. 国语集解［M］. 北京：中华书局，2002：473 - 474.
④　杨伯峻. 春秋左传注［M］. 北京：中华书局，1990：1384 - 1392.

为郑国裨灶向子产建议用玉瓒祭祀，从而避免火灾。以上两个例子说明古人常用玉来驱除不吉之事。

简帛材料中亦有相似例子，如清华简《金縢》：

武王既克殷三年，王不豫，有迟。二公告周公曰："我其为王穆卜。"周公曰："未可以戚吾先王。"周公乃为三坛同墠，为一坛于南方，周公立焉，秉璧植珪。史乃册祝告先王曰……①

周武王在克商之后得病，太公、召公通过穆卜的方式来为周武王延寿。周公认为这样不足以打动先王，于是同时筑起三座坛，在南面建起一座坛，周公站在那里，用璧与珪向先王祷告。"秉璧植珪"，传世本《尚书·金縢》作"植璧秉珪"，两者孰是孰非学界还存在争议，但周公向先王祝告用璧与珪则没有疑义。

再如上博简《鲁邦大旱》中孔子建议鲁哀公用玉帛祭祀山川以求缓解鲁国的旱情：

鲁邦大旱，哀公谓孔子："子不为我图之？"孔子答曰："邦大旱，毋乃失诸刑与德乎？唯……"……"……之何在？"孔子曰："庶民知说之事，视也，不知刑与德，女毋爱珪璧币帛于山川，正刑与……"出遇子赣曰："赐，尔闻巷路之言，毋乃谓丘之答非欤？"子赣曰："否也，吾子女若重名其欤？如夫政刑与德，以事上天，此是哉。若夫毋爱珪璧币帛于山川，毋乃不可。夫山，石以为膚，木以为民，如天不雨，石将焦，木将死，其欲雨或甚于我，何必恃乎名乎？夫川，水以为膚，鱼以为民，如天不雨，水将涸，鱼将死，其欲雨，或甚于我，何必恃乎名乎？"孔子曰："于呼……公岂不饱粱肉哉也，无如庶民何。"②

李学勤先生认为"视"当读为"鬼"，兼指鬼神。简文是说哀公因国境大旱，要求孔子为之谋划。孔子认为旱灾是朝中施政刑罚与德惠失当的结果，必须加以纠正。民众只知道以祝祷事神，不懂刑德之事，如能不惜以珍贵的珪璧币帛祭祀山川，对刑德的失误加以纠正，旱灾就能免除。孔子遇到子赣，问巷

---

① 清华大学出土文献研究与保护中心编，李学勤主编. 清华大学藏战国竹简（壹）[M].
上海：中西书局，2010：158.
② 马承源主编. 上海博物馆藏战国楚竹书：二 [M]. 上海：上海古籍出版社，2002：204
－210.

路之人对于自己的答言有何看法。子赣认为纠正刑德的失误是正确的，但对于祭祀山川提出疑问。因山川比人更盼望下雨，不必恃乎名。孔子感叹子赣不了解自己的用意，鲁哀公在大旱之年依旧饱食粱肉，而百姓饥寒交迫。言外之意就是如果鲁哀公不祭祀山川神祇就会更加招致庶民的不满。值得注意的是孔子认为要消除旱灾，祭祀山川时不能舍不得献上珪璧币帛，可见古人为了禳灾，常用币帛来进行祭祀，以表示对神灵的虔诚之心。① 以上史料均可说明古人祭神所用币就是玉帛。

（二）"宗祊"解

"宗祊"，整理者认为是宗庙，可从。

《诗·楚茨》："祝祭于祊。"② 《国语·周语中》："今将大泯其宗祊，而蔑杀其民人，宜吾不敢服也！"③ 《礼记·郊特牲》："祭于祊。"④ 祊均指宗庙。

卜辞中"祊"或作"匚"，如《粹》812： "……酒（祊）于上，不冓雨。"⑤ 这是卜问在宗庙对上实行酒祭，是否遇到下雨天气。"匚"或作"口"，如《殷契佚存》126："甲子卜，𡥀贞，𥝩年于口，𠧞十勿牛，𥁰百勿牛。"杨树达先生认为"口"即宗庙。⑥ 卜辞是说甲子日在宗庙举行祈求丰收的祭祀活动，是砍杀十头杂色的牛还是一百头杂色牛。

（三）"攻"字考

"攻"，责让。见于包山楚墓出土竹简，如211号简："思攻解于盟禩，叙于宫室。五生占之曰：吉。三岁无咎，将有大憙，邦智之。"⑦ 217号简："思攻解于不殆。苟嘉占之曰：吉。"⑧ 以上简文是占卜者希望用攻解的方式攘除灾祸。

---

① 李学勤. 上博楚简《鲁邦大旱》解义［J］. 孔子研究，2004（1）. 笔者对于释文的解释参考了马承源先生与李学勤先生的诠释，特此说明。
② （清）阮元校刻. 十三经注疏·周易正义［M］. 北京：中华书局，1980：468.
③ 徐元诰. 国语集解［M］. 北京：中华书局，2002：54－55.
④ （清）阮元校刻. 十三经注疏·周易正义［M］. 北京：中华书局，1980：1457.
⑤ 郭沫若. 殷契粹编［M］. 北京：科学出版社，1965：558.
⑥ 杨树达. 积微居甲文说·耐林廎甲文说·卜辞琐记·卜辞求义［M］. 上海：上海古籍出版社，2007：44.
⑦ 陈伟. 包山楚简初探［M］. 武汉：武汉大学出版社，1996：232.
⑧ 陈伟. 包山楚简初探［M］. 武汉：武汉大学出版社，1996：233.

在传世文献中"攻"常用作攘除灾害的祭祀名称。如《周礼·春官·大祝》："掌六祈以同鬼神示，一曰类，二曰造，三曰禬，四曰禜，五曰攻，六曰说。"郑玄注："类、造、禬、禜、攻、说，皆祭名也……攻说，则以辞责让之。"① 郑玄明确指出攻属于祭祀名称的一种，特点以言辞责让。《论衡·顺鼓》："攻者，责也，则让之也。"② 李学勤先生据此认为攻指以辞责之，与说不同。③

本段简文中所谓"攻于商神"乃是文王不知此梦吉凶的情况下，用言辞指责商朝神灵的方式消除灾祸。

这一部分是说周文王为探知此梦的吉凶，特请巫师来占卜，经过特定的祭祀活动后，终知此梦为吉，于是与太子发共同拜受吉命。值得注意的是文王与太子发并受大命这一举动，预示着太子发在此吉梦中肩负着重要使命。

三、文王训示

第三部分则是文王根据梦的预示，对太子发的告诫劝勉之言。"发！汝敬听吉梦。"整理者注："听，《书·洪范》传：'察是非。'"④ 基于此梦的意义重大，关系到周的国运，所以文王命令太子发恭敬地考察、参悟梦的内涵。

（一）阐发梦的象征意义

"朋棘梓松，梓松柏副，械覆柞柞，化为腏。"此句是文王对吉梦内涵的进一步阐发，十分关键。整理者注：

朋，《书·皋陶谟》传："群也。"，戠读为"馘"，《说文》："弃也"。副，《礼记·曲礼上》注："析也。"橐，疑读为"覆"。以上数句疑有讹误，似应为"朋棘馘梓，松柏副，械柞覆，化为腏。"以棘比喻奸佞朋党，以松柏比喻贤良善人。⑤

① 孙诒让. 周礼正义 [M]. 北京：中华书局, 1987：1986 – 1987.
② 黄晖. 论衡校释 [M]. 北京：中华书局, 1990：689.
③ 李学勤. 竹简卜辞与商周甲骨 [J]. 郑州大学学报（哲学社会科学版）, 1989（2）.
④ 清华大学出土文献研究与保护中心编, 李学勤主编. 清华大学藏战国竹简（壹）[M]. 上海：中西书局, 2010：137.
⑤ 清华大学出土文献研究与保护中心编, 李学勤主编. 清华大学藏战国竹简（壹）[M]. 上海：中西书局, 2010：137.

黄怀信先生认为："朋，双贝也，引申谓朋比。戬（戭），原考释训弃。副，贰、助。'械覆柞柞，化为膌'，疑当读'械覆柞，柞化为膌'。覆，谓庇护，或借为'护'。械、柞同类，故相护。膌，染红的颜料，赤石指之类。"①

按此句应从整理者说改为"朋棘梓，松柏副，械柞覆，化为膌"。所谓"朋棘"，指奸佞之人；"戬"，整理者读作"戭"，但此字的字形与《耆夜》中"戬"（戤）②、郭店简《尊德义》中"弗爱，则戬也"③ 的"戬"（裘锡圭先生读为"雠"）相似，戙（《程寤》）、戲（《耆夜》）、戦（《尊德义》），另外马王堆帛书《周易·渐卦》："鸿渐于木，或直其寇，无咎。"张政烺先生认为此处"戭"假作"雠"。④ 通过上述比较，《程寤》此字当读为"雠"，意为仇视、仇敌；"梓"，指代太子发代表的周邦；"副"，辅佐；"松柏副"，是喻指贤臣辅佐，"械柞"亦比喻贤臣；"覆"，应从黄先生说，释为护；"膌"，是染红的颜料，如《尚书·梓材》："若作梓材，既勤朴斫，惟其涂丹膌。"⑤ 简文此句是说纣王及其周围奸佞小人仇视周邦，周邦有其贤臣辅佐，必能成就大业。这里指出贤臣对太子发的作用，其实是在提醒太子发注意用人问题。下文言"何用非树？树因欲，不违材"。整理者注："欲，训'愿'。才，读为'材'，材质。"袁莹先生指出："'欲'应读为'用'"。⑥ 这是说用人要量才而用，如此方能使其发挥应有的作用。

"如天降疾，旨味既用，不可药，时不远。"整理者训"旨"为"美"。⑦

① 黄怀信.清华简《程寤》解读 [J].鲁东大学学报（哲学社会科学版），2011（4）.
② 清华大学出土文献研究与保护中心编，李学勤主编.清华大学藏战国竹简（壹）[M].上海：中西书局，2010：150.
③ 荆门市博物馆.郭店楚墓竹简 [M].北京：文物出版社，1998：174.
④ 张政烺.马王堆帛书《周易》经传校读 [M]//论易丛稿.北京：中华书局，2012：119，146.
⑤ 杨筠如.尚书覈诂 [M].西安：陕西人民出版社，1959：298.
⑥ 袁莹.清华简《程寤》校读 [EB/OL].复旦大学出土文献与古文字研究中心网站，2011 - 01 - 11.
⑦ 清华大学出土文献研究与保护中心编，李学勤主编.清华大学藏战国竹简（壹）[M].上海：中西书局，2010：138.

袁莹先生认为药，是治疗的意思。① 黄怀信先生指出药指用药，时谓病愈之时。②

按黄说可商。此句应当是说若天降给商疾患，却要用美味医治，不可救药，灭亡之日不远。接下来"惟商戚在周，周戚在商"一句是文王告诫太子发商周之间互为忧患，水火不容。这表明文王已经决意灭商，并将其奉为国策，要求太子发贯彻执行。

"欲惟柏梦，徒庶言 埋，矧又毋亡秋明武威，如械柞亡根。"

整理者注："柏，读为'白'，《荀子·荣辱》注：'彰明也。'秋，清母幽部，疑读为喻母之'由'。"③

黄怀信先生认为：

佳（惟），同"为"，是。柏，原考释读"白"。白梦，白日梦，不着边际之梦想。徒庶，普通徒役。"言"下一字，疑是妄义。引（矧），何况。亡，读为"无"。秋，疑借为"钦"，敬、认真。钦明，指文德，与"武威"相对。"女"亦读"如"，似。亡，无。械柞亡根，槁木也。④

按"柏"，当从整理者说，指彰明之义。文王这段话都是围绕吉梦而言，如解释为白日梦，就偏离了上下文讨论的主题。徒庶，指普通小民。"秋"，读为"由"。《论语·泰伯》："子曰：民可使由之，不可使知之。"⑤ 古时"由"或作"迪"，王国维先生已有说明。⑥ 《玉篇》："迪，导也。"李锐先生曾指出《论语》此句的"由"当为"迪"之借字，释为导。⑦ 《书·大诰》："洪惟我冲人，嗣无疆大历服。弗造哲，迪民康，矧曰其有能格知天命。"曾运乾曰："迪，导也。"⑧ 《书·多方》："惟帝降格于夏，有夏诞厥逸，不肯戚言于民，乃大淫昏，

---

① 袁莹.清华简《程寤》校读［EB/OL］.复旦大学出土文献与古文字研究中心网站，2011
－01－11.
② 黄怀信.清华简《程寤》解读［J］.鲁东大学学报（哲学社会科学版），2011（4）.
③ 清华大学出土文献研究与保护中心编，李学勤主编.清华大学藏战国竹简（壹）［M］.上海：中西书局，2010：138.
④ 黄怀信.清华简《程寤》解读［J］.鲁东大学学报（哲学社会科学版），2011（4）.
⑤ 杨树达.论语疏证［M］.上海：上海古籍出版社，1986：192.
⑥ 王国维.观堂集林（外二种）［M］.石家庄：河北教育出版社，2003：136.
⑦ 李锐.新出简帛的学术探索［M］.北京：北京师范大学出版社，2010：245.
⑧ 曾运乾.尚书正读［M］.上海：华东师范大学出版社，2011：156.

不克终日劝于上帝之迪，乃尔攸闻。"杨筠如先生注："迪，《释诂》：'道也。'"① 于省吾先生则曰："迪即由。"② "尔乃迪屡不静，尔心未爱。"曾运乾训迪为导。③ "迪简在王庭，尚尔事，有服在大僚。"《蔡传》训迪为启迪。④ 《逸周书·尝麦》："史导王于北阶，王涉阶，在东序。"⑤ 潘振云："导，启也。"《庄子·田子方》："其谏我也似子，其道我也似父。"成玄英疏："训导我，似父之教子。"

甲骨、金文与简帛资料中常见"道"字，训为引导。"……道王登众，受……"（《屯南》149）据学者研究，这里的"道"是导的本字，有导引之义。⑥ 西周晚期文盨："唯王廿又三年八月，王命士曶父殷南邦君诸侯，乃赐马，王命文曰：'率道于小南。'唯五月初吉，还至于成周，作旅盨，用对王休。"⑦ "道"即引导之意。郭店简《尊德义》："民可使道之，不可使知之。民可道也，而不可强也。"裘锡圭先生案语："道，由也。"⑧ 刘钊先生指出郭店简这句简文的"道"应该解释为"引导"⑨，可从。郭店简《性自命出》："道四术，为人道为可道也。"⑩ 陈伟先生训"为可道也"的"道"为引导、疏导、教导，甚是。⑪

上述分析表明由、迪、道三字皆有引导之义，因此《程寤》简文中的"秋"可读为"由"，意为引导。

"明武威"，还见于《逸周书·大明武》："天作武，修戎兵，以助义正违。"陈逢衡云："天作武，奉天讨也；修戎兵，严纪律也。治国曰义，乱邦曰违。助

① 杨筠如．尚书覈诂［M］．西安：陕西人民出版社，1959：381-382.
② 于省吾．双剑誃尚书新证［M］//于省吾著作集．北京：中华书局，2009：248.
③ 曾运乾．尚书正读［M］．上海：上海古籍出版社，2011：255-256.
④ 顾颉刚，刘起釪．尚书校释译论［M］．北京：中华书局，2005：1645.
⑤ 黄怀信，张懋镕，田旭东撰，李学勤审定．逸周书汇校集注［M］．上海：上海古籍出版社，2007：725.
⑥ 宋镇豪．夏商社会生活史［M］．北京：中国社会科学出版社，2005：168.
⑦ 李学勤．文盨与周宣王中兴［J］．文博，2008（2）．
⑧ 荆门市博物馆．郭店楚墓竹简［M］．北京：文物出版社，1998：174-175.
⑨ 刘钊．郭店楚简校释［M］．福州：福建人民出版社，2005：132.
⑩ 荆门市博物馆．郭店楚墓竹简［M］．北京：文物出版社，1998：179.
⑪ 陈伟．郭店竹书别释［M］．武汉：湖北教育出版社，2003：185.

义正违，辅有道以伐无道也。"①《逸周书·小明武》："胜国若化，故曰明武。"潘振云："胜国，我所胜之国。若化，顺我之化也。故亦谓之明德之武。"②

这是说文王告诫太子发要想使此梦彰明，必须教化民众，争取庶民的支持，引导小民明晓以有道伐无道的道理，用命于王，否则就算有贤臣辅佐也如同无根之木，不能成功。

（二）讲述用人之道

"惟梓敝不义，芃于商，俾行量亡乏，明明在向，惟容纳棘，億亡勿用，不，使卑柔和顺，生民不灾，怀允。"整理者注：

敝，《左传》僖公十年注："败也。""芃"，《诗·棫朴》传："木盛貌。"量，疑训为界限，句谓所行之处无所困乏。惟容纳棘，"内"即"纳"，喻对小人亦予包容……億亡，度其将亡。忢，《说文》："毒也。"《说文通训定声》云："憎恶也。"或疑"恶"字之省。灾，《尔雅·释诂》："危也。"怀，《说文》："念思也。"允，《尔雅·释诂》："信也。"③

"卑柔和顺"，类似用语又见《逸周书·酆保》："维二十三祀庚子朔……旦拜手稽首曰：'商无无道……卑位柔色金声以合之。'"④ 陈逢衡注："卑位，谦也。柔色，合也。金声，大而远也。如是以合四方，则人无不用命矣。"黄怀信先生认为："梓，材也。敝，败也。义，宜也。芃，茂盛。卑（俾），使。行，用。行量，量材而用。亡，无。乏，缺少。言不应使周之梓材败敝而盛于商，使商量材无乏。隹（惟），犹能。容内（纳），包容。棘，商庭之朋比小人。意（億），揣度。亡，灭亡。勿用，不任用。'惎'，借位'忌'，恨也。思，读为'使'。卑柔，谦卑柔和。和顺，和谐恭顺。眚（生）民，百姓。不灾，不受灾

---

① 黄怀信，张懋镕，田旭东撰，李学勤审定.逸周书汇校集注［M］.上海：上海古籍出版社，2007：122－123.

② 黄怀信，张懋镕，田旭东撰，李学勤审定.逸周书汇校集注［M］.上海：上海古籍出版社，2007：142－143.

③ 清华大学出土文献研究与保护中心编，李学勤主编.清华大学藏战国竹简（壹）［M］.上海：中西书局，2010：138.

④ 黄怀信，张懋镕，田旭东撰，李学勤审定.逸周书汇校集注［M］.上海：上海古籍出版社，2007：193－196.

殃。怀，心思。允，信，诚实。"① 按黄先生解释"不应使周之梓材败敝而盛于商，使商量材无乏"。笔者以为欠妥。梓指代太子发，不义指代商王纣。这是说太子发代表的周将击败不义的商，犹如梓树在商庭茂盛地生长，周的影响力扩大到任何角落。此乃文王对吉梦内涵的再次阐发。要明察于上，包容小人，使他们度其将亡而不用于商，不忌恨周。使他们谦柔和顺，不祸害百姓，这样才能取信于民。这是交代太子发注意用人，明白水至清则无鱼的道理，对那些小人要引导他们不要危害小民。

"呜呼！何监非时，何务非和，何襄非文，何保非道，何爱非身，何力非人。"整理者注："'襄'，《说文》：'藏也'。此云韬光养晦。何爱非身，何力非人，身与人相对举。人即民。"② 黄怀信先生指出："监，视。时，时机。务，求、致力。襄，借位'怀'。文，文德。保，守持。道，正确的处事方针。爱，爱惜。身，身体。力，犹任。"这是在提醒太子发要抓住时机，团结内部各种力量，韬光养晦，保守正道，爱惜自身，善用民力。

"人谋强，不可以藏。后戒，后戒，人用汝谋，爱日不足。"③ 李学勤先生指出："强"和"竞"则是音通互训。《诗·桑柔》毛传："竞，强（强）也。"④ 整理者注："潘振《周书解义》云：'兢，力也。藏，不行也……言我后人即此谋而用力焉，不可以不行也。'"⑤ 《逸周书·酆保》："戒后人其用汝谋。"⑥ 潘振云："戒后人以敬用汝五祥及七恶之谋也。"这是说后人对此谋划尽力执行，不能放弃。后戒，要让人都用太子发的谋划，珍惜时间，不能松懈，以求梦中所预示周代商的情形早日实现。

总之，本篇简文是周文王借吉梦告诫太子发要树立灭商的壮志，韬光养晦，

① 黄怀信.清华简《程寤》解读［J］.鲁东大学学报（哲学社会科学版），2011（4）.
② 清华大学出土文献研究与保护中心编，李学勤主编.清华大学藏战国竹简（壹）［M］.上海：中西书局，2010：139.
③ 黄怀信.清华简《程寤》解读［J］.鲁东大学学报（哲学社会科学版），2011（4）.
④ 李学勤.《程寤》《保训》"日不足"等语的读释［J］.清华大学学报（哲学社会科学版），2011（2）.
⑤ 清华大学出土文献研究与保护中心编，李学勤主编.清华大学藏战国竹简（壹）［M］.上海：中西书局，2010：139.
⑥ 黄怀信，张懋镕，田旭东撰，李学勤审定.逸周书汇校集注［J］.上海：上海古籍出版社，2007：211.

依赖贤臣，揣摩用人之道，善用百姓，使民敬顺王命。梓与太子发密切相关，代表周；松、柏、棫、柞指周的贤臣。此梦的内涵是太子发将会率周的贤臣占领商都，推翻商朝。

第二节　清华简《金滕》篇研究

一、周公居东问题再探

周公居东的问题，历来是很多学者关注的热点，可谓聚讼纷纭。清华简《金滕》的出现，为这一问题的解决提供了新的契机。在前人成果的基础上，笔者尝试对此问题再做探讨，以求对这一问题的研究有所助益。先将释文以通行字体照录于下，以便展开讨论：

武王既克殷三年，王不豫，有迟。二公告周公曰："我其为王穆卜。"周公曰："未可以戚吾先王。"周公乃为三坛同墠，为一坛于南方，周公立焉，秉璧植珪。史乃册祝告先王曰："尔元孙发也，遘害虐疾，尔毋乃有备子之责在上，惟尔元孙发也，不若旦也，是佞若巧能，多才多艺，能事鬼神。命于帝庭，溥有四方，以定尔子孙于下地。尔之许我，我则晋璧与珪。尔不我许，我乃以璧与珪归。"周公乃纳其所为功自以代王之说于金滕之匮，乃命执事人曰："勿敢言。"就后武王陟，成王犹幼在位，管叔及其群兄弟乃流言于邦曰："公将不利于孺子。"周公乃告二公曰："我之□□□□无以复见于先王。"周公宅东三年，祸人乃斯得，于后周公乃遗王诗，曰《周鸮》，王亦未逆公。是岁也，秋大熟，未获。天疾风以雷，禾斯偃，大木斯拔。邦人□□□□弁，大夫端，以启金滕之匮。王得周公之所自以为功以代武王之说。王问执事人，曰："信。噫，公命我勿敢言。"王布书以泣，曰："昔公勤劳王家，惟余冲人亦弗及知，今皇天动威，以彰公德，惟余冲人其亲逆公，我邦家礼亦宜之。"王乃出逆公至郊。是夕，天反风，禾斯起，凡大木之所拔，二公命邦人尽复筑之。岁大有年，秋则大获。

周武王有疾，周公所自以代王之志。①

传世本《金縢》中记载："武王既丧，管叔及其群弟，乃流言于国，曰：'公将不利于孺子。'周公乃告二公曰：'我之弗辟，我无以告我先王'。周公居东二年，则罪人斯得。于后公乃为诗以遗王，名之曰《鸱鸮》，王亦未敢诮公。"②

简本作"就后武王力疷，成王犹幼在位，管叔及其群兄弟乃流言于邦曰：'公将不利于孺子。'周公乃告二公曰：'我之□□□□无以复见于先王。'周公宅东三年，祸人乃斯得。于后周公乃遗王诗曰《周鸮》，王亦未逆公"③。

《金縢》这几句话牵涉周公居东的大问题。周公居东自汉朝以来就没有统一的解释，众家各执一词，相互驳难。其中主要有三种不同的说法，而这三种说法又包含若干不同的小观点，大概有十六种之多。刘国忠先生曾详加整理，堪称详备。④ 本节只列举其中三种有代表性的看法，其他看法详参刘文。

第一，周公居东待罪说。以马融、郑玄为代表。他们将"辟"释为"避"，把"居东"理解为"避居东都"，认为周公为避流言而居于东都，以释成王之疑。郑玄还认为"罪人"是"周公属党"。

第二，周公东征说。以《伪孔传》为代表。"辟，法也……言我不以法法三叔，则我无以成周道告我先王。"这是认为周公闻听流言后要依法治三叔。"周公既告二公，遂东征之。二年之中，罪人斯得。"此说认为周公表示必须惩治三叔，随后东征平定三叔之乱。《史记·鲁周公世家》把辟读为避，认为不避嫌疑而摄政，以稳固周的统治。

第三，周公奔楚说。以《史记·蒙恬列传》为代表。不过，谯周认为这一说法是基于后人的误解，原因是秦焚书导致相关典籍的缺失⑤，此说可从。

以上诸说各有其依据，争论持续时间之长，令人叹为观止。哪一种说法更

---

① 清华大学出土文献研究与保护中心编，李学勤主编. 清华大学藏战国竹简（壹）[M]. 上海：中西书局，2010：158.

② 杨筠如. 尚书覈诂 [M]. 西安：陕西人民出版社，1959：231－233.

③ 清华大学出土文献研究与保护中心编，李学勤主编. 清华大学藏战国竹简（壹）[M]. 上海：中西书局，2010：158.

④ 刘国忠. 走近清华简 [M]. 北京：高等教育出版社，2011：96－105.

⑤ （汉）司马迁撰. 史记 [M]. 北京：中华书局，1959：1520.

合理，是研究者需要仔细思考的问题。李学勤先生曾指出清华简与传世本《金縢》应分属于不同的流传系统。① 此说甚是。因此，简本与今本孰优孰劣，还难下定论。鉴于谯周的意见较为合理，因此本节只讨论周公居东待罪说和东征说两种观点，暂不讨论周公奔楚说。结合清华简本及传世本《金縢》，本文认为周公居东待罪说比较切合实际，试论如下。

（一）东征说再审视

很多学者相信《伪孔传》的解释，认为周公居东就是去征伐管蔡，此说有其合理之处，但也存在一些疑点。

1. "逆"与"诮"的解释与东征说不合

简本作"于后，周公乃遗王诗，曰《周鸮》。王亦未逆公"。今本作"于后，公乃为诗以贻王，名之曰《鸱鸮》。王亦未敢诮公"。《史记·鲁周公世家》"诮"作"训"。《集解》引徐广曰："训，一作诮。"《索隐》："《尚书》作诮。诮，让也。此作训，字误耳，义无所通。徐氏合定其本，何须云一作诮也！"②简本作"逆"，今本作"诮"。陈剑先生认为当从简本，"逆"是迎的意思。③黄怀信先生则认为当从今本作"诮"，意为责备。④

今按无论是"逆"或"诮"皆与周公东征说存在抵牾之处。如释为"逆"，训为迎，以事理度之，周公如率军驻扎于都城之外，难免有兵临城下，拥兵自重的嫌疑。况且周公率大军回朝，若成王拒之，很有可能丧失对东部地区的控制。细审周公所遗成王诗，如"诮"训为让、责备，意在告诫成王周邦创业不易，现今处于风雨飘摇之中，形势危急。倘是周公已诛管、蔡二叔，得胜而归，大乱弭平，似不可再如《鸱鸮》所言"予室翘翘，风雨所漂摇，予维音哓哓"。

《鸱鸮》的内容见于《诗·豳风》：

鸱鸮鸱鸮，既取我子，无毁我室。恩斯勤斯，鬻子之闵斯。迨天之未阴雨，

① 李学勤. 清华简九篇综述［J］. 文物，2010（5）.

② （汉）司马迁撰. 史记［M］. 北京：中华书局，1959：1519.

③ 陈剑. 清华简《金縢》研读三题［M］//出土文献与古文字研究：第四辑. 上海：上海古籍出版社，2011：151.

④ 黄怀信. 清华简《金縢》校读［EB/OL］. 武汉大学简帛研究中心网站，2011 – 03 – 21.

彻彼桑土，绸缪牖户。今女下民，或敢侮予！予手拮据，予所捋荼，予所蓄租，予口卒瘏，曰予未有室家！予羽谯谯，予尾翛翛，予室翘翘。风雨所漂摇，予维音哓哓！①

郑笺："室犹巢也。鸱鸮言已取我子也，幸无毁我巢。我巢积日累功，作之甚苦，故爱惜之也。时周公竟武王之丧，欲摄政行周道，致太平之功。管叔、蔡叔等流言曰：公将不利于孺子。成王不知其意，故多罪其属党。鸱鸮之意，殷勤于此，稚子当哀悯之。此取鸱鸮子者，指稚子也。比喻诸臣之先臣，亦殷勤于此，成王亦宜哀悯之。"

郑玄之说与当时历史背景较合，有可取之处。顾颉刚、刘起釪先生认为此诗是周公恐惧流言之日，忧谗畏讥，表达其愁苦之心，希望成王醒悟而作的诗。② 纵观此诗，意在促成王醒悟，召周公回朝，以保周室。

2. "孺子"与"罪人"所指对象也与东征说有冲突

"孺子"，杨筠如先生赞同崔述之说，认为孺子乃"少之亲之"之称，非谓年幼。③ 按成王既已非幼童，自然不愿大权旁落，适逢流言初起，岂有不疑周公之理？就连重臣召公曾一度对周公起疑。《史记·燕召公世家》就明确记载召公曾对周公表示不悦：

成王既幼，周公摄政，当国践祚，召公疑之，作《君奭》。《君奭》不悦周公。周公乃称"汤时有伊尹，假于皇天；在太戊时，则有若伊陟、臣扈，假于上帝，巫咸治王家；在祖乙时，则有若巫贤；在武丁时，则有若甘般，率维兹有陈，保乂有殷"。于是召公乃悦。④

《书·君奭》：

保奭，其汝克敬，以予监于殷丧大否，肆念我天威。予不允惟若兹诰，予惟曰，襄我二人，汝有合言哉，曰：在时二人。天休兹至，惟时二人弗戡。

郭店简《成之闻之》的记载可与《君奭》相互印证：

《君奭》曰"襄我二人，毋有合在音"何？道不悦之辞也。君子曰："唯有

---

① （清）阮元校刻. 十三经注疏·毛诗正义 [M]. 北京：中华书局，1980：394-395.

② 顾颉刚，刘起釪. 尚书校释译论 [M]. 北京：中华书局，2005：1239.

③ 杨筠如. 尚书覈诂 [M]. 西安：陕西人民出版社，1959：232.

④ （汉）司马迁. 史记 [M]. 北京：中华书局，1959：1549.

其恒而可，能终之为难。'槁木三年，不必为邦旗'何？言偃之也。是以君子贵诚之。"闻之曰："古之用民者，求之于己为恒。行不信则命不从，信不著则言不乐。民不从上之命，不信其言，而能念德者，未之有也。故君子之莅民也，身服善以先之，敬慎以守之，其所在者入矣，民孰弗从？形于中，发于色，其诚也固矣，民孰弗信？是以上之恒务，在信于众。《吕命》曰'允师济德'何？此言也，言信于众之可以济德也。"①

马楠认为"音"盖为"言"之讹。孔传本"哉"当从《成之闻之》读为"在"，"言"字属上读。"襄"读为"尚"，楚简"倉"多释为"答"，此处即训为对答之答。"襄（尚）我二人，毋有答在言"就是说昔汝有不悦之言，我已陈言告汝我志诚若是，自今而后，我二人共济于艰，不复需对答陈言以明志。② 白立超虽然赞同周公东征的观点，但认同周公与成王之间存在矛盾的事实。③

以上均可说明周公与召公之间一度曾有误会，周公特作《君奭》以纾解召公心中的疑虑，最终两人意见取得统一，共同面对西周面临的危机。

杨筠如先生曾论及"我子"与"罪人"：

窃疑马、郑读辟为避是矣，而解罪人为周公属党，则非也。据《豳风》之次，《鸱鸮》在前，《东山》次之，而《破斧》最后。《鸱鸮》即下文公所遗王之诗。《东山》云"我徂东山"，又云"我来自东"，又曰"自我不见，于今三年"是明为居东二年后归周时作，而次于《破斧》之前。《破斧》云"周公东征，四国是皇"，则《破斧》作于东征之时，而居《东山》之后。其徂东之与东征，盖不可混为一事，而东征应在东山既归之后也。又《鸱鸮》一诗，作于居东之时。玩其辞意，亦并非在既诛三叔之后。观其"鸱鸮鸱鸮，既取我子"，"无毁我室"，"恩斯勤斯"，"鬻子之闵斯"数语，盖以鸱鸮喻禄父，以"我子"喻管蔡。无毁我室，明言欲保安周室之意。鬻子，则谓成王。其尚在未诛管蔡之先甚明。则郑氏出处东国之说，必非诬矣。我之弗避，谓我若弗避也。史公

① 李零. 郭店楚简校读记 [M]. 北京：中国人民大学出版社，2007：159.
② 马楠. 楚简与《尚书》互证校释四则 [M] //出土文献：第二辑. 上海：中西书局，2012：215－220.
③ 白立超. 出土文献与《尚书》问题研究 [D]. 北京：中国人民大学，2013：148.

训为所以不避，意稍疏矣。①

此说《鸱鸮》当作于居东之时甚确，不过"我子"是否指管蔡，还有待商榷。笔者认为"我子"与"罪人"未必是一回事："我子"当从郑玄之说解释为周公属党；"罪人"当指散布流言之人。

以上论述说明将居东说解释为东征还存在一定的不足，近来有学者提出质疑，彭裕商先生指出文献与金文材料都说明东征主帅是成王，周公只是随成王出征。而据《金縢》记载，居东是周公一个人去的，其间成王一直在宗周，这就与东征的情况不合，所以周公居东只能是避居于东，而不可能是东征。② 看来周公居东为东征说还存在继续探究的研究空间。

（二）居东待罪说的合理性

清华简《金縢》与传世本有几处记载存在明显的分歧，如简本记载"武王既克殷三年"，今本作"既克殷二年"；简本记载"周公宅东三年"，今本作"周公居东二年"。

有学者认为简本是今本的节略，简本中"武王既克殷三年"的"三"为"二"的讹误③；白立超认为《金縢》中"二年""三年"指具体时段，可能由于计时方式的不同而产生相差一年的情况。④ 亦有学者认为简本优于今本。⑤ 彭裕商先生从东征原因及东征主帅两个角度分析，支持周公居东为避居于东。⑥ 王坤鹏从传世本与简本的"诮"与"逆""罪人"与"祸人"的区别认为简本支持的是周公居东是指周公避罪东都。⑦ 根据王国维先生《周开国年表》⑧，笔者认为周公居东的时间当在文王十三祀到十六祀之间。现在判断二者优劣的条

---

①　杨筠如．尚书覈诂［M］．西安：陕西人民出版社，1959：233.

②　彭裕商．清华简《系年》札记二则［M］∥出土文献：第三辑．上海：中西书局，2012：31－34.

③　黄怀信．清华简《金縢》校读［EB/OL］．武汉大学简帛研究中心网站，2011－03－21.

④　白立超．出土文献与《尚书》问题研究［D］．北京：中国人民大学，2013.

⑤　陈剑．清华简《金縢》研读三题［M］∥出土文献与古文字研究：第四辑．上海：上海古籍出版社，2011：169.

⑥　彭裕商．《尚书·金縢》新研［J］．历史研究，2012（6）.

⑦　王坤鹏．简本《金縢》学术价值新论［J］．古代文明，2012（4）.

⑧　王国维．观堂集林：外二种［M］．石家庄：河北教育出版社，2003：621－622.

件还不够充分，不妨两说并存。因为两者很有可能是同出于一个祖本，只是在流传的过程中被后人各以己意增改，所以出现歧异。简本与今本代表两种不同的说法，哪一种更接近史实，恐难骤下断语。

关于居东说的合理性，前人所说多有创获。如汉马融、郑玄将"辟"释为"避"，把"居东"理解为"避居东都"，认为周公为避流言而居于东都，以释成王之疑。宋蔡沈《书集传》认为"辟"指避东以待罪；对于居东的地点，主张"居国之东"，亦即国都之东；罪人指管蔡之人。清牟庭《同文尚书》："居东谓居豳也。周公已告二公，遂出奔避居于豳。豳在丰镐之东，故曰居东也。"① 可备一说。顾颉刚、刘起釪先生认为周公因避嫌疑，离开国都，暂居东边某地。东可指国都之东，亦可指丰镐以东至于洛邑之地。② 按对于居东的地点，蔡沈之说较为合理，居东当指"居国之东"，亦即国都之东。

杨筠如先生指出《金縢》所载周公居东在东征之前：

《史记》《大传》以为周公死后之事，非也。段玉裁谓今文之说，最为荒谬。史官记事，前云既克商二年，云武王既丧，云居东二年，何等分明！岂有为诗遗王之后，秋大熟之前，间隔若干年，若干大事不书，不书周公薨而突书其死后之事，令人读罢，其不知颠末者乎？其言精辟，无间然矣。……《大诰》次于《金縢》之后，亦足证《金縢》所载居东亲迎之事，并在东征之前。《大传》收之在《金縢》前，殆非也。③

《大诰》记周公东征管蔡之前的战争动员之事，《金縢》位于《大诰》之前，对正确认识周公居东的时间有提示作用。

彭裕商先生同意周公居东为避居于东，还利用《系年》第三章与第四章的记载加以说明。为方便讨论，先将两章释文列之于下。

《系年》第三章：

周武王既克殷，乃设三监于殷。武王陟，商邑兴反，杀三监而立彔子耿。成王屎伐商邑，杀彔子耿，飞廉东逃于商盖氏，成王伐商盖，杀飞廉，西迁商盖之

---

① 牟庭. 同文尚书［M］. 济南：齐鲁书社，1981：736－750.
② 顾颉刚，刘起釪. 尚书校释译论［M］. 北京：中华书局，2005：1237.
③ 杨筠如. 尚书覈诂［M］. 西安：陕西人民出版社，1959：234－237.

民于邾围，以御奴戲之戎，是秦之先，世作周扦。①

《系年》第四章：

周成王、周公既迁殷民于洛邑，乃追念夏商之亡由，旁设出宗子，以作周厚屏，乃先建卫叔封于康丘，以侯殷之余民。②

《系年》第三章所涉及成王东征事件并未提及周公，而第四章迁殷商遗民于洛邑之事，则并记成王、周公，由此彭先生推测第三章东征事不提周公是因周公不是东征主帅的缘故。③

以上梳理了学界关于支持周公居东为避罪说的观点，可以看出此论存在合理之处，有待进一步论述。

（三）居东说补证

在前人成果的基础之上，笔者略做两点补证。

1. 周公居东的历史背景分析

武王生前曾有意传位周公，被周公拒绝。《逸周书·度邑》："王曰：旦，汝惟朕达弟，予有使汝……汝惟幼子，大有知……乃今我兄弟相后，我筮龟其何所即？今用建庶建。叔旦恐，涕泣拱手。"④ 庄述祖云："文家立子，质家立弟，武王忧难，故欲建庶也。"唐大沛云："兄弟相后，殷人之传法也。"陈汉章云："武王意欲权用殷礼，兄弟相后，叔旦不敢当而摄政焉。"朱右曾云："不传于子而传弟，故曰庶建。惠曰：王欲传位于旦，故恐。"⑤ 周公在武王死后本拟摄政，但管蔡流言纷至沓来，不仅成王疑虑周公有不臣之心，即使大臣也有疑周公者，面对这种情形，周公焉能不去位避嫌乎？正如项安世所说：

孔氏谓辟者行法也，居东则东征也。信然则周公诛谤以灭口，岂所以自明

① 清华大学出土文献研究与保护中心编，李学勤主编. 清华大学藏战国竹简（贰）[M]. 上海：中西书局，2011：141.
② 清华大学出土文献研究与保护中心编，李学勤主编. 清华大学藏战国竹简（贰）[M]. 上海：中西书局，2011：144.
③ 彭裕商. 清华简《系年》札记二则 [M]//出土文献：第三辑. 上海：中西书局，2012：31-34.
④ 黄怀信，张懋镕，田旭东撰，李学勤审定. 逸周书汇校集注 [M]. 上海：上海古籍出版社，2007：474-479.
⑤ 黄怀信，张懋镕，田旭东撰，李学勤审定. 逸周书汇校集注 [M]. 上海：上海古籍出版社，2007：479.

于天下哉！予尝反复本文，则郑说为是。盖周室初基，中外未定，流言乘间而作，成王疑于上，国人疑于下，周公苟不避之，祸乱忽发，家国倾危，将无以见先王于地下矣。周公之与二公，盖一体也，故密与二公谋之，使二公居中镇抚国事，而身自东出避之，因以宁辑东夏。但不居中，则不利之谤自息，而乱无从生矣。故周公居东二年，外变不起而内论亦明，向者倡为流言谋作乱之人遂得主名，内外之人始知其为管叔之罪也。①

此语道出当时危急的形势，并注意到二公与周公的关系，可惜没有展开深入讨论。管、蔡二叔也曾为周克商做出贡献，如《国语·晋语》记载：

文王在母不忧，在傅弗勤，处师弗烦，事王不怒，孝友二虢，而惠慈二蔡，刑于大姒，比于诸弟。《诗》云："刑于寡妻，至于兄弟，以御于家邦。"于是乎用四方之贤良。及其即位也，询于"八虞"，而咨于"二虢"，度于闳夭，而谋于南宫，谘于蔡、原，而访于辛、尹，重之以周、邵、毕、荣，亿宁百神，而柔和万民。故《诗》云："惠于宗公，神罔时恫。"是则文王非专教诲之力也。②

陈颖飞先生指出："不能因二蔡成王时期的不贤而否定他们在文王时期的地位。"③ 白立超认为管蔡对于周稳定东方地区的安定起了较大作用。④ 管蔡在周取商而代之的过程中亦有功勋，在周初拥有较高的政治地位，况且他们又是文王之子、武王之弟，因此《大诰》中才有人反对用兵。《书·大诰》："尔庶邦君，越尔庶士、御事，罔不反，曰：艰大，民不静。亦惟在王宫、邦君室，越予小子考翼，不可征。王害不违卜？"⑤ 管蔡已经叛乱，周公有通过占卜得吉兆，仍然有大臣反对周公出兵平乱。此外，管蔡此时只是散布流言，尚未叛乱，周公欲辩无词，以退为进是最好的选择，有利于政局的稳固。

2. 二公是周公的潜在支持者

大儒顾炎武在其名著《日知录》"周公居东"条中曾指出二公的作用："主

---

① 刘国忠. 走近清华简 [M]. 北京：高等教育出版社，2011：101.
② 徐元诰. 国语集解 [M]. 北京：中华书局，2002：361 – 362.
③ 陈颖飞. 清华简祭公与西周祭氏 [J]. 江汉考古，2012（1）.
④ 白立超. 出土文献与《尚书》问题研究 [D]. 北京：中国人民大学，2013.
⑤ 杨筠如. 尚书覈诂 [M]. 西安：陕西人民出版社，1959：243.

少国疑，周公又出居于外，而上下安宁，无腹心之患者，二公之力也。"① "二公"，整理者指出《鲁世家》以为太公、召公②，可从。召公、太公在西周的政治地位较为特殊，对于稳定周王朝的统治起过重大作用。现藏美国弗利尔美术馆的太保玉戈曾记载周王令召公视察南国之事："六月丙寅，王在丰，令太保省南国，帅汉，遂殷南，命濮侯，辟用束贝，奏百人。"③ 西周文献中常见召公的记载，如《书·召诰》："惟大保先周公相宅。"④ 此大保亦指召公。

西周铜器铭文多有记召公者，如《小臣𧊒鼎》：

召公建匽，休于小臣掳贝五朋，用作宝尊彝。（《集成》2556）

《大保簋》称召公为大保：

王伐录子聖，戫厥反，王降征令于大保，大保克敬亡谴，王𢓊太保，易休余土，用兹彝对令。（《集成》4140）

《克罍》也称召公为大保：

王曰："大保，唯乃明。乃鬯享于乃辟。余大封。乃享，令克侯于匽。"（《近出殷周金文集录》987）

以上铜器均属西周早期，可见召公在西周初期的政坛十分活跃，也侧面反映了他的政治地位。

清华简《金縢》："武王既克殷三年，王不豫，有迟。二公告周公曰：'我其为王穆卜。'周公曰：'未可以感吾先王。'"顾颉刚、刘起釪先生举曾托雷代窝阖台死的例子，说明《金縢》故事的真实性。⑤ 陈剑先生指出周公行为属于将疾病转移到自身的一种巫术。⑥ 二公本欲穆卜，恐怕并非简单去占卜吉凶，应当也和周公以身自代的行为类似，均为祈祷周武王延寿。但周公拒绝二公的

---

① 顾炎武. 日知录集释 [M]. 上海：上海古籍出版社，2006：93.
② 清华大学出土文献研究与保护中心编，李学勤主编. 清华大学藏战国竹简（壹）[M]. 上海：中西书局，2010：159.
③ 蔡运章. 论太保玉戈铭文及其相关问题 [M] // 甲骨金文与古史新探. 北京：中国社会科学出版社，1996：119.
④ 杨筠如. 尚书覈诂 [M]. 西安：陕西人民出版社 1959：301.
⑤ 顾颉刚，刘起釪. 尚书校释译论 [M]. 北京：中华书局，2005：1252.
⑥ 陈剑. 清华简《金縢》研读三题 [M] // 出土文献与古文字研究：第四辑. 上海：上海古籍出版社，2011：152.

建议，而以己身代之。古时天子生病可由臣子祈求上天以身代之。《左传》哀公六年：

> 是岁也，有云如众赤鸟，夹日以飞三日。楚子使问诸周大史。周大史曰："其当王身乎！若禜之，可移于令尹、司马。"王曰："除腹心之疾，而寘诸股肱，何益？不穀不有大过。天其夭诸？有罪受罚，又焉移之？"遂弗禜。初，昭王有疾，卜曰："河为祟"。王弗祭。大夫请祭诸郊。王曰："三代命祀，祭不越望。江、汉、睢、章，楚之望也。祸福之至，不是过也。不穀虽不德，河非所获罪也。"遂弗祭。①

禜，是一种用来禳除不吉自然现象的祭祀仪式。《说文·示部》："禜，设緜蕝为营，以禳风雨雪霜厉疫于日月星辰山川也。一曰，卫使灾不生。"②《左传》昭公元年："山川之神，则水旱疠疫之灾，于是乎禜之；日月星辰之神，则雪霜风雨之不时，于是乎禜之。"③楚王因天空中出现异象，特地向周太史请教。周太史认为这种现象对楚王不利，建议楚王通过"禜"的方式将不祥转移给令尹、司马，被楚王拒绝。

因为古人相信这种以身自代的方式会将王的疾病转移到自己身上，周公使二公免去这样的性命之忧，二公当对周公心存感激。

此外，周公之所以代二公为王祈祷，主要是因为周公是周文王的嫡系子孙，二公则与周王室血缘关系较为疏远。《史记·燕召公世家》：

> 召公奭与周同姓，姓姬氏。

《集解》："谯周曰：周之支族，食邑于召，谓之召公。"④

《左传》僖公二十四年：

> 昔周公吊二叔之不咸，故封建亲戚以蕃屏周。管、蔡、郕、霍、鲁、卫、毛、聃、郜、雍、曹、滕、毕、原、酆、郇，文之昭也。邢、晋、应、韩，武

---

① 杨伯峻. 春秋左传注 [M]. 北京：中华书局，1990：1635 – 1636.
② （汉）许慎撰，（清）段玉裁注，许惟贤整理. 说文解字注 [M]. 南京：凤凰出版社，2007：10.
③ （清）阮元校刻. 十三经注疏·春秋左传正义 [M]. 北京：中华书局，1980：2024.
④ （汉）司马迁撰. 史记 [M]. 北京：中华书局，1959：1549.

之穆也。凡、蒋、邢、茅、胙、祭，周公之胤也。①

文中并未提及召或燕，召公当非文王之子，虽亦是姬姓，但血缘关系较为疏远（具体论证过程请参看下一目《召公身世补证》的相关讨论）。太公则属姜姓，均不及周公的地位。"慼"，整理者认为："慼，《说文》作'慽'，'忧也'。今本作'戚'，《史记集解》引孔安国云：'近也，未可以死近先王也。'郑玄训为'忧'，云：'未可忧怖我先王也。'郑说较长。"② 戴钧衡云："窃谓此言仅卜未足以动我先王也。'戚'读若《孟子》'于我心有戚戚焉'之'戚'，赵岐注：'戚戚然心有动也。'仅卜未可以感动先王，故下文特为坛墠，先册告而后用卜耳。"此训"戚"为打动，可从，但其认为"仅卜未可以感动先王，故下文特为坛墠，先册告而后用卜耳"则尚可商榷。周公之所以说"未可以蹙吾先王"，其实是说只有以文王嫡系子孙的性命祈祷，才可打动先王。

武王死后，流言纷纷，周公被迫去职避嫌，在政务方面想必对二公做了交代。值得注意的是周公所告的对象是召公、太公，而非成王。《荀子·解蔽》："召公、吕望仁智且不蔽，故能持周公而名利福禄与周公齐。"③ 召公、太公的威望甚高，朝中事务有二公处理，周公才能放心而去。至于"祸人乃斯得"当是二公经过调查之后，将散播流言之人擒获。周公所作诗就是提醒成王招他回朝。周公之冤虽明，成王显然对周公有所担忧，不愿大权旁落，因此并未招周公回朝。灾异发生之后，成王发现周公所作以身代武王死之书，终于冰释前嫌。"二公及王问诸史"④ 说明是二公引导王来问占卜之史。"是夕，天反风，禾斯起，凡大木之所拔，二公命邦人尽复筑之。"⑤ 可证二公此时掌管朝政的一条证据。

① 杨伯峻. 春秋左传注 ［M］. 北京：中华书局，1990：420－423.
② 清华大学出土文献研究与保护中心编，李学勤主编. 清华大学藏战国竹简（壹）［M］.
    上海：中西书局，2010：159.
③ 王先谦. 荀子集解 ［M］. 北京：中华书局，1988：391.
④ 清华大学出土文献研究与保护中心编，李学勤主编. 清华大学藏战国竹简（壹）［M］.
    上海：中西书局，2010：158.
⑤ 清华大学出土文献研究与保护中心编，李学勤主编. 清华大学藏战国竹简（壹）［M］.
    上海：中西书局，2010：158.

二、召公身世补证

上文论及召公与周王室血缘关系较为疏远，本目尝试讨论关于召公的身世问题。召公奭为西周著名的政治家，曾佐助武王伐纣灭商，帮助成王巩固周邦，在周初历史上发挥过重要影响。关于召公的身世，因文献记载不统一而导致迷雾重重，迄今尚未在学界取得一致意见。

现代学者对此问题多有探讨，如王彩梅先生《召公奭与西周燕国的建立》①、陈平先生《燕史纪事编年会按》②、任伟先生《西周封国考疑》③、陈槃先生《〈史记·燕召公世家〉补注》、④ 于省吾先生《双剑誃尚书新证》⑤ 等。其中王彩梅、陈平、陈槃、于省吾诸先生主张召公为文王子。任伟先生则指出召公并非文王子，只是周的同姓。现依据传世文献与出土文物对召公身世略做考证。

（一）传世文献对于召公身世的记载

对于召公的身世，传世文献主要存在三种说法，详列于下。

1. 主张召公为文王子

《白虎通义·王者不臣》记载："《诗》云：'文武受命，召公维翰'。召公，文王子也。"⑥

《论衡·气寿》记载："邵公，周公之兄也。至康王之时，尚为太保，出入百有余岁矣。"⑦

左暄《三余偶笔》："《逸周书·作雒》：'三叔及殷东徐、奄及熊盈以略，周公、召公内弭父兄，外抚诸侯。'《逸周书·祭公》：'王曰：我亦维有若文祖

---

① 王彩梅．召公奭与西周燕国的建立［J］．北京社会科学，1994（3）．
② 陈平．燕史纪事编年会按［M］．北京：北京大学出版社，1995：91－95．
③ 任伟．西周封国考疑［M］．北京：社会科学文献出版社，2004：159－170．
④ 陈槃．《史记·燕召公世家〉补注［M］//旧学旧史说丛．上海：上海古籍出版社，2010：743－748．
⑤ 于省吾．双剑誃尚书新证［M］//于省吾著作集．北京：中华书局，2009：233．
⑥ （清）陈立．白虎通疏证［M］．北京：中华书局，1994：323．
⑦ 黄晖．论衡校释［M］．北京：中华书局，1990：32．

周公，暨列祖召公。'此召公为文王之子确证。"①

2. 主张召公非文王子

《左传》僖公二十四年记载："昔周公吊二叔之不咸，故封建亲戚以蕃屏周。管、蔡、郕、霍、鲁、卫、毛、聃、郜、雍、曹、滕、毕、原、酆、郇，文之昭也。邘、晋、应、韩，武之穆也。凡、蒋、邢、茅、胙、祭，周公之胤也。"② 杜注："十六国皆文王子。"

《左传》定公四年记载："武王之母弟八人，周公为太宰，康叔为司寇，聃季为司空，五叔无官。"杜注："五叔，管叔鲜、蔡叔度、成叔武、霍叔处、毛叔聃也。"③

《史记·燕世家》："召公奭，与周同姓，姓姬氏。《集解》：'谯周曰：周之支族，食邑于召，谓之召公。'"《索隐》："召者，畿内采地。奭始食于召，故曰召公。或说者以为文王受命，取岐周故墟召地分爵二公，故诗有《周》《召》二《南》，言皆在岐山之阳，故言南也。后武王封之北燕，在今幽州蓟县故城是也。亦以元子就封，而次子留周室代为邵公。至宣王时，邵康公虎其后也。"④

《史记·管蔡世家》记载："管叔鲜、蔡叔度者，周文王子而武王弟也。武王同母兄弟十人。母曰太姒，文王正妃也。其长子曰伯邑考，次曰武王发，次曰管叔鲜，次曰周公旦，次曰蔡叔度，次曰曹叔振铎，次曰成叔武，次曰霍叔处，次曰康叔封，次曰冉季载。冉季载最少。同母兄弟十人，唯发、旦贤，左右辅文王，故文王舍伯邑考而以发为太子。及文王崩而发立，是为武王。伯邑考既已前卒矣。"⑤

《谷梁传》庄公三十年："燕，周之分子也。"范宁注："燕，周大保召康公之后，成王所封。分子，谓周之别子孙也。"杨士勋疏："分者别也，燕与周同姓，故知别子孙也。"⑥

---

① 黄晖. 论衡校释 [M]. 北京：中华书局，1990：33.
② 杨伯峻. 春秋左传注 [M]. 北京：中华书局，1990：420 – 423.
③ 杨伯峻. 春秋左传注 [M]. 北京：中华书局，1990：1541.
④ （汉）司马迁撰. 史记 [M]. 北京：中华书局，1959：1549.
⑤ （汉）司马迁撰. 史记 [M]. 北京：中华书局，1959：1563.
⑥ （清）阮元校刻. 十三经注疏·春秋谷梁传注疏 [M]. 北京：中华书局，1980：2388.

《潜夫论·五德志》："姬姓之别封众多：管、蔡、成、霍、鲁、卫、毛、聃、郜、雍、曹、滕、毕、原、酆、郇，文之昭也；邗、晋、应、韩，武之穆也。凡、蒋、邢、茅、胙、祭，周公之胤也。周、召、虢、吴、随、邘、方、印、息、藩、养、滑、镐、官、密、荣、丹、郭、杨、逄、管、唐、韩、杨、觚、栾、甘、麟、虞、王、民，皆姬姓也。"①

《春秋地名考略》："召，康公邑。《史记》谓召公奭与周同姓。《左传》召穆公纠合宗族于成周而作诗曰：'凡今之人，莫如兄弟。'此召公与周同族之证……皇甫谧有召康公为文王庶子之说，或别有所本。但考文昭十六国无燕国，当以《史记》之说为正。"②

《史记质疑》："《谷梁》庄十三年传云'燕，周之分子也。'《白虎通·王者不臣章》：'召公文王子。'《论衡·气寿篇》：'召公，周公之兄。'《书》《诗疏》及《诗》《礼》《释文》引皇甫谧曰：'文王庶子。'《书·君奭·疏》及《史·集解》引谯周曰：'周之支族。'皇甫之说本于《白虎通》《论衡》，然不可信。孔颖达、陆德明并言《左传》富辰数文昭十六国无燕，则召公必非文王子，斥士安为谬。盖既为周同姓，称分子也可，称支族也可。"③

3. 主张召公为周同姓

《风俗通义·皇霸》："燕召公奭，与周同姓；武王灭纣，封召公于燕。"④

《春秋释例·世族谱·北燕》："北燕国，姬姓，召公奭之后也。周武王封之于燕，居渔阳蓟县。"⑤

《春秋大事表·列国姓氏表·姬姓》："《史记·燕世家》：'召公，周之同姓'。皇甫谧以为文王庶子。按：僖二十四年传富辰言文之昭一十六国，召公不与焉。然其下云召穆公纠合宗族于成周，似为周之近族。《谷梁传》亦谓'燕，

① （汉）王符撰，（清）汪继培笺，彭铎校正．潜夫论笺校正［M］．北京：中华书局，1985：387－388．

② 陈槃．《史记·燕召公世家》补注［M］//旧学旧史说丛．上海：上海古籍出版社，2010：744．

③ （清）梁玉绳．史记质疑［M］．北京：中华书局，1981：892．

④ （汉）应劭撰，王利器校注．风俗通义校注［M］．北京：中华书局，1981：30．

⑤ 陈槃．《史记·燕召公世家》补注［M］//旧学旧史说丛．上海：上海古籍出版社，2010：744．

周之分子'。则皇甫之言未为无据也……故班固曰：'蓟，故燕国，召公所封。'盖尧祖黄帝，故《记》又云'封黄帝之后也。'陆德明亦云：'黄帝姓姬，君奭其后。'二者未知孰是？"①

姚鼐《谷梁传补注》"燕周之分子也"条："燕祖召公，不知为何君之别子。宣王时召穆公尚纠合宗族于成周，其别子于周先世，必非甚远也。"②

雷学淇《竹书义证》："召公乃周公之兄，故穆王称之曰文祖周公、列祖召公；召公之称文王，亦曰我先君，则召公非黄帝之裔可知。"③

从上引传世文献来看，争论的焦点在于召公是否为周文王的儿子。笔者赞同任伟先生所说，认为召公并非文王子，是周的同族，与周武王、周公为堂兄弟或族兄弟。④

（二）传世文献辨析

第一，史料可靠性分析。明确主张召公为文王子的传世文献较早的有《白虎通义·王者不臣》《论衡·气寿》。主张召公非文王子的有《左传》《史记》《谷梁传》《潜夫论·五德志》。任伟先生指出《谷梁传》《史记》可信度远高于《白虎通义》《论衡》，⑤ 此说甚是。《左传》成书于先秦时期，《史记》《谷梁传》成书在西汉，可信度较高。《白虎通义·王者不臣》《论衡·气寿》是东汉时的作品，相比较而言，史料可靠性稍弱。

第二，持召公为文王子说的学者常引《逸周书·祭公》及《作雒》来说明召公为文王之子。

《逸周书·作雒》："周公、召公内弭父兄，外抚诸侯。"⑥ 《逸周书·祭公》："王若曰：祖祭公，……王曰：呜呼！公！朕皇祖文王，列祖武王，度下

① （清）顾栋高辑，吴树平，李解民点校．春秋大事表［M］．北京：中华书局，1993：1151.
② 陈槃．《史记·燕召公世家》补注［M］//旧学旧史说丛．上海：上海古籍出版社，2010：744.
③ 陈槃．春秋大事表列国爵姓及存灭表譔异［M］．上海：上海古籍出版社，2010：119.
④ 任伟先生曾对此进行了较为详细的讨论，笔者以此为基础，略做补证．
⑤ 任伟．西周封国考疑［M］．北京：社会科学文献出版社，2004：160.
⑥ 黄怀信，张懋镕，田旭东撰，李学勤审定．逸周书汇校集注［M］．上海：上海古籍出版社，2007：516.

国作陈周，维皇皇上帝度其心，置之明德，付俾于四方，用应受天命，敷文在下；亦维有若文祖周公，暨列祖召公，兹申予小子追学于文武之蔑，用克绍成康之业，以将天命，用夷居大商之众；我亦维有若祖祭公之执和周国，保乂王家。"①

　　孙诒让认为祭公得以称祖的原因是与周同为姬姓，年齿又长于周穆王。潘振认为列祖是指有功之祖。② 可见《祭公》中的"列"乃是有功之义，称祖当如孙诒让所说尊礼之而已，并不能说明召公是文王之子。至于《作雒》所谓"内弭父兄，外抚诸侯"不过是泛指，如果召公是周公的族兄弟，如此称呼也未尝不可。持召公为文王子说的所谓铁证其实并不成立。

　　第三，论者还引用《诗·大雅·思齐》："大姒嗣徽音，则百斯男。"③ 来说明召公奭可能是文王庶子。其实诗所言百斯男只是形容文王子多，并非真的就有整整一百个儿子。况且《左传》僖公二十四年记载："昔周公吊二叔之不咸，故封建亲戚以蕃屏周。管、蔡、郕、霍、鲁、卫、毛、聃、郜、雍、曹、滕、毕、原、酆、郇，文之昭也。邘、晋、应、韩，武之穆也。凡、蒋、邢、茅、胙、祭，周公之胤也。"④ 杜注："十六国皆文王子。"这里明确记载文王之子并无召或燕，因此不能作为召公为文王子的证据。

　　第四，论者又常引《左传》昭公二十年"昔武王克商，光有天下，其兄弟之国者十有五人，姬姓之国者四十人"的记载来说明与富辰之言文王子数不相合。其实这段话只有放到具体语境来理解才能显示其本来的意义。《左传》昭公二十年：

　　秋，晋韩宣子卒，魏献子为政，分祁氏之田以为七县，分羊舌氏之田以为三县。司马弥牟为邬大夫，贾辛为祁大夫，司马乌为平陵大夫，魏戊为梗阳大夫，知徐吾为涂水大夫，韩固为马首大夫，孟丙为盂大夫，乐霄为铜鞮大夫，

---

①　黄怀信，张懋镕，田旭东撰，李学勤审定. 逸周书汇校集注 [M]. 上海：上海古籍出版社，2007：924－930.

②　黄怀信，张懋镕，田旭东撰，李学勤审定. 逸周书汇校集注 [M]. 上海：上海古籍出版社，2007：927.

③　（清）阮元校刻. 十三经注疏·毛诗正义 [M]. 北京：中华书局，1980：516.

④　杨伯峻. 春秋左传注 [M]. 北京：中华书局，1990：420－423.

赵朝为平阳大夫，僚安为杨氏大夫。谓贾辛、司马乌为有力于王室，故举之；谓知徐吾、赵朝、韩固、魏戊，余子之不失职、能守业者也。其四人者，皆受县而后见于魏子，以贤举也。魏子谓成鱄："吾与戊也县，人其以我为党乎？"对曰："何也！戊之为人也，远不忘君，近不偪同，居利思义，在约思纯，有守心而无淫行，虽与之县不亦可乎！"对曰："……昔武王克商，光有天下，其兄弟之国者十有五人，姬姓之国者四十人，皆举亲也。夫举无他，唯善所在，亲疏一也。"①

之所以不厌其烦地将这段史料抄录下来，是为了方便理解上下文意，此外还可结合《史记·晋世家》对读：

晋之宗家祁傒孙，叔向子，相恶于君。六卿欲弱公室，乃遂以法尽灭其族，而分其邑为十县，各令其子为大夫。晋益弱，六卿皆大。②

依据《晋世家》的记载，《左传》这段史料是说祁氏、羊舌氏之灭乃是六卿借机发难的结果，目的是削弱公室，扩大自己的实力。魏献子分祁氏之田以为七县，分羊舌氏之田以为三县，其实就是六卿的分赃活动。魏献子将梗阳封魏戊，担心别人议论他结党，所以才问成鱄。成鱄对此表示支持，他举"昔武王克商，光有天下，其兄弟之国者十有五人，姬姓之国者四十人"的例子只是举成数而言，其话语重点在于说明"皆举亲也。夫举无他。唯善所在。亲疏一也"。而《左传》僖公二十四年富辰所言仔细罗列文昭、武穆之国，不得遗漏召或燕。此外，富辰进言的对象是王，欲使王听其建议，必须引经据典、有条有理，方有可能使周王听从其言不伐郑，所以富辰之言应当较为可靠。

第五，论者又引于省吾先生说"允"为"兄"之讹，作为召公为周公之兄的证据。《书·君奭》："公曰：'君！告女朕允保奭。其女克敬，以予监于殷丧大否，肆念我天威。'"杨筠如先生注："允，疑'兄'之伪。《无逸》'允若是'，《三体石经》作'兄'，是其证也。保奭，按即大保奭。《顾命》'乃同召大保奭'，是其证。告女朕兄保奭，犹《洛诰》言'朕复子明辟'矣。"③　于省

---

①　杨伯峻. 春秋左传注［M］. 北京：中华书局，1990：1493 – 1495.

②　（汉）司马迁撰. 史记［M］. 北京：中华书局，1959：1684.

③　杨筠如. 尚书覈诂［M］. 西安：陕西人民出版社，1959：376.

吾先生认为："二'允'字并'兄'字之伪。《无逸》'允若时'，《魏三体石经》作'兄若时'，可证。其古文兄作𠑹，与允相似。《白虎通·不臣篇》：'召公，文王子也。'《论衡·气寿篇》以召公为周公之兄。《谷梁·庄三十年传》：'燕，周之分子也。'分子，别于世子。然则《史》《汉》但谓召公与周同姓，未可据也。"① 按即便如杨、于两位先生所说，读作"告女朕兄保奭"，却只能说明周公称召公为兄，并不能排除召公奭为周公族兄的可能。此说并不能作为周公与召公皆为周文王之子的证据。

（三）甲骨文中的召方

卜辞中常见召方的记载，召方主要出现在一、三、四期卜辞之中。一期卜辞中，召方与商王朝为敌，三期卜辞中，召方臣服，商王曾田猎于此。四期卜辞中召方又与商为敌，要么商王亲征，要么派王族、三族等前往助战，征伐的时间有一月、四月、五月、九月、十月，可见召方是商王朝西方的劲敌。②

日本学者岛邦男先生认为甲骨文中的召方位于殷西南，当为召公奭的采地召域。③ 台湾学者许进雄先生曾将四期卜辞中征召方的材料排为"武乙征召方日程"表，指出召方的地望近于周，很可能与周有亲密的关系，其族可能即后来帮周击败商而成为与周公齐名的召公。④

任伟先生推测召方或许即是召公氏族所在之方，为召公所在的这支姬姓别支从西土分离后迁居东方的居住地，后来演变成了国族名。殷末召公氏族与殷王朝矛盾加大，商王经常征伐召方。在这种情况下，召公氏族有可能西向入周，与同宗周族结成联盟。商周时期，国名、地名、氏名往往三位一体，召公氏族到了岐周以后，召之名也很可能随之移到西土。召公奭之称召公，当在文王封召邑为其采地始。⑤ 关于召公在岐周的采地，李学勤先生认为是在今岐山西南

① 于省吾. 双剑誃尚书新证 [M] //于省吾著作集. 北京：中华书局，2009：233.
② 孙亚冰，林欢. 商代地理与方国 [M]. 北京：中国社会科学出版社，2010：281－282.
③ 〔日〕岛邦男. 殷墟卜辞研究 [M]. 濮茅佐，顾伟良，译. 上海：上海古籍出版社，2006：777.
④ 许进雄. 许进雄古文字论集 [M]. 北京：中华书局，2010：441－470.
⑤ 任伟. 西周封国考疑 [M]. 北京：社会科学文献出版社，2004：168－169.

的刘家原一带。① 张懋镕先生从考古学与青铜器的角度进一步说明刘家原一带是西周时期重要的贵族居住区，将其解为召公的采地比较合适。②

关于召方的情况，笔者举下列 10 条关于召方的卜辞为例：

（1）己亥，贞令王族追召方及于□。（《合集》33017）

（2）……登……伐召受又。（《合集》33018）

（3）癸巳□于一月［伐］鲜眔召方受又。（《合集》33019）

（4）……［或］伐召方受又在□。

……典伐召方受又。

□□，贞王［从］𨒵或典［伐］召方受又。（《合集》33020）

（5）贞王征召方受又。（《合集》33022）

（6）于辛巳王征召方。（《合集》33023）

（7）丁未，贞王征召方。在□卜，九月。（《合集》33025）

（8）丁卯贞，王比𨒵……伐召方受……在祖乙宗卜，五月。

兹见。

辛未贞，王比□伐召方。

丁丑贞，王比□伐召……（《屯南》81）

（9）……伐召方受又。（《屯南》2634）

（10）辛亥贞，王……征……

癸丑贞，王征召方，受又。

丙辰贞，王征召方，受又。

其征。

乙卯贞，王征召……

……王……（《屯南》4103）

卜辞（1）己亥日贞问是否命王族追击召方。卜辞（2）贞问召集军队征伐召方是否得到保佑。卜辞（3）贞问讨伐鲜方和召方是否受到保佑。卜辞（4）

---

① 李学勤. 青铜器与周原遗址［J］. 西北大学学报（哲学社会科学版），1981（2）.

② 张懋镕. 召公采地考补证［J］. 西北第二民族学院学报（哲学社会科学版），1991（2）.

贞问王与□伐召方是否受到保佑。卜辞（5）贞问王征伐召方能否受到保佑。卜辞（6）辛巳日王征伐召方。卜辞（7）丁未日在□地卜问王征伐召方是否受到保佑。卜辞（8）卜问王率辻征伐召方是否顺利。卜辞（9）贞问或讨伐召方是否受到保佑。卜辞（10）贞问王征伐召方是否受到保佑。

可见召方确实是困扰商西部边防安全的不可忽视的一大势力，面对商朝的不断打击，完全有可能如任伟先生所言与宗周族联合，共同对付商王朝。如果以上所引诸位学者关于"召方"与召公家族有关的意见可信，那么召公宗族长期与殷商王朝作战，积累大量战斗经验，对殷商王朝的军事力量及国情较为熟悉，必然有助于小邦周击败大邦殷。召公在灭商后有较高的政治地位，可能与其宗族在灭商过程中出力甚多有关。

（四）金文中的召公家族

西周初期的青铜器铭文多有记召公家族成员者，略举数例。

匽侯旨作父辛鼎："匽侯旨作父辛尊。"（《集成》2269）伯酥𪓊鼎："伯𪓊作召伯父辛宝尊鼎。"（《集成》2407）宪鼎："唯九月既生霸辛酉，在匽，侯赐宪贝金，扬侯休，用作召伯父辛宝尊彝。宪万年子子孙孙宝光用，大保。"（《集成》2749）𪓊爵："𪓊作召伯父辛宝尊彝。"（《集成》9089）伯宪盉："伯宪作召伯父辛宝尊彝。"（《集成》9430）

以上诸器经学者研究，可以肯定都是召公家族成员所作铜器。① 不过器主与召公的关系尚有争议，因与本书所论关系不大，故暂置不议。从上述铭文中可以看到召公家族采用商人的日名，依据张懋镕先生提出的"周人不用日名说"，② 任伟先生指出可以从侧面证明召公奭不是文王之子。③

不过"周人不用日名说"的论点因应公鼎的出土遭遇挑战，应公鼎铭文：

———

① 李学勤. 北京、辽宁出土青铜器与周初的燕 [M] //新出青铜器研究. 文物出版社，1990：46-53；朱凤瀚. 房山琉璃河出土之克器与西周早期的召公家族 [M] //远望集：陕西省考古研究所华诞四十周年纪念文集. 西安：陕西人民美术出版社，1998：303-308；任伟. 西周封国考疑 [M]. 北京：社会科学文献出版社，2004：170-178.
② 张懋镕. 周人不用日名说 [J]. 历史研究，1993（5）.
③ 任伟. 西周封国考疑 [M]. 北京：社会科学文献出版社，2004：166.

"应公作尊彝覃鼎珷帝日丁子子孙孙永宝。"① 铭文是说应公作礼器来祭祀以日名为丁的周武王，希望自己的子孙永远珍藏。

应国出自武王，据《左传》僖公二十四年："昔周公吊二叔之不咸，故封建亲戚以蕃屏周。管、蔡、郕、霍、鲁、卫、毛、聃、郜、雍、曹、滕、毕、原、酆、郇，文之昭也。邘、晋、应、韩，武之穆也。凡、蒋、邢、茅、胙、祭，周公之胤也。"② 应公一系是武王的后代，因此作器纪念武王。李学勤先生指出"珷帝日丁"就是说"武"是谥法，"帝"是称号，"日丁"是日名。③ 陈絜先生指出应公鼎出现的日名只能解释成西周晚期应国某位国君一种别出心裁的东西，既不能说明应国始终行日名之制，更证明不了姬周王室有类似的习俗。④ 张懋镕先生撰文指出十多年来证明周人不用日名说的铜器多达 159 件，周人用日名的铜器只有应公鼎 1 件，是为特例，不足以动摇"周人不用日名说"的观点。⑤ 如果陈絜、张懋镕先生所说不误，那么召公家族铜器铭文可以给研究者一个较大的启发。

结合上引甲骨文记载，召公家族作为姬姓宗族的旁支，曾居于商的西部边境，长期与商王朝作战，极有可能深受殷商文化影响，用日名也在情理之中。

综上所述，清华简《金縢》的发现有利于解决周公居东的问题，周公居东是指东征管蔡说还有进一步探讨的余地，马融、郑玄将居东视为居东待罪较为合理，在研究这一问题时需要注意召公、太公与周公的关系，或许对解决这一难题提供有益的线索。召公可能并非文王之子，而是与周同姓的宗族子弟。召公的功绩并不会因其非文王之子遭到到抹杀，召公及其家族为周王朝的建立和巩固尽心竭力，不断为周人所怀念。

---

① 河南省文物考古研究所，平顶山市文物管理局．河南平顶山应国墓地八号墓发掘简报 [J]．华夏考古，2007（1）．
② 杨伯峻．春秋左传注 [M]．北京：中华书局，1990：420－423．
③ 李学勤．新出应公鼎释读 [M] //通向文明之路．北京：商务印书馆，2010：146－149．
④ 陈絜．应公鼎铭与周代宗法 [J]．南开学报（哲学社会科学版），2008（6）．
⑤ 张懋镕．再论"周人不用日名说" [J]．文博，2009（3）．

第三节　清华简《皇门》篇研究

《清华大学藏战国竹简》（壹）中一篇内容与今本《逸周书·皇门》相类似，故整理者定名为《皇门》。① 清代学者朱右曾认为《逸周书·皇门》"大似今文尚书，非伪古文所能仿佛"②。丁宗洛云："此篇雄奇鬱勃，的系周初文字。"③ 李学勤先生指出《皇门》作于周公摄政时期。④ 可见《皇门》是西周初期的文献，史料价值较高。为便于讨论，先将释文以通行字体照录于下：

惟正〔月〕庚午，公格在库门。公若曰："呜呼！朕寡邑小邦，蔑有者耇虑事屏朕位。肆朕冲人非敢不用明刑，惟莫开余嘉德之说。今我譬小于大，我闻昔在二有国之哲王则不恐于恤，乃惟大门宗子迩臣，懋扬嘉德，迄有宝，以助厥辟，勤恤王邦王家。乃旁求选择元武圣夫，羞于王所。自釐臣至于有分私子，苟克有谅，亡不懔达，献言在王所。是人斯助王共明祀，敷明刑。王用有监，多宪政命，用克和有成，王用能承天之鲁命，百姓万民用无不柔比在王廷。先王用有劝，以宾佑于上。是人斯既助厥辟勤劳王邦王家。先神祇复式用休，俾服在厥家。王邦用宁，小民用假能稼穑，并祀天神，戎兵以能兴，军用多实。王用能奄有四邻，远土丕承，子孙用末被先王之耿光。至于厥后嗣立王，乃弗肯用先王之明刑，乃维急急骨驱胥教于非彝，以家相厥室，弗恤王邦王家。维㖧德用，以问求于王臣，弗畏不祥，不肯惠听无罪之辞，乃惟不顺是治。我王访良言于是人，斯乃非休德以应，乃维诈诟以答，俾王之无依无助。譬如戎夫，骄用从禽，其犹克有获？是人斯乃谏贼□□，以不利厥辟厥邦。譬如梏夫之有媚妻，曰'余独服在寝'，以自露厥家。媚夫有迩无远，乃弇盖善夫，善夫莫达

① 李学勤. 清华简九篇综述〔J〕. 文物，2010（5）；清华简与《尚书》《逸周书》的研究〔J〕. 史学史研究，2011（2）.

② 朱右曾. 逸周书集训校释〔M〕. 北京：商务印书馆，1937：11.

③ 黄怀信，张懋镕，田旭东撰，李学勤审定. 逸周书汇校集注〔M〕. 上海：上海古籍出版社，2007：543.

④ 李学勤. 清华简九篇综述〔J〕. 文物，2010（5）.

在王所。乃惟有奉疑夫，是阳是绳，是以为上，是授司事师长。政用迷乱，狱用无成。小民用祷无用祀。天用弗保，媚夫先受殄罚，邦亦不宁。呜呼！敬哉！监于兹。朕遗父兄眔朕荩臣，夫明尔德，以助余一人忧，毋惟尔身之懔，皆恤尔邦，假余宪。既告汝元德之行，譬如主舟，辅余于险，懔余于济。毋作祖考羞哉！"①

以下分别围绕《皇门》探讨个别句义的诠释及其与《书·立政》的关系。

一、清华简《皇门》句义商兑

本节对此篇简文中"譬如戎夫，骄用从禽，其犹克有获？"一句有不同的理解，试述如下。

正如整理者所说，今本《皇门》讹误衍脱的现象多见，文意晦涩难解，简本相对而言文通字顺，显然优于今本，可以澄清今本的很多错误。② 不过今本并非一无是处，也可起到补充简本的作用。例如：

（1）简本：惟正〔月〕庚午，公格在库门。

今本：维正月庚午，周公格左闳门会群门。

（2）简本：是人斯乃谋贼□□以不利厥辟厥邦。

今本：是人斯乃谋贼媚嫉，以不利于厥家国。

例（1）显然可据今本中的"正月庚午"，在简本"正"与"庚午"之间补上"月"字，这一点已为整理者指出。③ 例（2）简本所缺之字或可以今本"媚嫉"二字补之。④ 因此在研究《皇门》时需要简本与今本互参，才可以尽可能准确理解《皇门》篇的主旨。

简文"譬如戎夫，骄用从禽，其犹克有获？"今本作"譬如畋，犬骄，用逐

① 清华大学出土文献研究与保护中心编，李学勤主编. 清华大学藏战国竹简（壹）[M].上海：中西书局，2010：164－165.
② 清华大学出土文献研究与保护中心编，李学勤主编. 清华大学藏战国竹简（壹）[M].上海：中西书局，2010：163.
③ 清华大学出土文献研究与保护中心编，李学勤主编. 清华大学藏战国竹简（壹）[M].上海：中西书局，2010：165.
④ 黄怀信. 清华简《皇门》校读［EB/OL］. 武汉大学简帛网，2011－03－14.

禽，其犹不克有获"。① 整理者注："'犬'字与'夫'字形近致误。"② 李均明先生认为戎、畋互通："戎，军事。《书·说命》：'惟甲胄起戎。'当包括训练与作战，故今本作'畋'，指畋猎，古代军事训练的一种方式。"③ 黄怀信先生认为戎是畋之误字："戎夫，人也，非用从禽者，疑本当如今本作'譬若畋，犬骄'。'戎'当是'畋'字之误，'夫'当是'犬'字之误。从，逐也。"④ 王连龙先生认为"骄"应读作"嚣"，犬嚣即犬吠。⑤ 还有学者认为戎、农互通："疑简文'戎夫'当读为'农夫'。'骄'有放纵、纵恣义，'从禽'乃古人习语，谓畋猎。"⑥

以上诸家所说均有一定道理，但与上下文意及本篇主旨有抵牾之处。今按"譬如戎夫，骄用从禽，其犹克有获？"当从黄怀信先生说断句，并依今本校改为："譬若畋，犬骄用从禽，其犹克有获？"不过，黄先生将"从"释为逐，于文意未安。"从"指随行之意，详见下文。

鉴于前一句简文"我王访良言于是人，斯乃非休德以应，乃维诈诟以答，俾王之无依无助"讨论王、臣关系，即无能的臣子使王无依无助；后文又有"譬如梏夫之有娟妻，曰余独服在寝，以自露厥家"，其中"梏夫"与"娟妻"相对，"梏夫"当比喻天子，"娟妻"比喻昏臣，以"娟妻"败家比喻昏臣不能向天子荐举贤才，致使国家衰败。所以笔者认为"譬若畋，犬骄用从禽，其犹克有获？"一句的"犬"应该也是指人而言，即管理猎犬的专职官员，也就是甲骨文中常见的犬官。

商代有犬官的设置，如甲骨文记载："戊辰卜，在夌，犬中告麋，王其射，

---

① 黄怀信，张懋镕，田旭东撰，李学勤审定. 逸周书汇校集注 [M]. 上海：上海古籍出版社，2007：554.
② 清华大学出土文献研究与保护中心编，李学勤主编. 清华大学藏战国竹简（壹）[M]. 上海：中西书局，2010：169.
③ 李均明. 周书《皇门》校读记 [M] //中国文化遗产研究院编. 出土文献研究：第十辑. 北京：中华书局，2011：9.
④ 黄怀信. 清华简《皇门》校读 [EB/OL]. 武汉大学简帛网，2011 – 03 – 14.
⑤ 王连龙.《逸周书》研究 [M]. 北京：社会科学文献出版社，2010：147.
⑥ 复旦大学出土文献与古文字研究中心研究生读书会. 清华简《皇门》研读札记 [EB/OL]. 复旦大学出土文献与古文字研究中心网站，2011 – 01 – 05.

亡戋，擒。"（《合集》27902）郭沫若先生指出："'犬中'盖谓犬人之官名中者，《周礼·秋官》有犬人职。"① 杨树达先生也认为犬是犬官，并谓："犬知禽兽之迹，司犬之人因犬而知禽兽之迹，故能有告麋之举。"② 李学勤先生指出商王狩猎的苑围设有职司猎物的人员，称为"犬"。③ 卜辞是说戊辰日卜问在𡉚地的犬官报告有麋，王去打猎有无灾祸，是否能擒获猎物。由此可知，商代确有犬官之设。除前引卜辞之外，还可举出与犬官相关的一些卜辞：

（1）惟在𠬝犬人从，亡戋，𢦏（擒）。（《屯南》625）

（2）庚申卜，犬［来告］曰：有鹿，［王其］从，𢦏（擒）。（《屯南》2290）

（3）丁未卜，翊日戊，王其田，惟犬言从亡戋，𢦏（擒），吉。

惟成犬𣪊从，亡戋，𢦏（擒），弘吉。（《屯南》2329）

（4）王惟𠬝……从，亡戋。

惟盖犬从，亡戋。（《屯南》4584）

（5）……犬告曰：有……擒。（《合集》27900）

（6）在𡉚，犬告𡆥，王……弘吉。（《合集》27901）

（7）王其田，惟犬𠂤从，𢦏（擒），亡戋。

王其田，惟𢦑犬从，𢦏（擒），亡戋。（《合集》27915）

（8）乙未在盂，犬告有［鹿］。（《合集》27919 反）

（9）盂犬告鹿，其从，𢦏（擒）。（《合集》27921）

（10）□丑卜，犬来告：又（有）麋。（《合集》33361）

上述甲骨卜辞的犬即指犬官。（1）辞是卜问王使𠬝地的犬人随行狩猎，有无灾祸，能否擒获猎物。（2）辞庚申日卜问有犬官来报告有鹿，王使其随同狩

---

① 郭沫若. 殷契粹编［M］. 北京：科学出版社，1965：122.

② 杨树达. 积微居甲文说·耐林庼甲文说·卜辞琐记·卜辞求义［M］. 上海：上海古籍出版社，2007：31.

③ 李学勤. 殷代地理简论［M］//李学勤早期文集. 石家庄：河北教育出版社，2008：165.

猎，能否擒获猎物。（3）辞卜问王使的犬官言随行狩猎，有无灾祸，能否擒获猎物，兆象为吉。又卜问使成地的犬官𡥵随王狩猎，有无灾祸，能否擒获猎物，兆象为大吉。（4）辞是说使𠂤地、盖地犬官随王狩猎，有无灾祸。（5）辞是卜问犬官来报告有兽情，王使之随同打猎，能否擒获猎物。（6）辞卜问在淩地的犬官报告兽情，王使之随同打猎，能否擒获猎物。兆象为大吉。（7）辞卜问王使成地、𢧑地犬官随行狩猎，能否擒获猎物，有无灾祸。（8）辞是说乙未日在盂地，犬官报告有鹿。（9）辞卜问盂地犬官报告有鹿，王能否擒获猎物。（10）辞是说犬官报告有鹿。上述卜辞证明商王田猎时，常有当地的犬官跟从导引。

　　传世文献中也有与犬官职能类似的官员。《易·屯卦》："即鹿无虞，惟入于林中，君子几不如舍，往吝。"① 虞，官名，为贵族掌管鸟兽，在贵族行猎时，为之驱出鸟兽。这是说君子逐鹿而无虞官助之，鹿入于林中，求之不如舍之，仍往求之，亦难得鹿。② 犬官的职责与此虞官类似。《周礼》有犬人之官，但其执掌与甲骨文的犬官似不相类。《周礼·秋官·犬人》："犬人掌犬牲。凡祭祀，共犬牲，用牷物。伏、瘗亦如之。凡几、珥、沈、辜，用駹可也。凡相犬、牵犬者属焉。"③ 此犬人职司祭祀时用犬之事，兼掌相犬、牵犬事宜。杨树达先生指出卜辞中犬官与《周礼》的犬人虽名同而实异，与迹人名异实同。④《周礼·地官·迹人》："迹人掌邦田之地政，为之厉禁而守之。凡田猎者受令焉。禁麛卵者与其毒矢射者。"贾疏："有禽兽之处，则为苑囿，以材木为藩篱，使其地之民遮厉守之。"⑤ 此迹人的职守确与商代的犬官极为相似。李学勤先生赞同《四库全书总目提要》所说"《周礼》一书不尽原文，而非出依托"的看法，认为《周礼》中保存了一定的真实史料。⑥ 结合上引甲骨卜辞，可证古时天子出猎，通常都有熟悉当地兽情的专职人员随行，以便捕获更多猎物。

————————

①　（清）阮元校刻. 十三经注疏·周易正义［M］. 北京：中华书局，1980：20.

②　高亨. 周易大传今注［M］. 济南：齐鲁书社，1979：94.

③　孙诒让. 周礼正义［M］. 北京：中华书局，1987：2868 - 2869.

④　杨树达. 积微居甲文说·耐林庼甲文说·卜辞琐记·卜辞求义［M］. 上海：上海古籍出版社，2007：31.

⑤　孙诒让. 周礼正义［M］. 北京：中华书局，1987：1209.

⑥　李学勤. 从金文看《周礼》［J］. 寻根，1996（2）.

西周金文中也有此类专职人员随王狩猎的记载。《员方鼎》（或称《父甲鼎》）："唯正月既望癸酉，王狩于视𣪊，王命员执犬，休善，用作父甲尊彝𢦏。"（《集成》2695）唐兰先生认为此器属昭王世："执，管理。王命令员管理狗而得到夸奖。"① 马承源先生赞同其说，将其归于昭王世，并注："休善，美其善。休、善可互训，皆有美意。休在此用为动词，乃称美员之执犬从王狩猎。"② 郭沫若先生将之划归成王世，并解释为："王令员执犬者，令当训为赐，执当读为鸷猛之鸷。凡作器，大抵因受长上之赐，故矜之以纪光宠，故知此语必如是训读。如仅是命令员携执猎犬，不至惊宠若是也。"③ 结合前引甲骨文，笔者认为当从马承源先生之说。铭文是说周王去视𣪊狩猎，员为犬官受王命随王打猎，表现出色，得到王的嘉奖，所以作器纪念此事。师晨鼎铭文中亦有犬官的记载："唯三年三月初吉甲戌，王在周师录宫，旦，王格大室，即位，司马共佑师晨，入门立中廷，王呼作册尹册命师晨：'胥师俗司邑人，唯小臣、膳夫守［友］、官犬、㚔奠人、膳夫官守友，锡赤舄。'晨拜稽首，敢对扬天子丕显休命，用作朕文祖辛公尊鼎，晨其［万年］世子子孙孙，其永宝用。"（《集成》2817）官犬有可能就是犬官一类的官员。西周去商未远，犬官的设置当是受商代官制的影响。

"骄"，孔晁注："骄谓不习也。"④ 有学者指出犬官的设置用意是向商王报告当地的兽情，以便商王出猎；犬官为当地地方官，熟悉地形和兽情，商王狩猎时为王前导。⑤ 这里"骄"当指不熟悉地形和兽情。

"从"，随行。《说文》："从，随行也。"⑥《易·乾卦》："云从龙，风从

① 唐兰. 西周青铜器铭文分代史徵［M］. 北京：中华书局，1986：223–224.
② 马承源. 商周青铜器铭文选：三［M］. 北京：文物出版社，1988：113.
③ 郭沫若. 两周金文辞大系考释［M］. 北京：科学出版社，2003：29.
④ 黄怀信，张懋镕，田旭东撰，李学勤审定. 逸周书汇校集注［M］. 上海：上海古籍出版社，2007：554.
⑤ 杨升南，马季凡. 商代经济与科技［M］. 北京：中国社会科学出版社，2010：280.
⑥ （汉）许慎撰，（清）段玉裁注，许惟贤整理. 说文解字注［M］. 南京：凤凰出版社，2007：676.

虎。"①《周礼·秋官·司仪》："君馆客，客辟，介受命，遂送，客从，拜辱于朝。"②《左传》襄公二十三年："冬十月，孟氏将辟，藉除于臧氏。臧孙使正夫助之，除于东门，甲从己而视之。"杨伯峻注："臧孙又使甲士跟随自己视察正卒除道。"③ 上引传世文献中的"从"皆当为随行之意。金文中也存在用"从"为随行的例子。西周时期《寰鼎》："王令趞捷东反夷，寰肇从趞征，攻蹫无敌，省于人身，俘戈，用作宝尊彝，子子孙孙其永宝。"（《集成》2731）此器唐兰先生划归昭王世，④ 郭沫若、陈梦家先生划归成王世。⑤ 铭文是说周王命令䦷讨伐东反夷，寰随䦷出征，表现极好，无人能敌，并俘获了戈作为战利品，因此作器纪念。西周晚期《兮甲盘》："王初格伐猃狁于𪊽𩰬，兮甲从王，折守执讯。"（《集成》10174）这里的"从"，显然是随行的意思。

"禽"，擒获。整理者注："禽，即'擒'。"⑥《易·师卦》："田有禽，利执言，无咎。"⑦《易·比卦》："王用三驱，失前禽，邑人不戒，吉。"⑧《易·恒卦》："田无禽。"⑨ 所用禽字均指擒获。西周康王时期麦方尊："王乘于舟为大礼，王射大鳌，禽。"（《集成》6015）马承源先生释鳌为"鸿"，可从。⑩ 杨树达先生认为禽指射而获之。⑪ 铭文记载周王乘舟行大礼，射鸿雁并擒获之。西周晚期的多友鼎："公亲曰多友曰：'余肇使，女休！不逆，有成事，多擒，女静京师。'"（《集成》2835）铭文记载了西周晚期抗击猃狁的战争。周王命令武公派人抵御猃狁的进犯，多友是武公属下的一位将领，他出色地完成了任务，还俘获了许多战俘与战利品。铭文中的"多禽"就是多有擒获之意。西周晚期

① 高亨. 周易大传今注［M］. 济南：齐鲁书社，1979：65.
② 孙诒让. 周礼正义［M］. 北京：中华书局，1987：3052.
③ 杨伯峻. 春秋左传注［M］. 北京：中华书局，1990：1081.
④ 唐兰. 西周青铜器铭文分代史徵［M］. 北京：中华书局，1986：241.
⑤ 陈梦家. 西周铜器断代［M］. 北京：中华书局，2004：22.
⑥ 清华大学出土文献研究与保护中心编，李学勤主编. 清华大学藏战国竹简（壹）［M］. 上海：中西书局，2010：169.
⑦ （清）阮元校刻. 十三经注疏·周易正义［M］. 北京：中华书局，1980：25.
⑧ （清）阮元校刻. 十三经注疏·周易正义［M］. 北京：中华书局，1980：26.
⑨ （清）阮元校刻. 十三经注疏·周易正义［M］. 北京：中华书局，1980：47.
⑩ 马承源. 商周青铜器铭文选：三［M］. 北京：文物出版社，1988：46.
⑪ 杨树达. 积微居金文说［M］. 长沙：湖南教育出版社，2007：135.

敆簋："唯王十有一月，王格于成周大庙，武公入右敆，告擒，馘百、讯四十。"（《集成》4324）马承源先生认为告禽是一种报告军事胜利的一种仪式。① 这种仪式的核心就是展示擒获的战利品。《左传》僖公三十三年："楚令尹子上侵陈、蔡。陈蔡成，遂伐郑，将纳公子瑕。门于桔柣之门，瑕覆于周氏之汪，外仆髡屯禽之以献。文夫人敛而葬之邹城之下。"杨伯峻注："髡屯疑为人名。杜注曰：'杀瑕以献郑伯。'盖据下文葬邹城而言，然传无明文，若谓生擒而郑伯杀之，亦未尝不可。"② 《左传》襄公十四年："伯游曰：'吾今实过，悔之何及，多遗秦禽。'"③ 这里的"禽"亦为擒获之意。《左传》襄公二十四年："皆取冑于橐而冑，入垒，皆下，搏人以投，收禽挟囚。"杜注："禽，获也。"杨伯峻注："禽同擒，所擒获之楚兵。"④ 可见"禽"确有擒获的意思。杨树达先生曾谓"禽"在甲骨卜辞中可译为"可以得兽否？"⑤ 前引卜辞中的"禽"皆指擒获猎物而言。因此在"譬若畋，犬骄用从禽，其犹克有获？"一句中"禽"意谓狩猎时擒获猎物。

综合上述分析，"譬如戎夫，骄用从禽，其犹克有获？"当依今本校改为："譬若畋，犬骄用从禽，其犹克有获？"其中"犬"指犬官；"骄"指不熟悉地形和兽情；"从"，是随行；"禽"，谓擒获猎物。此句是说就像王田猎时，以不熟悉地形和兽情的犬官随行去擒获猎物，如何能有收获？这是以犬官暗指昏庸无能之臣，而《皇门》的核心内容是周公告诫群臣恪尽职守，向天子推荐贤才，使天子远离佞臣。周公借犬官因不熟悉地形和兽情、不能襄助天子擒获猎物的事例，讽刺劝诫那些没有恪尽职守、不能兢兢业业襄助天子的庸臣，正与本篇主旨相合。

二、清华简《皇门》与《书·立政》关系小考

《皇门》与《尚书·立政》的关系较为密切，尽管已有学者指出这篇简文

① 马承源. 商周青铜器铭文选：三［M］. 北京：文物出版社，1988：287.
② 杨伯峻. 春秋左传注［M］. 北京：中华书局，1990：503.
③ 杨伯峻. 春秋左传注［M］. 北京：中华书局，1990：1009.
④ 杨伯峻. 春秋左传注［M］. 北京：中华书局，1990：1092.
⑤ 杨树达. 积微居甲文说·耐林庼甲文说·卜辞琐记·卜辞求义［M］. 上海：上海古籍出版社，2007：36.

所体现的思想与《尚书·立政》一致，① 不过对于二者之间的关系并未详论。笔者拟就以《皇门》与《书·立政》的关系为切入点，略陈一些不成熟的看法。

（一）《皇门》《书·立政》成篇时代

有关《逸周书·皇门》的成篇年代，刘师培认为作于成王即政元年，就是周公摄政第八年。② 陈逢衡、郭伟川、余瑾先生则指出作于周公摄政初。黄怀信先生认为《皇门》文字质古，当为西周原作，左史所记。③ 王连龙先生认为作于成王即政元年的正月庚午，是周公致政后的第一次训诰。④ 李学勤先生指出《皇门》作于周公摄政时期，⑤ 反映周公刚刚摄政的心态。⑥ 可见《皇门》的具体成篇年代或有讨论余地，但《皇门》属西周初期的文献，当无可疑。

关于《书·立政》的年代，顾颉刚先生曾将其视作东周间作品，⑦ 陈梦家先生则将《立政》归于西周初期的文献，⑧ 李学勤先生曾据故宫博物院所藏一件商末的簋，也认为《立政》作于周初。⑨ 亚䚇作且丁簋的铭文著录于《殷周金文集成》3940"亚乙亥王易雀舟䌈玉十丰璋用作祖丁彝"⑩，张亚初先生释为："亚舟，乙亥，王赐䌈玉十玉（珏）章（璋），用乍（作）祖丁彝。"⑪ 李学勤先生释为："亚舟。乙亥，王赐攜䌈玉十圭璋，用作祖丁彝。"并指出"攜"是职官名，也就是《立政》中提到的"左右攜仆"之"攜"，当是承商而来。⑫

①　孙飞燕.清华简《皇门》管窥［J］.清华大学学报（哲学社会科学版），2011（2）.
②　刘师培.周书补注［M］//刘申叔先生遗书.宁武南氏1936年校印本.
③　黄怀信.逸周书源流考辨［M］.西安：西北大学出版社，1992：110.
④　王连龙.《逸周书》研究［M］.北京：社会科学文献出版社，2010：156.
⑤　李学勤.清华简九篇综述［J］.文物，2010（5）.
⑥　李学勤.清华简《尚书》与《逸周书》的研究［J］.史学史研究，2011（2）.
⑦　顾颉刚.古史辨：第一册［M］.上海：上海古籍出版社，1982：201.
⑧　陈梦家.尚书通论［M］.北京：中华书局，1985：112.
⑨　李学勤.商末金文中的职官"攜"［M］//文物中的古文明.北京：商务印书馆，2008：269－271.
⑩　中国社会科学院考古研究所.殷周金文集成释文：第三卷［M］.香港中文大学中国文化研究所，2001：205.
⑪　张亚初.殷周金文集成引得［M］.北京：中华书局，2001：68.
⑫　李学勤.商末金文中的职官"攜"［M］//文物中的古文明.北京：商务印书馆，2008：269－271.

铭文是说乙亥日，商王赏赐担任攜官的[器名]包括圭与璋的十件玉器，[器名]因此作器纪念。由此可见，《立政》确属周初文献，具有较高的史料价值。

《皇门》《立政》既为西周文献，二者时间孰先孰后？这需要从两篇的内容去寻找答案。两者的核心话题都是选贤任能，不过训诰的对象不同。《皇门》的训诰对象是遗父兄与荩臣，《立政》的训诰对象是成王，所以目的也就略有差异：前者要求群臣恪尽职守，向天子推荐贤才；后者则是周公向成王总结夏商用人得失的经验教训，告诉成王选用官员的办法，叮嘱成王亲贤远佞，适度放权。

《书·立政》："相我受民，和我庶狱庶慎，时则勿有间之。自一话一言，我则末惟成德之彦，以乂我受民……继自今，文子文孙，其勿误于庶狱庶慎，惟正是乂之。"① 杨筠如先生注："正，《释诂》：'长也'。乂，谓治也。言惟治其正长，不必自理庶狱，以小误大也。"② 这是周公告诫成王不要干预官员治理刑狱细务，应由主管其事的官长自行处理。

《书·立政》："今文子文孙，孺子王矣！其勿误于庶狱，惟有司之牧夫……继自今，后王立政，其惟克用常人。"③ 周公建议刑狱庶务交由相关部门的官员管理，提醒成王注意选贤用能。

综上，笔者认为当是《皇门》成篇在前，《立政》在后。《皇门》是周公告诫群臣要借鉴夏商的兴衰，向周王推荐贤才，选贤任能、襄助王室，戒除阳奉阴违的不良作风等内容。《立政》则是周公告诫成王执政的要领，把摄政时的文武官守推荐给成王，希望成王用人不疑，还告诫成王如何效仿前人做到三宅三俊，使贤能之士尽其所用，凡事不用事必躬亲，执其大端即可。

（二）清华简《皇门》《立政》内容比较

1. 训诰者相同

清华简《皇门》第二句作"公若曰"，据今本："维正月庚午，周公格左闳

---

① （清）阮元校刻. 十三经注疏·尚书正义［M］. 北京：中华书局，1980：232.
② 杨筠如. 尚书覈诂［M］. 西安：陕西人民出版社，1959：405.
③ （清）阮元校刻. 十三经注疏·尚书正义［M］. 北京：中华书局，1980：232.

门会群门。"可判断简本的公就是周公，这一点已为学者指出。① 《书·立政》
首句作"周公若曰"，可见《皇门》与《立政》的训诰者都是周公。两篇训诰
者的口吻也相同，均为"周公若曰"。

2. 多处语句相似，主张选贤任能的思想一致

由于清华简《皇门》与《书·立政》在语句、主旨上存在很大的共同点，
试举几个例子说明。

（1）清华简《皇门》："我闻昔在二有国之哲王则不恐于恤，乃惟大门宗子
迩臣，懋扬嘉德，迄有宝，以助厥辟，勤恤王邦王家。乃旁求选择元武圣夫，
羞于王所。自釐臣至于有分私子，苟克有谅，亡不懔达，献言在王所。是人斯
助王恭明祀，敷明刑。王用有监，多宪政命，用克和有成，王用能承天之鲁命。
百姓万民用亡不扰比在王廷。先王用有劝，以宾佑于上。"② 这是解说夏商的贤
明君主恭敬于忧国，依靠大门宗子及亲近大臣的辅佐，广求贤才，政务大治，
不仅得到百姓拥护，先王可以配享上天。

《书·立政》："古之人迪惟有夏，乃有室大竞吁，俊尊上帝，迪知忱恂于九
德之行。乃敢告教厥后曰：拜手稽首后矣。曰：宅乃事，宅乃牧，宅乃准，兹
惟后矣。谋面用丕训德，则乃宅人，兹乃三宅无义民。桀德惟乃弗作往任，是
惟暴德罔后。亦越成汤陟，丕釐上帝之耿命，乃用三有宅，克即宅，曰三有俊，
克即俊。严惟丕式克用三宅、三俊，其在商邑，用协于厥邑；其在四方，用丕
式见德。"③ 古时候夏朝因为任用贤能、尊事上帝而强盛，关键在于做到"三
宅"。"宅"，度也。就是选择事、牧、准三种官吏。桀只信用那些暴戾之人，所
以丧失国家。成汤接受上帝的大命，能做好选贤任能的事，所以拥有天下。

对比这两段话，可以发现核心内容都是在说选贤任能的重要性，顺之可以
兴邦，逆之则丧国。

（2）清华简《皇门》："是人斯乃谗贼□□，以不利厥辟厥邦。譬如梏夫之

---

① 李学勤. 清华简九篇综述 [J]. 文物，2010（5）；孙飞燕. 清华简《皇门》管窥 [J].
清华大学学报（哲学社会科学版），2011（2）.

② 清华大学出土文献研究与保护中心编，李学勤主编. 清华大学藏战国竹简（壹）[M].
上海：中西书局，2010：164 – 165.

③ （清）阮元校刻. 十三经注疏·尚书正义 [M]. 北京：中华书局，1980：230 – 231.

有媚妻，曰余独服在寝，以自落厥家。媚夫有迩无远，乃弇盖善夫，善夫莫达在王所。乃惟有奉疑夫，是扬是绳，是以为上，是授司事师长。政用迷乱，狱用无成。小民用祷无用祀。天用弗保，媚夫先受殄罚，邦亦不宁。"① 此段举例说明奸诈小人根本不可能对国君和国家有所贡献。如同一个堂堂正正的男子，却有一个妒忌心很强的妻子，认为只能让自己来服侍丈夫，最终使家族衰败。这是借比喻来讨论王、臣关系，即无能的臣子使王无依无助。其中"梏夫"与"媚妻"相对，"梏夫"当比喻天子，"媚妻"比喻昏臣；以"媚妻"败家比喻昏臣不能向天子荐举贤才，致使国家衰败。如果亲近这些奸诈小人，就会妨碍周王任用良才，若是把这样的人看作上等人才，提拔他们、赞誉他们，授以要职，无疑会导致政治的混乱不堪，狱讼也不能得到很好的处理。老百姓就会荒废对上天的祭祀，上天因而不肯保佑国家，结果那些嫉妒之人会先得到毁灭性惩罚，国家也会不得安宁。

《书·立政》："自古商人，亦越我周文王立政：立事、牧夫、准人，则克宅之，克由绎之，兹乃俾乂国，则罔有立政用憸人。不训于德，是罔显在厥世。继自今，立政其勿以憸人；其惟吉士，用劢相我国家。"② 这是描述自古以来的商朝贤明君主及周文王设官分职都选贤任能，使之襄助治国，以此劝告成王牢记处理政务不能任用憸人，只有吉士才能兴邦强国。这两段话都点出贤才对于国家的重要性，并说明小人对国家的危害极为严重。

（3）清华简《皇门》："戎兵以能兴，军用多实。王用能奄有四邻，远土丕承，子孙用末被先王之耿光。"③ 这是承前文所说，贤才使国家安定，百姓各司其业，专祀上天，这就能使兵器得以增多，军用物资得以充足。国君得以全部拥有四方的领土，偏远之地也会臣服，子孙因此可以永远蒙受先王之庇佑。

《书·立政》："其克诘尔戎兵，以陟禹之迹，方行天下，至于海表，罔有不

---

① 清华大学出土文献研究与保护中心编，李学勤主编. 清华大学藏战国竹简（壹）[M].
　　上海：中西书局，2010：164 – 165.
② （清）阮元校刻. 十三经注疏·尚书正义 [M]. 北京：中华书局，1980：232.
③ 清华大学出土文献研究与保护中心编，李学勤主编. 清华大学藏战国竹简（壹）[M].
　　上海：中西书局，2010：164 – 165.

服，以覲文王之耿光，以扬武王之大烈。"① 《释诂》：其，将也。"克"，能也。"诂"的解释较多，朱骏声《便读》据古注云："'诂'，劫也，谨慎也。'陟'，犹履蹈也。'迹'，步处也。"《释文》："诂，起一反。马云：实也。"《伪孔传》："其当能治汝戎服兵器，威怀并设，以升禹治水之旧迹。"蔡沈《书集传》："诂，治也。"于省吾《新证》："诂乃诰之讹。"② 前人多认为此句与前后文意不相接，认为有周公告诫成王穷兵黩武的意思，所以皆曲为之说，另寻解释，恕不备引，详参《尚书校释译论》。③ 笔者认为结合《皇门》可以看到马融的说法是对的，即训"诂"为"实"。《叔夷钟》："余赐汝马车戎兵"（《集成》275）《簋》："俘戎兵：盾、矛、戈、弓、箙、矢、裨胄。"（《集成》4322）可知戎兵皆为军器。《皇门》此句是说如果能做到选贤任能，就会有这样的效果。《立政》的前后文意与此类似，就是说如果能正确用人，就会达到军备充实、四方归心的效用。

（4）清华简《皇门》："朕遗父兄眔朕荩臣，夫明尔德，以助余一人忧，毋惟尔身之懐，皆恤尔邦，假余宪。既告汝元德之行，譬如主舟，辅余于险，临余于济。"④ 这是周公训诰自己那些健在的叔父兄弟及忠臣们，希望他们充分发扬自身之德，帮助周公分担治国的忧劳。要求他们不要只考虑自身的事务，还要操劳于周邦，从而树立一个典范。周公以驾驭船只渡河为喻，指出他们的帮助无论对周公还是国家来说都至关重要。

《书·立政》："周公若曰：'太史，司寇苏公，式敬尔由狱，以长我王国。兹式有慎，以列用中罚。'"⑤ 周公告诉太史司寇苏公不能忽视刑狱事务，应严肃对待，从而佐助周王国长久。对讼狱的事要谨慎，运用合适的刑罚。以上两段周公都在强调大臣应当为王分担忧劳，使国家能够长久延续下去。通过以上几组语句对比，可以看到两篇的思想与文例都很相似，这为《皇门》《立政》

---

① （清）阮元校刻.十三经注疏·尚书正义［M］.北京：中华书局，1980：232.
② 顾颉刚，刘起釪.尚书校释译论［M］.北京：中华书局，2005：1695-1696.
③ 顾颉刚，刘起釪.尚书校释译论［M］.北京：中华书局，2005：1698-1699.
④ 清华大学出土文献研究与保护中心编，李学勤主编.清华大学藏战国竹简（壹）［M］.上海：中西书局，2010：164-165.
⑤ （清）阮元校刻.十三经注疏·尚书正义［M］.北京：中华书局，1980：232-233.

时代大体相同的观点提供了佐证。

《皇门》与《立政》的关系较为密切，两者在思想、内容方面均极为相似，应该可以推测周公是先对群臣做了训诫，要求他们向成王举贤任才，然后再嘱咐成王要任用、依赖贤臣，远离奸佞小人，以保周邦国运长久，很可能《皇门》作于《立政》之前。《皇门》与《立政》均是周公所作的政治宣言，两篇文献均体现出周公具有高瞻远瞩的政治远见及殚精竭虑的奉献精神。篇中充满了君臣如何配合、共治天下的方针政策，是周公对自身政治经验的总结，目的在于维护姬姓宗族的核心利益、巩固西周国家政权。

第四节 清华简《祭公之顾命》篇研究

清华简《祭公之顾命》，共简 21 支，简长 44.5 厘米，三道编，第 21 简正面末端有篇题"祭公之顾命"，无次序编号①，具有十分珍贵的历史价值，有待进一步研究。学者们大多将注意力放在《祭公之顾命》的成篇年代、版本优劣及西周是否有三公制度的问题上，忽略了祭公谋父遗言的重要作用。本节拟就初步探讨简文所表达的主旨，解析祭公与周穆王的治国观念。现在以通行字体将简文照录于下：

王若曰："祖祭公，哀余小子，昧其在位，旻天疾威，余多时假惎。我闻祖不豫有迟，余惟时来见，不淑疾甚，余畏天之作威。公其告我懿德。"祭公拜手稽首，曰："天子，谋父朕疾惟不瘳。朕身尚在兹，朕魂在朕辟昭王之所，亡图不知命。"王曰："呜呼，公，朕之皇祖周文王、烈祖武王，宅下国，作陈周邦。惟时皇上帝宅其心，享其明德，付畀四方，用膺受天之命，敷闻在下。我亦惟有若祖周公暨祖召公，兹迪袭学于文武之曼德，克夹绍成康，用毕成大商。我亦惟有若祖祭公，修和周邦，保乂王家。"王曰："公称丕显德，以余小子扬文武之烈，扬成、康、昭主之烈。"王曰："呜呼，公，汝念哉！逊措乃心，尽付

---

① 清华大学出土文献研究与保护中心编，李学勤主编. 清华大学藏战国竹简（壹）［M］.
上海：中西书局，2010：173.

97

畀余一人。"公懋拜手稽首,曰:"允哉!"乃诏毕桓、井利、毛班,曰:"三公,谋父朕疾惟不瘳,敢告天子,皇天改大邦殷之命,惟周文王受之,惟武王大败之,成厥功。惟天奠我文王之志,董之用威,亦尚宣臧厥心,康受亦式用休,亦美懋绥心,敬恭之。惟文武中大命,戡厥敌。"公曰:"天子、三公,我亦上下辟于文武之受命,皇戡方邦,丕惟周之旁,丕惟后稷之受命是永厚。惟我后嗣,方建宗子,丕惟周之厚屏。呜呼,天子,监于夏商之既败,丕则亡遗后,至于万亿年,参叙之。既沁,乃有履宗,丕惟文武之由。"公曰:"呜呼,天子,丕则寅言哉!汝毋以庶兹皋辜亡时远大邦,汝毋以嬖御塞尔庄后,汝毋以小谋败大作,汝毋以嬖士塞大夫卿士,汝毋各家相乃室,然莫恤其外。其皆自时中乂万邦。"公曰:"呜呼,天子,三公,汝念哉。汝毋□眩,唐唐厚颜忍耻,时惟大不淑哉!"曰:"三公,事,求先王之共明德;刑,四方克中尔罚。昔在先王,我亦不以我辟陷于难,弗失于政,我亦惟以没我世。"公曰:"天子、三公,余惟弗起朕疾,汝其敬哉。兹皆保胥一人,康□之,萃服之,然毋夕□,维我周有常刑。"王拜手稽首举言,乃出。祭公之顾命。①

本篇简文按内容可以分为两个部分。"王若曰:'祖祭公,哀余小子,昧其在位,旻天疾威,余多时假愆。我闻祖不豫有迟,余惟时来见,不淑疾甚,余畏天之作威。公其告我懿德。'……王曰:'呜呼,公,汝念哉!逊措乃心,尽付畀余一人。'"是第一部分。"公懋拜手稽首,曰:'允哉!'乃诏毕桓、井利、毛班……公曰:'天子、三公,余惟弗起朕疾,汝其敬哉。兹皆保胥一人,康□之,萃服之,然毋夕□,维我周有常刑。'王拜手稽首举言,乃出"是第二部分。下文依次阐述祭公与周穆王的治国观念。

一、祭公治国观念解析

(一) 祭公谏言及其政治地位

1. 祭公身份

祭公是西周世袭的贵族,具有很大的政坛影响力。祭,姬姓,是周之封国,

---

① 清华大学出土文献研究与保护中心编,李学勤主编. 清华大学藏战国竹简(壹)[M]. 上海:中西书局,2010:174 – 175.

《左传》僖公二十四年记载："昔周公吊二叔之不咸，故封建亲戚以蕃屏周。管、蔡、郕、霍、鲁、卫、毛、聃、郜、雍、曹、滕、毕、原、酆、郇，文之昭也。邗、晋、应、韩，武之穆也。凡、蒋、邢、茅、胙、祭，周公之胤也。"① 《国语·周语上》韦昭注："祭，畿内之国，周公之后也，为王卿士。"② 据此则祭国为周公之后人所受封之国。据李学勤先生《祭公谋父及其德论》，认为祭国的位置当在今郑州一带，可能取代了原先三监之一的管③，可从。

谋父，韦昭注："谋父，字也。"汪远孙反对这个意见，而宋庠认为："父音甫，男子之美称。"④ 潘振云："祭公，周公之后，字谋父，与周公同谥文，见《竹书》。"⑤ 雷学淇《竹书纪年义证》："祭公谋父者，周公之孙。其父武公与昭王同没于汉。谋父，其名也。"西周、春秋常见的有吕尚父（清华简《耆夜》）、公上父（师鼎《集成》2830）、壬父（壬父鼎《集成》1272）、毛父（班簋《集成》4341 西周中期前段）、兮吉父（兮吉父簋《集成》4008）、兮伯吉父（兮甲盘《集成》10174）、内伯多父（芮伯多父簋《集成》4109 西周晚期）从简文称"祖祭公"，可知其辈分很高，其人博闻多智，故称其为"谋父"。

2. 祭公谏言分析

祭公谋父曾劝谏周穆王征犬戎，所用言辞十分激烈，俨然王室耆旧，如《国语·周语上》：

穆王将征犬戎，祭公谋父谏曰："不可。先王耀德不观兵。夫兵戢而时动，动则威，观则玩，玩则无震。是故周文公之颂曰：'载戢干戈，载櫜弓矢。我求懿德，肆于时夏，允王保之。'先王之于民也，懋正其德而厚其性，阜其财求而利其器用，明利害之乡，以文修之，使务利而避害，怀德而畏威，故能保世以滋大。……夫先王之制：邦内甸服，邦外侯服。侯、卫宾服，蛮夷要服，戎、

---

① 杨伯峻. 春秋左传注［M］. 北京：中华书局，1990：420－423.

② 徐元诰. 国语集解［M］. 北京：中华书局，2002：1.

③ 李学勤. 祭公谋父及其德论［J］. 齐鲁学刊，1988（3）.

④ 徐元诰. 国语集解［M］. 北京：中华书局，2002：1.

⑤ 黄怀信，张懋镕，田旭东撰，李学勤审定. 逸周书汇校集注［M］. 上海：上海古籍出版社，2007：923.

狄荒服。甸服者祭，侯服者祀，宾服者享，要服者贡，荒服者王。日祭，月祀，时享，岁贡，终王。先王之训也，有不祭则修意，有不祀则修言，有不享则修文，有不贡则修名，有不王则修德。序成而有不至则修刑，于是乎有刑不祭，伐不祀，征不享，让不贡，告不王。于是乎有刑罚之辟，有攻伐之兵，有征讨之备，有威让之令，有文告之辞，布令陈辞而又不至，则增修于德而无勤民于远。是以近无不听，远无不服。今自大毕、伯士之终也，犬戎氏以其职来王。天子曰：'予必以不享征之，且观之兵。'其无乃废先王之训，而王几顿乎！吾闻夫犬戎树，惇帅旧德，而守终纯固，其有以御我矣。"王不听，遂征之，得四白狼四白鹿以归。自是荒服者不至。①

　　这段话的主旨，韦昭注解穆王责犬戎以非礼，暴兵露师，伤威毁信，故荒服者不至。周穆王要征伐犬戎，遭到祭公的反对。祭公谋父指出，先王崇尚明德，不因小事擅动刀兵。军旅之事要考虑农时，不能穷兵黩武。先王均是修德为上、征伐为下，即如文王、武王灭商，也是为了解救百姓疾苦，而非单纯崇尚武力。先王之制，治理周邦有甸服、侯服、宾服、要服、荒服的区别，犬戎属于荒服之属，只要做到"终王"即可。

　　那"终王"的义务具体包含哪些内容？韦昭注："终，谓世忠也。朝嗣王及即位而来见。"据前文"犬戎氏以其职来王"的记载，犬戎氏首领去世后，嗣王曾来朝见周王。犬戎并未存在损害周邦的行为。"有不王则修德"，依据先王之制，动武并非最佳选择，应该修德以怀远。如果周王一意孤行，就会导致"王几顿乎"的恶果。

　　对"王几顿"的解释，韦昭云："几，危也。顿，败也。"俞樾曰："几乃语词。《易·小畜·上九》：'月几望。'虞注曰：'几，其也。'王几顿乎，犹言'王其顿乎'。顿者，劳罢之意。《战国策·秦策》：'吾甲兵顿。'高诱注曰：'顿，罢也。'穆王废先王之典，而勤兵以远，故言'王其顿乎'。下云'得四白狼、四白鹿以归'，是穆王此行，未尝危败，若从韦解，则祭公所言为已甚亦。"吴曾祺曰："《内传》'甲兵不顿'，注：'顿，坏也。'此谓王之师不将顿坏乎。"徐元诰认为俞樾说为长。今按俞说非是，当从韦昭注。从祭公谋父的劝

　　①　徐元诰. 国语集解［M］. 北京：中华书局，2002：1 - 7.

谏之言来看，周穆王征犬戎的行为已经严重违反了先王的遗制，即将为周邦带来巨大损失，"王其顿乎"无疑就是在告诫周王遵从先王定制，克修文德，以怀远人，否则就会得到导致周邦丧失对荒服地区的控制力的后果。俞樾认为依据韦昭注就会显得祭公谋父言辞过激，其实这个理由并不成立。

从清华简《祭公》及传世本《逸周书》中得知，祭公毫无顾忌地批评周穆王"汝毋以戾兹皋辜亡时远大邦，汝毋以嬖御塞尔庄后，汝毋以小谋败大作，汝毋以嬖士塞大夫卿士，汝毋各家相而室，然莫恤其外"，其语气之强较之《国语·周语》的"王其顿乎"远甚。《逸周书·祭公》：

汝无以戾□罪疾，丧时二王大功。汝无以嬖御固庄后，汝无以小谋败大作，汝无以嬖御士疾大夫卿士，汝无以家相乱王室而莫恤其外。①

郭店简《缁衣》：

大臣之不亲也，则忠敬不足，而富贵已过也。邦家之不宁也，则大臣不治，而褺臣讬也。此以大臣不可不敬，民之蕝也。故君不以小谋大，则大臣不怨。《𦦆公之顾命》云：毋以少（小）悔（谋）败大作，毋以卑（嬖）御息（塞）庄后，毋以卑（嬖）士息（塞）大夫、卿事（士）。

整理者注："𦦆，今本作'叶'。……《礼记·缁衣》郑注：'叶公，楚县公叶公子高也。临死遗书曰顾命。'孙希旦云：'叶当作祭'，'祭公之顾命者，祭公谋父将死告穆王之言也。'"②

上博简《缁衣》：

大臣之不亲也，则忠敬不足，而富贵已过，邦家之不宁也。□□□□□□□□□□□□□□不可不敬，民之蕝也。故君不以小谋大，则大臣不令。《祭公之顾命》云：毋以小谋败大作，毋以嬖御蠹庄后，毋以嬖士蠹大夫、卿事（士）。③

今本《礼记·缁衣》：

① 黄怀信，张懋镕，田旭东撰，李学勤审定. 逸周书汇校集注［M］. 上海：上海古籍出版社，2007：936 - 938.
② 荆门市博物馆. 郭店楚墓竹简［M］. 北京：文物出版社，1998：130 - 134.
③ 马承源主编. 上海博物馆藏战国楚竹书：一［M］. 上海：上海古籍出版社，2001：186 - 187.

子曰："大臣不亲，百姓不宁，则忠敬不足，而富贵已过也。大臣不治，而迩臣比矣。故大臣不可不敬也，是民之表也。君毋以小谋大，毋以远言近，毋以内图外，则大臣不怨，迩臣不疾，而远臣之不蔽矣。叶公之《顾命》曰：毋以小谋败大作，毋以嬖御人疾王言，毋以嬖御士疾庄士、大夫、卿士。"①

今按传世本、郭店简本、上博简本所记内容大同小异，学者大多侧重于几种版本之间的字词通假研究，却忽视了这段话所要说明论证的主题。孔子认为大臣不亲近，不能对国君忠敬，然而获得超出他们应有的富贵，导致国家不安定，大臣不能妥善治理国家，小人得志。因此必须礼敬大臣，他们是民之表率。君主不能与小人商量应与大臣商议的事情，这样大臣就没有怨言和不听号令的行为。孔子引用《祭公之顾命》是为了说明君主应该重用良臣，摒弃小人。

祭公不仅地位较高，而且熟知典故，旁征博引，具有批评周穆王的资历。因此韦昭"几，危也。顿，败也"的解释文从字顺，不应擅自改动。

祭公谋父还曾作《祈招》之诗，见《左传》昭公十二年：

左史倚相趋过，王曰："是良史也，子善视之！是能读《三坟》《五典》《八索》《九丘》。"对曰："臣尝问焉，昔穆王欲肆其心，周行天下，将皆必有车辙马迹焉。祭公谋父作《祈招》之诗，以止王心，王是以获没于祗宫。臣问其诗而不知也。若问远焉，其焉能知之？"王曰："子能乎？"对曰："能。其诗曰：'祈招之愔愔，式昭德音。思我王度，式如玉，式如金。形民之力，而无醉饱之心。'"②

王引之《经义述闻》："形当读为刑，刑犹成也。言惟成民是务，而无纵欲之心也。"李富孙《春秋左传异文释》："形为型之假借字。谓程量其力之所能为而不过也。"杨伯峻先生赞同李富孙说。今按李、杨二说可商，此诗是祭公谋父劝诫穆王克制纵欲之心，以民为本。也就是说，要爱惜民力，禁绝贪婪之心，王引之说可从。以上史料均能表明祭公对周王通常是知无不言，在后人眼中是一位敢于批逆龙鳞的骨鲠之臣。

（二）祭公治国观念举隅

---

① （清）阮元校刻. 十三经注疏·礼记正义 [M]. 北京：中华书局，1980：1649.
② 杨伯峻. 春秋左传注 [M]. 北京：中华书局，1990：1340–1341.

祭公谋父作为一名元老重臣，其思想可从与穆王的对话中体现出来，试析如下。

1. 天命观

天命观是在周初逐渐流行起来的思想，大盂鼎铭文：

丕显文王受天有大命，在武王嗣文作邦，闢厥慝，匍有四方，畯正厥民，在于御事。酨！酒无敢醙，有祡烝祀，无敢醙，故天翼临子，法保先王，□有四方。我闻殷坠命，唯殷边侯甸与殷正百辟，率肆于酒，故丧师……今余唯令女盂绍荣敬雍德经敏朝夕入谏，享奔走，畏天威。（《集成》2837）

此器属于西周早期，出土于道光初年郿县礼村，现藏中国历史博物馆。铭文记述了周王认为天命保佑文王、武王统治天下，而殷商君臣不遵守天命，沉溺于饮酒，最终将天下拱手相让。命令盂要忠于职守、畏惧天威，体现了此时的天命思想。西周统治者大力提倡天命观，祭公谋父无疑继承了这种思想，也是这种思想的坚定信奉者。

清华简《祭公之顾命》："乃诏毕𣎃、井利、毛班，曰：'三公，谋父朕疾惟不瘳，敢告天子，皇天改大邦殷之命，惟周文王受之，惟武王大败之，成厥功。惟天奠我文王之志，董之用威，亦尚宽臧厥心，康受亦式用休，亦美懋绥心，敬恭之。惟文武中大命，戬厥敌。'"值得注意的是毕𣎃、井利、毛班被称为"三公"，而今本《逸周书·祭公》作"允乃诏，毕桓于黎民般"。① 孔晁注："般，乐也。言信如王告，尽治民乐政也。乃，汝；汝，王也。"孔晁训般为乐，已属离题万里。而清人更是牵强附会，强为之说。如潘振云："毕，尽也。桓，柱也。"庄述祖云："允，信也。桓，忧也。"陈汉章云："'桓'即和也。"如此理解均无法疏通此句的含义。而于鬯云："允当一字为句。'毕桓'者，人氏名，疑毕公高之后。"可以说接近事实真相。

清华简的出现，证明毕𣎃、井利、毛班的存在，使文句通畅无阻、再无窒碍。从文中可以看出，祭公认为周灭商的根本原因是皇天更改了大邦殷的天命，将之转移到周文王与周武王手中。上天坚定文王灭商的志向、赐予文王威严、

---

① 黄怀信，张懋镕，田旭东撰，李学勤审定. 逸周书汇校集注［M］. 上海：上海古籍出版社，2007：931.

嘉赏文王的努力，文王、武王赖之以成大业。

2. 继承先王治国理念

祭公的言语始终体现着继承先王遗志的治国理念，试举数例如下。

清华简《祭公之顾命》："公曰：'天子、三公，我亦上下辟于文武之受命，皇戗方邦，丕惟周之旁，丕惟后稷之受命是永厚。惟我后嗣，方建宗子，丕惟周之厚屏。呜呼，天子，监于夏商之既败，丕则亡遗后，至于万亿年，参叙之。既沁，乃有履宗，丕惟文武之由。'"祭公谋父认为应当继承文王、武王尊重天命的遗志，为了周邦的安宁需要遵循文王、武王的统治方法，以保全周室天下的长久。

《师询簋》：

王若曰："师询，丕显文武膺受天命，亦则于乃圣祖考克佐佑先王作厥肱股，用夹绍厥辟莫大命……王曰：师询，哀哉！今日天疾畏降丧。首德不克夒，故亡承于先王。向汝彶纯卹周邦，绥立余小子。载乃事，唯王身厚稽。今余唯申京乃命，命汝惠雍我邦小大猷，邦佑潢𤔲。敬明乃心，率以乃友捍御王身，欲弗汝以乃辟陷于艰。"（《集成》4342）

此簋属于西周晚期，可以说保持先王的政治遗产在此时依然在西周统治者心中占据重要地位。如果没有文王与武王的受命，就没有后世周天子的君临天下。

《逨盘》①：

丕显朕皇高祖单公，亘亘克明哲厥德，夹绍文王、武王挞殷，膺受天鲁命，匍有四方，并宅厥勤疆土，用配上帝。于朕皇高祖公叔，克佐匹成王，成受大命，方狄不享，用奠四域万邦。（《新收殷周青铜器铭文暨器影汇编》757）

单公因为具有良好的品德，辅助文王、武王开疆拓土，使周邦代替殷商统治天下。公叔辅佐成王，奠定了周邦的基业。

以上说明先王遗留的治国方法必须遵守的思想一直贯穿于整个西周王朝，尽管周王未必严格按照这个标准去行事，但这个基本原则得到西周君臣的普遍认同。

---

① 这里参考了刘源先生的释文，见刘源.逨盘铭文考释［J］.中国史研究，2003（4）.

3. 主张"中"的思想

文王去世之前曾向武王传授"中"。清华简《保训》记载了这一史事：

佳王五十年，不豫。王念日之多历，恐坠宝训。戊子自靧水。己丑昧〔爽〕
□□□□□□□□□〔王〕若曰："发，朕疾适甚，恐不汝及训。昔前人传宝，
必受之以詷。今朕疾允病，恐弗堪终。汝以书受之。钦哉！勿淫！昔舜旧作小
人，亲耕于历丘，恐求中。自稽厥志，不违于庶万姓之多欲。厥有施于上下远
迩，乃易位设稽，测阴阳之物，咸顺不逆。舜既得中，言不易实变名，身兹备，
佳允。翼翼不解，用作三降之德。帝尧嘉之，用授厥绪。呜呼，祗之哉！昔微
假中于河，以复有易，有易服厥罪。微亡害，乃归中于河。微志弗忘，传贻子
孙，至于成汤，祗服不懈，用受大命。呜呼！发，敬哉！朕闻兹不久，命未有
所延。今汝祗服毋懈，其有所由矣，不及尔身受大命，敬哉！毋淫！日不足惟
宿不羕。"①

文王通过两个古史传说，向武王讲述"中"的道理。既要传中，首先要交
代"中"的由来，然后才说明"中"的用处。"中"是通过舜的实践经验总结
而来，舜依靠它受政于尧，上甲微以此复仇于有易，商汤靠它兴商灭夏。文王
希望武王也能效仿前人，用"中"来治理周邦。李学勤先生指出"中"是指思
想观念，或是中道，属于《保训》全篇的中心。② 杨朝明先生认为《保训》对
"中"的论述，印证了儒家中道思想的源流及其对"周政"的极大影响。③ 尽管
学界对于"中"的确切所指还有分歧，但文王传给武王的"中"无疑包含着中
道思想。这一思想在祭公言语中也有体现。

清华简《祭公之顾命》："公曰：'呜呼，天子，丕则寅言哉！汝毋以戾兹
皋辛亡时远大邦，汝毋以嬖御塞尔庄后，汝毋以小谋败大作，汝毋以嬖士塞大
夫卿士，汝毋各家相乃室，然莫恤其外。其皆自时中乂万邦。'公曰：'呜呼，
天子，三公，汝念哉。汝毋□眩，唐唐厚颜忍耻，时惟大不淑哉！'曰：'三公，
事，求先王之共明德；刑，四方克中尔罚。昔在先王，我亦不以我辟陷于难，

---

① 清华大学出土文献研究与保护中心编，李学勤主编. 清华大学藏战国竹简（壹）［M］.
　上海：中西书局，2010：143.
② 李学勤. 论清华简《保训》的几个问题［J］. 文物，2009（6）.
③ 杨朝明. 清华简"保训"与"文武"之政［J］. 管子学刊，2012（2）.

弗失于政，我亦惟以没我世。'公曰：'天子、三公，余惟弗起朕疾，汝其敬哉。兹皆保胥一人，康□之，服之，然毋夕□，维我周有常刑。'"

这段话包含了祭公的三个建议：其一，天子用人需要近贤人远小人；其二，以中道治理国家；其三，三公承担责任，遵守周朝常法，保持政权稳定。传世本《逸周书·祭公》："尚皆以时中义万国。"孔晁注："言当尽用是中道治天下也。"潘振云："随时而处中，无时而不中。"① 与传世本相较，简本"三公，敷求先王之共明德，刑四方，克中尔罚"的记载为传世本所无。这是要求周穆王集成先王的明德，以中道治理天下，慎用刑罚。

显而易见，祭公在弥留之际提出的建议仍然能够针对西周中期穆王所面临的政治危机，体现了祭公高瞻远瞩的政治眼光，"以中治国"是祭公的重要政治思想，这不仅是对文王以来"中"观念的继承，更使得"中"的思想在统治阶层中间广泛传播，有利于维护国家政权的健康发展。

综上，祭公谋父之所以能够得到周天子的尊重，根本在于祭公自身的政治地位。祭公来自世家大族，其家族在西周影响甚巨，祭公本人德才兼备，故而得到周穆王的垂询。

二、周穆王的治国观念

周穆王并非荒淫无道之君，西周中期《史墙盘》大加颂扬："肅覭穆王，井帅宇诲，緐宁天子。"（《集成》10175）对此句的释读，学者间还存在分歧。如唐兰先生读"肅"为"祗"，"覭"为显，"緐"为繩。② 李学勤先生训"肅"为"祗"，"覭"与显意思相近，"宇诲"为宏谋，"緐"读为繩，意为继承。③ 徐中舒先生认为"肅"为"祗覭"，"祗"为神明之意，"井帅"指以为法式循行之。"宇诲"指祭公谋父教周穆王无勤民以远的教诲。"緐宁"指督正安定。④ 裘锡圭先生认为"肅"为"祗"，"祗"训敬，"覭"与显的用法相近，"井帅"即

① 黄怀信，张懋镕，田旭东撰，李学勤审定. 逸周书汇校集注 [M]. 上海：上海古籍出版社，2007：939.
② 唐兰. 唐兰先生金文论集 [M]. 北京：紫禁城出版社，1995：213.
③ 李学勤. 新出青铜器研究 [M]. 北京：文物出版社，1990：76-77.
④ 徐中舒. 徐中舒历史论文选辑 [M]. 北京：中华书局，1998：1299-1300.

"刑帅"，效法之意。"诲"通"谋"，"𫍲"读为申。此句是说穆王能遵循先王的伟大谋略，使继位的恭王的到安宁。① 于省吾先生读"𫍲宁"为重宁，谓穆王时已安宁，恭王时更加安宁。② 于豪亮先生则认为"天子"指周共王。③ 夏含夷先生将"𫍲"读为申，还赞同于豪亮先生"'天子'指周共王"的看法，指出此器作于周共王时，只能称共王为天子。④ 刘士莪、尹盛平先生赞同于省吾"𫍲宁"为重宁的训释，认为重宁就是复宁。⑤ 尽管学者们对此句的个别字词理解存在不同，但可以肯定的是铭文从正面的角度赞扬周穆王能遵循先王之道，安定国家。

再如西周末期《逑盘》："雩朕皇高祖惠中盠父，盭龢于政，有成于猷，用会邵王穆王，盗政四方，伐楚荆。"（《新收殷周青铜器铭文暨器影汇编》757）"盗"，李学勤先生认为读为延，"延政四方"就是将德政普及到四方诸侯。⑥ 铭文也是从正面颂扬了昭王、穆王的德政与事功。

《国语·齐语》记载管仲称赞昭王、穆王之言："昔我先王昭王、穆王，世法文、武、远绩以成名，合群叟，比校民之有道者，设象以为民纪，式权以相应，比缀以度，薄本肇末，劝之以赏赐，纠之以刑罚，班序颠毛，以为民纪统。"⑦ 管仲认为昭王、穆王能世法文王、武王之道，教化民众，使之上下有序。

张懋镕先生曾分析了《史记》记载周穆王事迹的思想倾向性，认为司马迁反对暴虐人民的战争。⑧ 尹盛平先生曾结合周穆王东伐淮夷、西征犬戎、大兴

---

① 裘锡圭. 古文字论集 [M]. 北京：中华书局，1992：375.

② 于省吾. 墙盘铭文十二解 [A]. 中国古文字研究会. 吉林大学中国古文字研究中心编. 古文字研究：第五辑 [Z]. 北京：中华书局，2010.

③ 于豪亮. 于豪亮学术文存 [M]. 北京：中华书局，1985：29.

④ Edward L. Shaughnessy：Sources of Western Zhou History：Inscribed Bronze Vessels [M]. Berkeley：University of California Press，1991. 187.

⑤ 陕西周原考古队，尹盛平主编. 西周微氏家族青铜器群研究 [M]. 北京：文物出版社，1992：50.

⑥ 李学勤. 中国古代文明研究 [M]. 上海：华东师范大学出版社，2005：142.

⑦ 徐元诰. 国语集解 [M]. 北京：中华书局，2002：218.

⑧ 张懋镕. 略说对周昭王南征的评价 [M] //古文字与青铜器论集：第二辑. 北京：科学出版社，2006：276-279.

礼乐的事迹说明周穆王是一位中兴之主。①

所以分析周穆王的治国观念有益于加深对周穆王历史地位的明确认识。王晖先生指出殷商灭亡以后，周武王、周公以及其他一些有为的周王和辅政大臣更是常常总结夏殷两代的经验教训。② 这种反思在周穆王身上也有体现，具体表现在以下两个方面。

（一）天命转移的观念

清华简《祭公之顾命》：

王若曰："祖祭公，哀余小子，昧其在位，旻天疾威，余多时假惩。我闻祖不豫有迟，余惟时来见，不淑疾甚，余畏天之作威。公其告我懿德。"

这里周穆王认为遭到上天责罚的原因是没有尽到天子的责任，特来向博闻多智的祭公谋父求助。天子不德，上天示警这种思想观念渊源有自。《书·甘誓》：

大战于甘，乃召六卿。王曰："嗟！六事之人，予誓告汝。有扈氏威侮五行，怠弃三正，天用剿绝其命，今予惟共行天之罚。左不攻于左，汝不共命；右不攻于右，汝不共命；御非其马之正，汝不共命。用命，赏于祖；弗用命，戮于社，予则孥戮汝。"③

《甘誓》的主要内容在夏王朝作为重要祖训口耳相传，其成篇年代大概在殷商时期。④ 夏启称有扈不从天命，上天派夏启惩罚有扈氏，以此来彰显讨伐有扈战役的正义。

《书·汤誓》：

王曰："格尔众庶，悉听朕言，非台小子，敢行称乱，有夏多罪，天命殛之！今尔有众，汝曰：'我后不恤我众，舍我穑事而割正夏？'予惟闻汝众言，夏氏有罪，予畏上帝，不敢不正。今汝其曰：'夏罪其如台？'夏王率遏众力，率割夏邑，有众率怠弗协，曰：'时日曷丧？予及汝皆亡。'夏德若兹，今朕必往。尔尚辅予一人，致天之罚，予其大赉汝。尔无不信，朕不食言。尔不从誓

①　尹盛平. 西周史征 [M]. 西安：陕西师范大学出版社，2004：135 – 141.
②　王晖. 商周文化比较研究 [M]. 北京：人民出版社，2000：183.
③　（清）阮元校刻. 十三经注疏·尚书正义 [M]. 北京：中华书局，1980：155.
④　顾颉刚，刘起釪. 尚书校释译论 [M]. 北京：中华书局，2005：873.

言，予则孥戮汝，罔有攸赦。"①

刘起釪先生认为此篇文献是商朝建国史上最重要的一篇宝典，被商汤子孙历世相传，作为必诵必尊的祖训。这篇文献可能是商朝的典册之一，商亡后被周人接收，经过周人的润色。② 此说虽有一定不足，但大体可从。汤伐指出桀违背天命，虐待百姓，上帝命汤惩罚无道的桀，解救夏民，对此使命商汤不敢违背。清华简《尹至》："夏有祥，在西在东，见彰于天。其有民率曰：'惟我速祸。'咸曰：'胡今东祥不彰？'今其如台？"③ 伊尹向汤反映发生在夏都的异常天象，以此论证商汤伐桀时机已到。

清华简《尹诰》：

惟尹既及汤咸有一德。尹念天之败西邑夏，曰："夏自绝其有民，亦惟厥众。非民无与守邑，厥辟作怨于民，民复之用离心，我捷灭夏。今后曷不监？"挚告汤曰："我克协我友，今惟民远邦归志。"汤曰："呜呼！吾何祚于民，俾我众勿违朕言？"挚曰："后，其赉之，其有夏之金玉实邑，舍之吉言。"乃致众于亳中邑。④

伊尹认为夏灭亡的原因是天败之，以此奉劝商汤重视民众的愿望，善于安抚民众的不满情绪，以夏桀为戒，造福于民。上天在这里成为伊尹立论的基础。

《书·牧誓》：

王曰："古人有言曰：'牝鸡无晨；牝鸡之晨，惟家之索。'今商王受，惟妇言是用，昏弃厥肆祀弗答，昏弃厥遗王父母弟不迪；乃惟四方之多罪逋逃，是崇、是长，是信、是使，是以为大夫卿士，俾暴虐于百姓，以奸宄于商邑。今予发，惟共行天之罚。"⑤

这是周武王因商王听信妇人之言，不祭祀祖先，排斥同宗兄弟，收罗邦国亡人，触怒上天，因此上天借周武王之手来惩罚纣王。《逸周书·商誓》："今在

① （清）阮元校刻．十三经注疏·尚书正义［M］．北京：中华书局，1980：160．
② 顾颉刚，刘起釪．尚书校释译论［M］．北京：中华书局，2005：889．
③ 清华大学出土文献研究与保护中心编，李学勤主编．清华大学藏战国竹简（壹）［M］．上海：中西书局，2010：133．
④ 清华大学出土文献研究与保护中心编，李学勤主编．清华大学藏战国竹简（壹）［M］．上海：中西书局，2010：133．
⑤ （清）阮元校刻．十三经注疏·尚书正义［M］．北京：中华书局，1980：182－183．

商纣，昏忧天下，弗显上帝，昏虐百姓，奉天之命。上帝弗显，乃命朕文考曰：殪商之多罪纣。肆予小子发，弗敢忘天命，朕考胥翕稷政，肆上帝曰必伐之。予惟甲子，克致天之大罚。□帝之来，革纣之□，予亦无敢违大命。"① 李学勤先生指出《商誓》属于周初作品，② 此处史料说明纣王不敬上帝、暴虐民众，违背了上天的旨意，文王伐纣是顺天应人。

《书·洪范》：

箕子乃言曰："我闻在昔，鲧堙洪水，汩陈其五行，帝乃震怒，不畀洪范九畴，彝伦攸斁。鲧则殛死，禹乃嗣兴，天乃锡禹洪范九畴，彝伦攸叙。"③

关于《洪范》的著作时代，李学勤先生据叔多父盘判定属于西周作品④，丁四新先生综合多重证据，除了重新批判刘节的论点外，又论证和肯定了《洪范》为周初著作的观点。⑤ 这是说鲧因利用泥土堵塞洪水，导致五行相乱，惹怒上帝，不赐予治理天下的统治大法，彝伦遭到破坏，鲧被杀死，禹顺天应人，上天特赐统治天下的方法，彝伦得到规范化与秩序化。

《书·大诰》："弗弔天降割于我家，不少延。洪惟我幼冲人嗣无疆大历服，弗造哲，迪民康，矧曰其有能格知天命！"⑥ 据顾颉刚先生的考证，《大诰》的作者是周公，而非成王。⑦ 周公向朝中贵族陈述天命的威严，指出为君者未能治理好国家，上天就会降灾害于周邦，三监之乱正是上天给予周邦的警示，只有导民以康才能获知天命。

《康诰》："天畏棐忱，民情大可见，小人难保。"⑧ 刘起釪先生据《风俗通·十反篇》引《书》《文选·班固幽通赋》李善注、蔡邕《琅琊王傅蔡公碑》

---

① 黄怀信，张懋镕，田旭东撰，李学勤审定．逸周书汇校集注［M］．上海：上海古籍出版社，2007：454 - 455.
② 李学勤．《商誓》篇研究［M］//古文献丛论．上海：远东出版社，1996：81.
③ （清）阮元校刻．十三经注疏·尚书正义［M］．北京：中华书局，1980：187.
④ 李学勤．叔多父盘与《洪范》［M］//中国古代文明研究．上海：华东师范大学出版社，2005：105.
⑤ 丁四新．近九十年《尚书·洪范》作者及著作时代考证与新证［J］．中原文化研究，2013（5）.
⑥ （清）阮元校刻．十三经注疏·尚书正义［M］．北京：中华书局，1980：198.
⑦ 顾颉刚，刘起釪．尚书校释译论［M］．北京：中华书局，2005：1261.
⑧ （清）阮元校刻．十三经注疏·尚书正义［M］．北京：中华书局，1980：203.

《尔雅·释诂》"俌也"郭璞注引《书》，认为汉今古文至晋唐伪古文"畏"皆作"威"，二字同音通用，但古多作"畏"，金文中"天威"就是"天畏"（《盂鼎》"畏天畏"）。此处保存用"畏"字，而意义为"威"。汉今文"棐忱"作"匪谌"，与《诗经·荡》作"匪谌"同。"匪"即"非"，"忱"和"谌"的意思为信。① "天畏棐忱"是说天威不可预料，要重视民意，安抚百姓。

《书·召诰》："相古先民有夏，天迪从子保。面稽天若；今时既坠厥命。今相有殷，天迪格保；面稽天若，今时既坠厥命。今冲子嗣则无遗寿者，曰：'其稽我古人之德，矧曰其有能稽谋自天。'"② 夏商先王能够顺应天命，照顾百姓，其国运昌隆；桀纣不知为君之道，违逆天命，故而身死国破。周天子应当以此为戒，善用民力，方是长久之道。以色列学者尤锐曾指出周朝通过暴力取代商朝，这一行动事后通过天命理论进行辩护，并且还虚构出了商朝推翻夏朝的类似情节——所有这些都为潜在的竞争者提供了良好的氛围。周朝的统治者早已意识到自己的天命并不是永恒的，在《诗经》和《书经》早期部分中，天命可以被转移的理论就不断被强调。③ 按尤锐先生认为商推翻夏是周人虚构的传说，这代表了部分西方学者不承认夏朝存在的观点。通过越来越多的考古发掘，夏朝确实存在且位于商之前，在中国学术界已经成为普遍的认识，详细情况可参考詹子庆先生《夏史与夏代文明》④ 一书，本书不再详论。不过尤锐先生论述周代统治者利用天命转移理论为灭商行动辩护的想法是可取的。

通过上述文献的梳理，可以发现周穆王这种畏天悔过的思想渊源，自夏商时期便开始流传，西周初期至穆王时期这种思想始终在传承与发展，这也是周穆王得以善终的一个原因。

（二）传承先王恪守天命的治国观念

清华简《祭公之顾命》：

王曰："呜呼，公，朕之皇祖周文王、烈祖武王，宅下国，作陈周邦。惟时

---

① 顾颉刚，刘起釪. 尚书校释译论 [M]. 北京：中华书局，2005：1314.
② （清）阮元校刻. 十三经注疏·尚书正义 [M]. 北京：中华书局，1980：212.
③ 〔以〕尤锐. 展望永恒帝国：战国时代的中国政治思想 [M]. 孙英刚，译. 上海：上海古籍出版社，2013：76.
④ 詹子庆. 夏史与夏代文明 [M]. 上海：上海科学技术文献出版社，2007.

皇上帝宅其心，享其明德，付畀四方，用膺受天之命，敷闻在下。我亦惟有若祖周公暨祖召公，兹迪袭学于文武之曼德，克夹绍成康，用毕成大商。我亦惟有若祖祭公，修和周邦，保乂王家。"王曰："公称丕显德，以余小子扬文武之烈，扬成、康、昭主之烈。"

今本《逸周书·祭公》：

王曰："呜呼！公，朕之皇祖文王、烈祖武王，宅下国，作陈周。维皇皇上帝度其心，寘之明德。付畀于四方，用膺受天命，敷文在下。我亦维有若文祖周公暨列祖召公，兹申余小子追学于文武之蔑。周克龛绍成康之业，以将天命，用夷居之大商之众。我亦维有若祖祭公之执和周国，保乂王家。"王曰："公称丕显之德，以余小子扬文、武之大勋，弘成、康、昭考之烈。"①

这段话简本与今本大致对应，只有个别字句不太一致。其一，简本作"作陈周邦"，今本"作陈周"。今按一直以来学者围绕"作陈周"一语的诠释各自申说，其观点大相径庭。有解释为"陈赐哉周"，有解释为"陈布周密"，还有解释为"始甸周""振新久故之邦"等，众说纷纭，成为《祭公》篇研究的一个难题。清华简《祭公之顾命》的公布为这一难题提供了解决的可能。

简本"作陈周邦"证明今本脱去"邦"字，为理解文意制造了障碍。沈建华先生曾详细对比过简本与今本的异同优劣，认为此处简本胜于今本，倾向于陈与甸互通。② 按此说可从，但沈先生错将俞樾的观点引为朱右曾的观点，特此正之。

周人统治天下乃是由于上帝赐命于先王这种观念自周初就已流行，如周原发现的祭祀上帝的甲骨：

……文武……王其邵帝……天□典𣄼周方伯□□囟正亡左……王受又又（H11：82）③

① 黄怀信，张懋镕，田旭东撰，李学勤审定．逸周书汇校集注［M］．上海：上海古籍出版社，2007：927-928.
② 沈建华．清华简《祭公》与《逸周书》校读记［M］//出土文献研究：第十辑．北京：中华书局，2011：24.
③ 曹玮编．周原甲骨文［M］．北京：世界图书出版社，2002：62.

是对册封周方伯一事问卜，是关于祈请册命周方伯继承殷之天命之事。①

《书·大诰》：

天降威，用文王遗我大宝龟绍天明，即命曰："有大艰于西土，西土人亦不静，越兹蠢殷小腆，诞敢纪其叙；天降威，知我国有疵，民不康，曰：'予复！'反鄙我周邦。今蠢今翼日民献有十夫予翼，以于敉文、武图功。我有大事！休？"朕卜并吉。②

当面临三监之乱的威胁时，周代统治阶层内部对于如何处理这样的威胁产生分歧，周公主张出兵平定叛乱，然而有的贵族以管蔡霍三叔均为姬氏宗亲为由不肯支持周公的建议，于是周公请出文王遗留的大宝龟进行占卜天命，占卜结果是出兵平叛。也就是说当周人内部出现分歧之时，可以借用先王的威严处理政务，说明周人对待先公先王是十分尊崇的。

《书·康诰》：

惟乃丕显考文王克明德慎罚，不敢侮鳏寡，庸庸祗祗威威显民，用肇造我区夏，越我一二邦，以修我西土。惟时怙冒闻于上帝，帝休。天乃大命文王殪戎殷，诞受厥命越厥邦厥民。惟时叙乃寡兄勖，肆汝小子封在兹东土。③

意思是说文王能够明德慎罚，不欺负那些毫无依靠的民众，还敬畏他们和那些有声望的人。所以他能缔造周人统治天下的基础，使邻国归附，拓展西土。上帝听闻文王的贤德，赞美文王，命文王翦伐殷商，继承殷商的土地与人民。为了发扬武王的遗烈，将你封在东土。

《书·梓材》：

今王惟曰："先王既勤用明德怀，为夹庶邦享作。兄弟方来，亦既用明德，后式典集，庶邦丕享。皇天既付中国民越厥疆土于先王，肆王惟德用和怿先后迷民，用怿先王受命。已，若兹监！"惟曰："欲至于万年，惟王子子孙孙永保民。"④

意思是说先王已经勤劳地发扬明德怀柔四方，众多邦国进贡祭品，出劳动

---

① 李桂民.周原庙祭甲骨与"文王受命"公案［J］.历史研究，2013（2）.
② （清）阮元校刻.十三经注疏·尚书正义［M］.北京：中华书局，1980：198.
③ （清）阮元校刻.十三经注疏·尚书正义［M］.北京：中华书局，1980：203.
④ （清）阮元校刻.十三经注疏·尚书正义［M］.北京：中华书局，1980：208－209.

力为周邦服役。许多臣服于周的邦君为先王的明德感化而来，愿意听周邦之命。皇天将土地与人民交给先王，现在王也拥有了用德行来感化的受蒙蔽的殷民，以求不辜负先王的神灵。以此为鉴，王的子孙永远以民为重方能国运长久。

《书·召诰》：

皇天上帝改厥元子，兹大国殷之命，惟王受命，无疆惟休，亦无疆惟恤。呜呼，曷其奈何弗敬！天既遐终大邦殷之命，兹殷多先哲王在天。①

皇天改变殷商的天命，将其交给周王。金文中亦可见周邦得以永久来自上天赐命的记载。

何尊：

唯王初迁宅于成周，复禀王礼福自天。在四月丙戌，王诰宗小子于京室，曰："昔在尔考公氏，克逑文王，肆文王受兹大命。唯武王既克大邑商，则廷告于天，曰：'余其宅兹中国，自之乂民。'呜呼！尔有唯小子无识，视于公氏，有爵（勋）于天，彻令。敬享哉！"唯王恭德裕天，顺我不敏。王咸诰。何赐贝卅朋，用作□公宝尊彝。唯王五祀。（《集成》6014）

天亡簋：

乙亥，王有大礼，王凡三方。王祀于天室。降，天亡佑王，衣祀于王。丕显考文王事䊊上帝。文王监在上，丕显王作省，丕䊊王作庸，丕克讫衣王祀。丁丑，王卿大宜，王降亡，得爵退囊，唯朕有蔑，敏启王休于尊簋。（《集成》6241）

陈梦家先生将天亡簋归为武王所作器。② 白川静将之划归康王时期。③ 张怀通先生认为此铭文反映武王在太公望的佐佑下于太室山巅选择雒邑地址、举行祭天祀祖典礼的史实。因为在当时人的观念里位于天下之中的太室山具有通天的宗教功能。④ 按铭文中提到武王克商之后，曾经祭拜上天，宣示自己继承天命，表示自己政权的合法性，而且取得成功得力于文王的庇护。《毛公鼎》："丕显文武，皇天引厌厥德，配我有周，膺受大命，率怀不廷方，亡不闬于文武耿

① 顾颉刚，刘起釪. 尚书校释译论［M］. 北京：中华书局，2005：1434.
② 陈梦家. 西周铜器断代［M］. 北京：中华书局，2004：3.
③ 〔日〕白川静. 金文通释选译［M］. 曹兆兰，译. 湖北：武汉大学出版社，2000：23.
④ 张怀通. 武王伐纣史实补考［J］. 中国史研究，2010（4）.

光。"(《集成》2841）皇天厌弃殷商，将天命赐予周邦，文王、武王承继天命、怀柔四方，后人应当学习文武之道，以德服人，获得方国对周邦的拜服。

周穆王虽然有过失之处，但能够秉承自文王、武王以来的天命思想，尊重老臣，善于自省；而祭公谋父凭借自身的崇高威望，在临终之际向周天子建议继承天命转移的理论，晋用贤才、摒弃小人、以中道治理国家，同时勉励以三公为首的大臣遵循古法，共同辅佐周天子维持周室的长治久安。

第五节　小结

《程寤》篇中文王告诫太子发要重视任用各种人才，不唯自己的喜好进退官员，要注意小民的意见，引导民众服从自己的领导，治国需要紧迫感，不能荒废时间。《金縢》篇揭示了成王与周公之间的权力矛盾，但最终双方均本着维护国家安定与民众利益的前提达成谅解，周公、召公、太公共同为西周王朝的稳定发展做出贡献。《皇门》篇中周公告诫群臣要忠于职守、进贤才退不肖、襄助周成王治理国家，以保周邦的安定。《祭公之顾命》篇通过祭公对周穆王的谏言体现祭公忧国忧民的高尚品德，同时周穆王的话语展示了其并非一个亡国之君，能够接受祭公任用人才、敬天保民的治国观念，避免了西周过早走上衰亡的道路。

下编 02

清华简与春秋
史事研究

第一章

从清华简《系年》看东周王室衰微的前兆

目前清华简《系年》已经公布，属于战国中期楚肃王或楚宣王时期楚人的作品。① 其中第二章涉及周幽王、平王史事，对此《左传》《国语》《史记》《竹书纪年》也有记载。现将清华简《系年》第二章释文以通行字体照录于下，以便进一步探讨：

周幽王取妻于西申，生平王，王或取褒人之女，是褒姒，生伯盘。褒姒嬖于王，王与伯盘逐平王，平王走西申。幽王起师，围平王于西申，申人弗畀。缯人乃降西戎，以攻幽王，幽王及伯盘乃灭，周乃亡。邦君诸正乃立幽王之弟余臣于虢，是携惠王。立廿又一年，晋文侯仇乃杀惠王于虢。周亡王九年，邦君诸侯焉始不朝于周，晋文侯乃逆平王于少鄂，立之于京师。三年，乃东徙，止于成周，晋人焉始启于京师，郑武公亦正东方之诸侯。武公即世，庄公即位；庄公即世，昭公即位。其大夫高之渠弥杀昭公而立其弟子眉寿。齐襄公会诸侯于首止，杀子眉寿，车辕高之渠弥，改立厉公，郑以始正。楚文王以启于汉阳。②

清人雷学淇在其著作《介庵经说》中指出："虢石父既已灭焦，乃徙居北邑，不处其国都者，盖石父比于褒姒，以乱王室。后见太子出奔，西戎屡寇，逆知西周必乱，小虢难以安居，且知众之怒己必深，势去将及，乃巧托迁徙之计，越在冀方，意谓上阳犹是王畿，不如下阳之越境乃免也。后因此亦竟免于

---

① 李学勤. 清华简《系年》及有关古史问题 [J]. 文物，2011 (3).

② 清华大学出土文献研究与保护中心编，李学勤主编. 清华大学藏战国竹简（贰）[M].
上海：中西书局，2011：138.

祸，此《史记》所以斥曰巧从，史迁所以斥巧佞矣。"① 此仍以旧说为念，将王室衰落的罪名归罪于褒姒，未能认识平王在两周之际的政治角色的转变。

随着清华简的公布，平王东迁这一史事得以被重新审视。本章拟围绕清华简与相关传世文献，以周平王的政治角色变迁为中心，寻找东周王室衰落的潜在因素。

第一节　周平王为太子时的政局

一、太子及其支持者

太子宜臼，即后来的周平王，本是名正言顺的王位继承者，其地位不稳的威胁来自褒姒所生之子。宜臼在褒姒入周前在史料中并无多少直接记载，但其在朝中内外均有支持者。从《国语·郑语》可一窥端倪：

天之生此久用处，其为毒也大矣，将使候淫德而加之焉。毒之酋腊者，其杀也滋速。申、缯、西戎方强，王室方骚，将以纵欲，不亦难乎? 王欲杀太子以成伯服，必求之申，申人弗畀，必伐之。若伐申，而缯与西戎会以伐周，周不守矣! 缯与西戎方将德申，申、吕方强，其隩爱太子亦必可知也，王师若在，其救之亦必然矣。王心怒矣，虢公从矣，凡周存亡，不三稔矣。②

这段史料是周太史史伯向郑桓公分析时局，史伯早已洞若观火地看出周幽王更换王室继承人将会带来的政治危机。申国是宜臼的母家，是太子的支持者。缯与西戎与申国交好，太子拥有来自姜氏强力的支持力量。李峰先生推测在朝内皇父是宜臼的坚定支持者。③ 此说可从。皇父的权势地位见于《诗·小雅·十月之交》：

皇父卿士，番维司徒。家伯维宰，仲允膳夫，聚子内史，蹶维趣马，楀维

---

① 陈槃. 春秋大事表列国爵姓及存灭表譔异 [M]. 上海：上海古籍出版社，2009：308.
② 徐元诰. 国语集解 [M]. 北京：中华书局，2002：474 - 475.
③ 李峰. 西周的灭亡：中国早期国家的地理和政治危机 [M]. 上海：上海古籍出版社，2007：235.

师氏。醓妻煽方处。抑此皇父，岂曰不时？①

皇父在西周朝廷可谓炙手可热，作为太子的宜臼，有来自内外力量的双重支持，地位原本相当稳固。

二、褒姒引发政治格局改变

（一）褒姒身份

褒姒是周幽王时期的宠妃，她的到来改变了周幽王宫廷的政治格局。褒姒来自褒国，据《史记正义》注引《括地志》："褒国故城在梁州褒城县东二百步，古褒国也。"可知褒国大致位于今陕西勉县一带。故宫博物院藏有一件西周中期的《孚公甒》："孚公作旅甒永宝用。"（《集成》918）赵平安先生指出"孚"即"褒"之通假。台湾故宫博物院收藏春秋时期的《浮公之孙公父宅匜》："唯王正月初吉庚午，浮公之孙公父宅铸其行匜，其万年子子孙孙永宝用之。"（《集成》10278）此"浮公"应读为"褒公"。其所承载的青铜文化和《孚公甒》一脉相承，已经具有明显的地域特色。② 褒国曾受西周文化的强烈影响，不过至西周末及春秋初期，逐渐形成自己的文化特色。

（二）褒姒入周的方式

对于褒姒入周的方式，史籍记载略有差异，试论如下。

《国语·晋语一》："周幽王伐有褒，褒人以褒姒女焉，褒姒有宠，生伯服，于是乎与虢石甫比，逐太子宜臼而立伯服。太子出奔申，申人、鄫人召西戎以伐周，周于是乎亡。"③ 韦昭注："幽王，宣王之子幽王宫涅也。有褒，姒姓之国，幽王伐之，褒人以美女入，为之褒姒，是为幽后。"《国语·郑语》："褒人褒姁有狱，而以为入于王，王遂置之，而嬖是女也，使至于为后，而生伯服。"④ 韦昭注："褒姁，褒君。以邪辟取爱曰嬖。"清华简《系年》第二章："周幽王取妻于西申，生平王，王或取褒人之女，是褒姒，生伯盘。褒姒嬖于

---

① （清）阮元校刻. 十三经注疏·毛诗正义 [M]. 北京：中华书局，1980：446 – 447.

② 赵平安. 金文释读与文明探索 [M]. 北京：商务印书馆，2011：171.

③ 徐元诰. 国语集解 [M]. 北京：中华书局，2002：250 – 251.

④ 徐元诰. 国语集解 [M]. 北京：中华书局，2002：474.

王，王与伯盘逐平王，平王走西申。"① 《史记·周本纪》："三年，幽王嬖爱褒姒。褒姒生子伯服，幽王欲废太子。太子母申侯女，而为后。后幽王得褒姒，爱之，欲废申后，并去太子宜臼，以褒姒为后，以伯服为太子。"② 唐司马贞《索隐》："褒，国名，夏同姓，姓姒姓。礼妇人称国及姓。其女是龙漦妖子，为人所收，褒人纳之于王，故曰褒姒。"

以上文献记载大体相同，均认为褒姒是被褒国送给周幽王，但对褒国此举目的描述却各不相同。《晋语》记载褒姒入周是幽王伐有褒的结果，而《郑语》则记载褒人褒姁有狱，为脱罪进献褒姒于周幽王。《系年》言王取褒人之女，《史记·周本纪》言幽王得褒姒，《索隐》仅言褒人纳之于王，可见《系年》《史记》并未交代清楚褒姒入周的原因。根据上述文献，褒姒入周的原因可能是：褒国国君得罪于周幽王，周幽王因此兴兵伐褒；或是周王打算出兵而未实行，褒君为免罪责进献美女。

（三）褒姒一派的政治诉求

褒姒入周之后，极得幽王宠爱，育有一子，导致嫡配申后失宠，这直接对宜臼的政治地位产生威胁。褒姒的优势来自周幽王的宠爱，《史记·周本纪》记载了周王宠爱褒姒的情况：

褒姒不好笑，幽王欲其笑万方，故不笑。幽王为烽燧大鼓，有寇至则举烽火。诸侯悉至，至而无寇，褒姒乃大笑。幽王说之，为数举烽火。其后不信，诸侯益不至。幽王以虢石父为卿，用事，国人皆怨。石父为人佞巧，善谀好利，王用之。又废申后，去太子也。申侯怒，与缯、西夷犬戎攻幽王。幽王举烽火征兵，兵莫至。遂杀幽王骊山下，取周赂而去。③

《通志》记载周王发缯裂之以取悦褒姒：

褒姒好闻裂缯之声，王发缯，裂之以适其意。④

以上两则史料经李峰先生考证，认为可信度较低。其中烽火并非西周所有，

---

①　清华大学出土文献研究与保护中心编，李学勤主编．清华大学藏战国竹简（贰）［M］．上海：中西书局，2011：138.

②　（汉）司马迁．史记［M］．北京：中华书局，1959：147.

③　（汉）司马迁．史记［M］．北京：中华书局，1959：148－149.

④　（宋）郑樵．通志·二十略［M］．北京：中华书局，1995：230－231.

裂缯之事恐与周曾讨伐缯国有密切联系。尽管如此，此两条文献记载仍保留了一定的历史素地：周幽王十分宠爱褒姒，才会有这样的故事附会流传。褒姒依仗自己的荣宠，私下与大臣虢石甫勾结，展开排挤宜臼的活动，目的自然是将伯服推上储君之位。台湾学者屈万里先生就曾将幽王的亡国归结于褒姒与皇父等大臣的勾结作恶。①

西周灭亡是否全由褒姒、皇父勾结之故尚为可商，二人结党以求立伯服则应有其事。而周幽王没有处理好各种利益关系的平衡，导致政局混乱。

保持宫廷的安定是国家政权稳固的重要因素，《易·剥卦》："贯鱼以宫人宠，无不利。"② 王弼注："贯鱼，谓此众阴也，骈头相次，似贯鱼也。"孔颖达疏："若能处待众阴，但以宫人之宠相似，宫人被宠，不害正事，则终无尤过，无所不利。"这是说处理天子后宫需要保持上下有序，势力均衡，这样才能有益于国，显然周幽王的不明智做法带来了极大的恶果。

《国语·晋语一》："周幽王伐有褒，褒人以褒姒女焉，褒姒有宠，生伯服，于是乎与虢石甫比，逐太子宜臼而立伯服。太子出奔申，申人、鄫人召西戎以伐周，周于是乎亡。"③《系年》："周幽王取妻于西申，生平王，王或取褒人之女，是褒姒，生伯盘。褒姒嬖于王，王与伯盘逐平王，平王走西申。"④ 古本《竹书纪年》："幽王八年，立褒姒之子曰伯服，为太子。"⑤ "幽王立褒姒之子伯盘，以为太子。"⑥ 在褒姒与外臣的众口铄金之下，幽王最终决定立褒姒之子为太子，废宜臼的储君之位，埋下西周灭亡的种子。

三、宜臼与申生的命运对比

事实上宜臼面临的情况与晋献公太子申生极为相似。

① 屈万里. 西周史事概述［M］//"中研院"历史语言研究所集刊：第四十二本第四分. 台北：台北印刷厂，1971：775–802.
② （清）阮元校刻. 十三经注疏·周易正义［M］. 北京：中华书局，1980：38.
③ 徐元诰. 国语集解［M］. 北京：中华书局，2002：251–250.
④ 清华大学出土文献研究与保护中心编，李学勤主编. 清华大学藏战国竹简（贰）［M］. 上海：中西书局，2011：138.
⑤ 方诗铭，王修龄. 古本竹书纪年辑证［M］. 上海：上海古籍出版社，1981：59.
⑥ 方诗铭，王修龄. 古本竹书纪年辑证［M］. 上海：上海古籍出版社，1981：59.

《国语·晋语》："献公伐骊戎，克之，灭骊子，获骊姬以归，立以为夫人，生奚齐。其娣生卓子……骊姬果作难，杀太子而逐二公子。"① 申生作为太子，有自己的支持者，而骊姬一方也有自己的派系，最终申生牺牲在激烈的政治斗争中。宜臼作为名正言顺的太子，自有一番势力，皇父可能就是代表人物。然而皇父成为斗争中的失败者，不得不离开周都。

《今本竹书纪年》："五年，皇父作都于向。"

顾炎武认为："王室方骚，人心危惧，皇父以柄国之大臣，而营邑于向，于是'三有事'之'多藏'者随之而去矣，庶民之'有车马'者随之而去矣，盖亦知西戎之已逼，而王室之将倾也。以郑桓公之贤且寄孥于虢、郐，则其时之国势可知。然不顾君臣之义而先去，以为民望，则皇父实为之首。"②

《诗经·小雅·十月之交》："皇父卿士，番维司徒。家伯维宰，仲允膳夫。……皇父孔圣，作都于向。"③《日知录》"申伯"条："申伯，宣王之元舅也。立功于周，而吉甫作《崧高》之诵。其孙女为幽王后，无罪见黜，申侯乃与犬戎攻杀幽王。乃未几而为楚所病，'戍申'之诗作焉。当宣王之世，周兴而申以强；当平王之世，周衰而申以弱；至庄王之世，而申为楚县矣。二舅之于周，功罪不同，而其所以自取如此。宋左师之告华亥曰：'女丧而宗室，于人何有？人亦于女何有？'读二诗者，岂徒论二王之得失哉！"④ 李峰先生考证宜臼也在同一年去申国避难，说明二者之间的微妙关系。《国语·晋语》借士蒍之口点明申生进退两难的困境：

士蒍出，语人曰："太子不得立矣！改其制而不患其难，轻其任而不忧其危，君有异心，又焉得立？行之克也，将以害之，若其不克，其因以罪之。虽克与否，无以避罪。与其勤而不入，不如逃之。君得其欲，太子远死，且有令名，为吴太伯，不亦可乎？"太子闻之，曰："子舆之为我谋，忠矣。然吾闻之：为人子者，患不从，不患无名；为人臣者，患不勤，不患无禄。今我不才而得

---

① 徐元诰. 国语集解［M］. 北京：中华书局，2002：254.
② 顾炎武. 日知录集释［M］. 上海：上海古籍出版社，2006：157-158.
③ （清）阮元校刻. 十三经注疏·毛诗正义［M］. 北京：中华书局，1980：446-447.
④ 顾炎武. 日知录集释［M］. 上海：上海古籍出版社，2006：164-165.

勤与从，又何求焉？焉能及吴太伯乎？"太子遂行，克霍而反，谗言弥兴。①

申生与宜臼的处境相似，结局各异，主要是二者在面对危机时选择了不同的处理方式。申生拒绝出逃，最终被敌对势力害死；宜臼在失去政治盟友的情况下选择了出奔申国暂避，创造了日后重返王位的一线生机。事实证明，申生如果选择出逃，至少可以保命，也有可能如夷吾、重耳那样在晋献公死后重返晋国。

上述论证表明，作为太子的宜臼极可能内倚皇父，外结申侯，隐然已自成势力。周幽王感到了这种压力的存在，借褒姒打压太子派，巩固自己的国君之位。

第二节　周平王流亡时期的政局

宜臼流亡申国之后，西周的政治权力格局再次发生改变。原有的政治平衡被打破，宜臼一系的势力被清除出朝廷，褒姒一派大获全胜。周人传统以嫡长子为原则，周幽王以强权确立伯服为太子，并未获得诸侯的广泛认同。《史记·秦本纪》记载了诸侯的异动："七年春，周幽王用褒姒废太子，立褒姒子为适，数欺诸侯，诸侯叛之。"② 申国是宜臼的母家，尤为不服。周幽王为平诸侯不平之意，必然会拿收留宜臼的申侯开刀。周幽王与申侯之间的战争无法避免，然针对这次战争，现存史料记载，出现几种不同的说法，令学者困惑不已。

清华简《系年》第二章："幽王起师，围平王于西申，申人弗畀。缯人乃降西戎，以攻幽王，幽王及伯盘乃灭，周乃亡。邦君诸正乃立幽王之弟余臣于虢，是携惠王。立廿又一年，晋文侯仇乃杀惠王于虢。周亡王九年，邦君诸侯焉始不朝于周，晋文侯乃逆平王于少鄂，立之于京师。三年，乃东徙，止于成周，晋人焉始启于京师，郑武公亦正东方之诸侯。"

《左传》昭公二十六年："至于幽王，天不吊周，王昏不若，用愆厥位。携

---

① 徐元诰. 国语集解 [M]. 北京：中华书局，2002：263 - 264.
② （汉）司马迁. 史记 [M]. 北京：中华书局，1959：179.

王奸命，诸侯替之，而建王嗣，用迁郏鄏。"① 孔颖达疏："《汲冢书纪年》云：平王奔西申，而立伯盘以为大子，与幽王俱死于戏。先是，申侯、鲁侯及许文公立平王于申，以本大子，故称天王。幽王既死，而虢公翰又立王子余臣于携，周二王并立。二十一年，携王为晋文公所杀。以本非適，故称携王。束皙云：案《左传》携王奸命，旧说携王为伯服，伯服古文作伯盘，非携王。伯服立为王积年，诸侯始废之而立平王。其事或当然"。

《史记·周本纪》："幽王以虢石父为卿，用事，国人皆怨。石父为人佞巧，善谀好利，王用之。又废申后，去太子也。申侯怒，与缯、西夷犬戎攻幽王。幽王举烽火征兵，兵莫至。遂杀幽王骊山下，取周赂而去。于是诸侯乃即申侯而共立故幽王太子宜臼，是为平王，以奉周祀。平王立，东迁于雒邑，避戎寇。平王之时，周室衰微，诸侯强并弱，齐、楚、秦、晋始大，政由方伯。"②

上述史料的歧义之处甚多，主要有三点，试分别展开论述。

一、战争发起者

《系年》记载在宜臼逃至申国后，幽王逼迫申侯交出宜臼，被申侯拒绝，由此兴兵伐申，说明幽王为战争发起者；《周本纪》却记载申侯联合缯、西夷、犬戎首先攻击周幽王，又以申侯为战争发起者。两种矛盾的记载应当如何处理，还需结合其他史料展开分析。据《左传》昭公二十六年《正义》引古本《纪年》，申侯、鲁侯及许文公立宜臼为天王，俨然另立一个小朝廷，很可能周幽王不能容忍这一情况出现才攻打申国。以此来看，应当以《系年》为准，即周幽王率先出兵攻打申国。

鲁之所以支持宜臼，是因为其与周王室存在矛盾，见于《史记·鲁周公世家》：

武公九年春，武公与长子括，少子戏，西朝周宣王。宣王爱戏，欲立戏为鲁太子。周之樊仲山父谏宣王曰："废长立少，不顺；不顺，必犯王命；犯王命，必诛之：故出令不可不顺也。令之不行，政之不立；行而不顺，民将弃上。

---

① （清）阮元校刻. 十三经注疏·春秋左传正义 [M]. 北京：中华书局，1980：2114.

② （汉）司马迁. 史记 [M]. 北京：中华书局，1959：149.

夫下事上，少事长，所以为顺。今天子建诸侯，立其少，是教民逆也。若鲁从之，诸侯效之，王命将有所壅；若弗从而诛之，是自诛王命也。诛之亦失，不诛亦失，王其图之。”宣王弗听，卒立戏为鲁太子。夏，武公归而卒，戏立，是为懿公。懿公九年，懿公兄括之子伯御与鲁人攻弑懿公，而立伯御为君。伯御即位十一年，周宣王伐鲁，杀其君伯御，而问鲁公子能道顺诸侯者，以为鲁後。樊穆仲曰：“鲁懿公弟称，肃恭明神，敬事耆老；赋事行刑，必问於遗训而咨於固实；不干所问，不犯所。”宣王曰：“然，能训治其民矣。”乃立称於夷宫，是为孝公。孝公二十五年，诸侯畔周，犬戎杀幽王。秦始列为诸侯。二十七年，孝公卒，子弗湟立，是为惠公。①

周王违背嫡长子继承原则，废长立幼，不仅遭到鲁国反对，还招致重臣樊仲山甫的非议。

鄫都地望，顾栋高认为在山东兖州府峄县东八十里鄫城。陈槃认为在河南，西周之末，鄫、申、西夷犬戎为一集团，攻杀幽王，此尤为鄫氏旧居不在山东之显证。唯其河南之居，或曰在缯关，或曰在郑国。②

申国与周也曾发生战争，《国语·周语》：“三十九年战于千亩，王师败绩于姜氏之戎。”《古本竹书纪年》：“三十九年，王征申戎，破之。”③ 晁福林先生认为此申戎即姜氏之戎。申戎虽然偶有战事，但基本上是友好和睦的关系。④ 按此说可商。《国语》所载三十九年王师被姜氏之戎击败，《古本竹书纪年》则记载王征申戎并击破之，姜氏之戎恐非申戎。顾颉刚先生指出，西周之申国实在西方，而封于南阳确为宣王时事。宣王之改封，则以申为西方之大国，力足以镇抚西戎，欲其换一方向而镇抚南方少数民族。然楚势已张而申为新迁之国，力不足以御，故不及百年而并于楚矣。假使不迁，则后来之秦固未必能霸西戎。⑤

---

① （汉）司马迁．史记［M］．北京：中华书局，1959：1527－1528.

② 陈槃．春秋大事表列国爵姓及存灭表譔异（三订本）［M］．上海：上海古籍出版社，2009：564－565.

③ 范祥雍．古本竹书纪年辑校订补［M］．上海：上海人民出版社，1957：32.

④ 晁福林．春秋战国社会的变迁［M］．北京：商务印书馆，2011：43.

⑤ 顾颉刚．顾颉刚读书笔记［M］．北京：中华书局，2011：112－113.

二、两王并立

周幽王时期出现二王并立的情况。《左传》昭公二十六年《正义》引古本《纪年》记载虢公拥立王子余臣为王，与申、鲁、许拥立的宜臼对立，即所谓"二王并立"。

晁福林先生指出在此之前还存在两个二王对立的局面：周幽王与天王、伯服与天王。他推断如果宜臼只是去申国避难而没有称"天王"，周幽王未必会亲率军队征讨西申。周幽王亲往西申，与宜臼的非常之举必有关系。①

李学勤先生也认为宜臼被立为天王可能是周幽王与伯盘伐申的原因，但并未得到各方面的承认，以致楚人所撰《系年》不言此事。②

按此说可从，但晁福林先生认为伯服也称王的观点则有待商榷。晁先生所据史料是束晳的判断。"束晳云：案《左传》携王奸命，旧说携王为伯服，伯服古文作伯盘，非携王。伯服立为王积年，诸侯始废之而立平王。其事或当然。"新发现的《系年》简文则不支持这一推断，指出伯服并未称王，诸侯所立者实为幽王之弟余臣。

"携王"得名的来由，据《系年》记载："邦君诸正乃立幽王之弟余臣于虢，是携惠王。立廿又一年，晋文侯仇乃杀惠王于虢。"《说文》："攜，提也。""提，挈也。"段注："挈者，悬持也。攜则相并，提则有高下，而互相训者，浑言之也。"③ 传统观点认为攜王之名来源于地名，观清华简可知此说不确，"邦君诸正乃立幽王之弟余臣于虢"说明拥立攜王的地点在虢，而非攜。攜并非地名，而是含有"并立"之意。在周幽王死后，邦君诸正立幽王之弟余臣为携惠王。但《史记·周本纪》只是记载诸侯共立故幽王太子宜臼，是为平王，以奉周祀，未涉及携王之事。因为平王获胜后东周史官所记，立场自然倾向平王，史官这样记载是为了突出平王继位的正统。

---

① 晁福林. 春秋战国的社会变迁 [M]. 北京：商务印书馆，2011：46.

② 李学勤. 由清华简《系年》论《文侯之命》[J]. 扬州大学学报（人文社会科学版），2013（2）.

③ （汉）许慎撰，（清）段玉裁注，许惟贤整理. 说文解字注 [M]. 南京：凤凰出版社，2007：1038.

"立廿又一年"是指何王，李学勤先生认为："'余臣'，简文说明是'幽王之弟'，立于虢，称'携惠王'，'立廿又一年'，被晋文侯所杀，这同《纪年》的记载一致。《纪年》的'二十一年'，也当是携王的在位年，不是晋文侯的二十一年。"① 王晖先生认为周幽王死后邦君诸正拥立幽王之弟余臣为王，此即携惠王；携惠王二十一年被晋文侯所杀，之后有周亡王九年的时期；再后才是晋文侯迎平王于少鄂，立之于京师。② 此说可从。《逸周书·谥法》："柔质慈民曰惠，爱民好与曰惠。"从谥法上讲，携惠王显然是较佳的谥号，这也暗示携惠王在西周幽王死后被大多数诸侯奉为西周正统，立廿又一年就是携惠王二十一年。

三、周亡王九年

关于"周亡王九年"，学者争议较大，就笔者所见，主要有以下两种说法。

第一，整理者认为"应指幽王灭后九年"；李学勤先生已撰文指出，"周亡王九年"不能由携王被杀算起，否则就超出晋文侯在位的下限。③

第二，王晖先生认为携惠王二十一年被晋文侯所杀，之后有周亡王九年的时期，再后才是晋文侯迎平王于少鄂，立之于京师，三年后才迁居洛邑，而平王在幽王死去的30年间并未被立为王。④ 刘国忠先生认为："周亡王九年是指晋文侯杀携惠王之后，周曾出现了长达9年的亡王状况。周幽王死后，先出现了携王政权，携王被杀9年后，宜臼才被晋文侯拥立为王，当时可能并未出现二王并立的情况。"⑤

以上两种看法都有合理之处，孰是孰非暂时恐难骤下断语，还有待更多的出土资料的出现以资讨论。

---

① 李学勤. 清华简《系年》及有关古史问题［J］. 文物，2011（6）.

② 王晖. 春秋早期周王室王位世系变局考异——兼说清华简《系年》"周无王九年"［J］. 人文杂志，2013（5）.

③ 李学勤. 由清华简《系年》论《文侯之命》［J］. 扬州大学学报（人文社会科学版），2013（2）.

④ 王晖. 春秋早期周王室王位世系变局考异——兼说清华简《系年》"周无王九年"［J］. 人文杂志，2013（5）.

⑤ 刘国忠. 从清华简《系年》看周平王东迁的相关史实［M］//陈致主编. 简帛·经典·古史. 上海：上海古籍出版社，2013：173 – 179.

第三节　周平王东迁后的政局

通过上述分析，宜臼在与周幽王对峙的过程中失去较多诸侯的支持，导致申侯所立之天王无法得到公认。周幽王虽因废长立庶不得人心，但宜臼公然与父对抗，也同样无法得到认同。因此周幽王死后，以虢公为首的朝臣立王子余臣为王，并不承认天王的称号。大儒顾炎武《日知录》"文侯之命"条指出：

《文侯之命》报其立己之功，而望之以杀携王之效也。郑公子兰之从晋文公而东也，请无与围郑，晋人许之。今平王既立于申，自申迁于洛邑，而复使周人为之戍申，则申侯之伐，幽王之弑，不可谓非出于平王之志者矣。当日诸侯但知其冢嗣当立，而不察其与闻乎弑为可诛。虢公之立王子余臣，或有见乎此也。自文侯用师，替携王以除其逼，而平王之位定矣。后人徒以成败论，而不察其故，遂谓平王能继文武之绪，而惜其弃岐丰七百里之地，岂为能得当日之情者哉！孔子生于二百年以后，盖有所不忍言，而录《文侯之命》于《书》，录《扬之水》之篇于《诗》，其旨微矣。《传》言平王东迁，盖周之臣子美其名尔。综其实不然。凡言迁者，自彼而之此之辞，盘庚迁于殷是也。幽王之亡宗庙社稷，以及典章文物，荡然皆尽，镐京之地已为戎狄之居；平王乃自申东保于雒，天子之国与诸侯无异，而又有携王与之颉颃，并为人主者二十年，其得存周之祀幸矣，而望其中兴哉！①

此论甚精。顾炎武看到了周平王有默许申侯弑君的嫌疑，致使平王在道义上有所失分。王子余臣的政权只要存在，周平王就无法安枕无忧。不过随着晋文侯与郑武公的加入，宜臼政权得以维持不倒。二十一年，携王被晋文侯所杀，从此为平王彻底扫除政敌。宜臼在这场政治博弈中选择了晋、郑两个实力较强的诸侯，取得了最后的胜利，但也留下了晋、郑乘机发展国力的隐患。晋姜鼎铭文记载：

唯王九月乙亥，晋姜曰：余唯嗣朕先姞君晋邦，余不暇荒宁，经雍明德，

---

① 顾炎武. 日知录集释 [M]. 上海：上海古籍出版社，2006：109－110.

先郴我猷，用召匹辟辟，敏扬厥光烈，虔不坠。鲁覃京师，辟（乂）我万民。嘉遣我，锡卤积千两，勿废文侯显命。"（《集成》2826）

"鲁"即休美，覃，延也，言休美及于京师。①李学勤先生指出"京师"暗指周王，休美及于京师，使万民得以乂安，说的正是定天子之事。②可知晋文侯的后人仍以拥立平王为荣宠。

《书·文侯之命》详载周王对晋侯的感激之情：

王若曰："父义和，丕显文、武，克慎明德，昭升于上，敷闻在下。惟时上帝，集厥命于文王。亦惟先正，克左右昭事厥辟，越小大谋猷罔不率从。肆先祖怀在位。呜呼！闵予小子嗣，造天丕愆，殄资泽于下民，侵戎我国家纯，即我御事，罔或耆寿俊在厥服，予则罔克。曰惟祖惟父，其伊恤朕躬。呜呼！有绩予一人永绥在位。父义和，汝克绍乃显祖，汝肇刑文、武，用会绍乃辟，追孝于前文人。汝多修，扞我于艰，若汝予嘉。"王曰："父义和，其归视尔师，宁尔邦。用赉尔秬鬯一卣，彤弓一，彤矢百，卢弓一，卢矢百，马四匹，父往哉！柔远能迩，惠康小民，无荒宁，简恤尔都，用成尔显德。"③

李学勤先生指出"闵予小子嗣，造天丕愆，殄资泽于下民，侵戎我国家纯"与"曰惟祖惟父，其伊恤朕躬。呜呼！有绩予一人永绥在位"均显示王位已定的口气，足知其时携王已死，二王并立的局面结束之后，平王才有可能重赐晋文侯，命他归还晋国。④不过由于镐京被战争摧残较为严重，另外还存在携王的派系实力，所以在东迁之后平王并未回旧都镐京。顾炎武认为：

吾读《竹书纪年》而知周之世有戎祸也，盖始于穆王之征犬戎。六师西指，无不率服，于是迁戎于太原。以黩武之兵而为徙戎之事。懿、孝之世，戎车屡征。至夷王七年，虢公率师伐太原之戎，至于俞泉，获马千匹。则是昔日所内徙者，今为寇而征之也。宣王之世，虽号中兴，三十三年，王师伐太原之戎，

---

① 于省吾. 双剑誃吉金文选［M］. 北京：中华书局，2009：149－150.
② 李学勤. 由清华简《系年》论《文侯之命》［J］. 扬州大学学报（人文社会科学版），2013（2）.
③ （清）阮元校刻. 十三经注疏·尚书正义［J］. 北京：中华书局，1980：253－254.
④ 李学勤. 由清华简《系年》论《文侯之命》［J］. 扬州大学学报（人文社会科学版），2013（2）.

不克；三十八年，伐条戎、奔戎，王师败逋；三十九年，伐羌戎，战于千亩，王师败逋；四十年，料民于太原，其与后汉西羌之叛大略相似。幽王六年，命伯士帅师伐六济之戎，王师败逋。于是关中之地，戎得以整居其间，而陕东之申侯，至与之结盟而入寇。盖宣王之世，其患如汉之安帝也；幽王之世，其患如晋之怀帝也。戎之所由来，非一日之故，而三川之震，'檿弧'之谣，皆适会其时者也。然则宣王之功，计亦不过唐之宣宗，而周人之美宣，亦犹鲁人之颂僖也，事劣而文侈矣。书不尽言，是以论其世也。如毛公者，岂非独见其情于意言之表者哉！①

顾炎武将西周灭亡归于无法消除的戎祸。自周穆王征犬戎无功而返之后，戎祸就始终伴随着西周王朝。王室的实力不断下降，虽有周宣王的号称中兴，但也仅是昙花一现，无法挽救西周衰微的命运。况且宣王亦有丧南国之师、千亩之败，长时间的战争状态也使得镐京的经济发展受到影响。顾栋高指出：

东迁后，王畿疆域尚有今河南、怀庆二府之地，兼得汝州，跨河南北。有虢国桃林之隘，以呼吸西京；有申、吕、南阳之地，以控扼南服。又名山大泽不以封，虎牢、崤、函俱在王略。襟山带河，晋、郑夹辅，光武创业之规模不是过也。平、桓、庄、惠相继百年，号令不行，诸侯攘窃，王不能张皇六师。更复披析其地以为赏功，酒泉赐虢，虎牢赐郑。至允姓之戎入居伊川，异类逼处，莫可谁何。晋灭虢而镐京之消息中断，楚灭申而南国之窥伺方振。至温、原苏忿生之田与郑，复以赐晋，则举大河以北委而弃之。于是怀庆所属七县，原武属郑，济源、修武、孟县、温县属晋。王所有者河内、武陟二县，及河南府之洛阳、偃师、巩县、嵩、登封、新安、宜阳、孟津八县，汝州之伊阳、鲁山，济州府之临颍县，与郑接壤而已。②

顾栋高批评周平王东迁之后仍拥有较广阔的领地，然而周王室没有抓住机会重振旗鼓，反而分其地以作为赏赐之资，导致王畿之地缩小，经济实力随之下降，军事不振，已经奠定东周衰落的基础。

---

① 顾炎武. 日知录集释. 上海：上海古籍出版社，2006：155－156.
② 顾栋高辑. 春秋大事表［M］. 北京：中华书局，1993：501.

第四节　小结

　　西周末期国势倾颓，周幽王因宠褒姒谋求废除平王的太子之位，然宜臼内得皇父之助，外有申、缯、西戎之援，遂致政治斗争白热化。随着皇父失势，太子投奔申侯，另立小政权，致使幽王兴兵伐申，反被申侯攻杀。以虢公为首的天子派并不承认周平王的正统地位，另立携王余臣。平王为与携王争夺王位，依靠申、晋、郑等诸侯支持，最终迁东都、杀携王，获得这场政治斗争的最终胜利。因平王得国不正，不得不对诸侯多加倚重，又自弃镐京王畿之地，终致东周不振之势。

第二章

清华简《系年》与晋国霸业史事考

清华简《系年》的体裁类似《竹书纪年》，是一部记载上起西周之初，下到战国前期的史书。其中涉及厉王与国人暴动、周之东迁、三监之乱、卫的分封、息楚蔡之争、晋国内乱、城濮之战等重要史事，多可与传世文献如《左传》《国语》《史记》对读，补证了传世文献的缺失。本章以《系年》所涉及的春秋晋国部分为研究对象，探索晋国争霸过程中的若干史事，以求更加清晰地理清晋国在春秋时期的发展轨迹。

第一节　清华简《系年》与晋文公史事

晋献公末期，一场骊姬之乱导致晋国陷入长时间的政治动乱。清华简《系年》第六章就提及晋国献公末期史事，与传世文献记载多不相同，值得关注。虽有学者已经展开研究，如《重耳流亡路线考》①等，但只是讨论了重耳流亡路线问题，并未对晋国政治斗争等其他方面的内容展开讨论。总体而言，学者对此章关注不够，其价值有待进一步挖掘。先以通行字体将相关简文照录于下：

晋献公之婢妾曰骊姬，欲其子奚齐之为君也，乃谮大子共君而杀之，或谮惠公及文公。文公奔狄，惠公奔于梁。献公卒，乃立奚齐。其大夫里之克乃杀奚齐，而立其弟悼子，里之克又杀悼子。秦穆公乃内惠公于晋，惠公赂秦公曰："我后果入，使君涉河，至于梁城。"惠公既入，乃背秦公弗予。立六年，秦公

---

① 刘丽. 重耳流亡路线考 [J]. 深圳大学学报（人文社会科学版），2012（2）.

率师与惠公战于韩，止惠公以归。惠公焉以其子怀公为质于秦，秦穆公以其子妻之。文公十又二年居狄，狄甚善之，而弗能入；乃适齐，齐人善之；适宋，宋人善之，亦莫之能入；乃适卫，卫人弗善；适郑，郑人弗善；乃适楚。怀公自秦逃归，秦穆公乃召文公于楚，使袭怀公之室。晋惠公卒，怀公即位。秦人起师以内文公于晋。晋人杀怀公而立文公，秦晋焉始会好，戮力同心。二邦伐郜，徙之中城，围商密，止申公子仪以归。①

笔者拟就围绕晋献公末年的政治斗争，通过考察骊姬的身份、重耳与夷吾的选择、里克的政治角色三个方面，比较《系年》与相关传世文献记载的异同，从而展示晋国争霸前国内政治格局的变迁。

一、骊姬身份辨

晋献公时期，骊姬深得晋君的宠爱，是一位对晋国政局有重要影响的人物。由于骊姬干政，直接导致太子申生自杀，重耳、夷吾出奔。然而对于这样一个对晋国历史有过深刻影响的女性人物，她的身上还有两个未解的谜团：骊姬是否被封为晋献公的夫人以及封为夫人的时间，骊姬是否被立为夫人？史料中存在不同看法，具体如下。

记载骊姬确被立为夫人的史料有：

《国语·晋语一》："献公卜伐骊戎，史苏占之，……公弗听，遂伐骊戎，克之。获骊姬以归，有宠，立以为夫人。"② "献公伐骊戎，克之，灭骊子，获骊姬以归，立以为夫人，生奚齐。其娣生卓子。骊姬请使申生主曲沃以速悬，重耳处蒲城，夷吾处屈，奚齐处绛，以儆无辱之故，公许之。"③ "郭偃曰：'夫三季王之亡也宜。……吾观君夫人也，若为乱，其犹隶农也。……为人而已。'"④ "史苏朝，告大夫曰：'二三大夫其戒之乎，乱本生矣！日，君以骊姬为夫人，

---

① 清华大学出土文献研究与保护中心编，李学勤主编. 清华大学藏战国竹简（贰）[M]. 上海：中西书局，2011：150.
② 徐元诰. 国语集解 [M]. 北京：中华书局，2002：249.
③ 徐元诰. 国语集解 [M]. 北京：中华书局，2002：254.
④ 徐元诰. 国语集解 [M]. 北京：中华书局，2002：253–254.

民之疾心固皆至矣。'"① "优施曰：'其母为夫人，其子为君，可不谓苑乎？其母既死，其子又有谤，可不谓枯乎？枯且有伤。'"②

《左传》僖公四年："初，晋献公欲以骊姬为夫人，卜之，不吉；筮之，吉。公曰：'从筮。'……立之。生奚齐，其娣生卓子。"③

以上几条史料明确指出晋献公立骊姬为夫人，此举不仅有违占卜，还招致了大臣反对，然而晋献公固执己见，最终达成所愿。骊姬生子后，怂恿晋献公将申生、重耳、夷吾三位公子封在外地，把自己的儿子留在都城，此举已经埋下动乱的祸根。史苏、郭偃、优施均言骊姬为夫人，可证晋献公立骊姬为夫人一事当无可疑。

《系年》第六章："晋献公之婢妾曰骊姬，欲其子奚齐之为君也，乃谗太子共君而杀之，或谗惠公及文公。"④ 清华简的记载显示骊姬为婢妾，与《国语》和《左传》不相同。

《左传》庄公二十八年："晋献公娶于贾，无子。烝于齐姜，生秦穆夫人及大子申生。又娶二女于戎，大戎狐姬生重耳，小戎子生夷吾。晋伐骊戎，骊戎男女以骊姬。归，生奚齐，其娣生卓子。"⑤

《史记·晋世家》："（献公）五年，伐骊戎，得骊姬、骊姬弟，俱幸爱之……十二年，骊姬生奚齐。献公有意废太子……于是使太子申生居曲沃，公子重耳居蒲，公子夷吾居屈。献公与骊姬子奚齐居绛。晋国以此知太子不立也。"⑥

上述史料虽未明确指出骊姬是否被立为夫人，但也可反映晋献公对骊姬十分宠爱的史实。

综合对比三种看法，当以第一种更为合乎情理。以当时的情景而论，晋献公对骊姬宠爱有加，骊姬产子，有助于提高其地位。骊姬为立奚齐为太子，首

---

① 徐元诰. 国语集解 [M]. 北京：中华书局，2002：255.
② 徐元诰. 国语集解 [M]. 北京：中华书局，2002：276.
③ 杨伯峻. 春秋左传注 [M]. 北京：中华书局，1990：295－296.
④ 清华大学出土文献研究与保护中心编，李学勤主编. 清华大学藏战国竹简（贰）[M].
　上海：中西书局，2011：150.
⑤ 杨伯峻. 春秋左传注 [M]. 北京：中华书局，1990：238－239.
⑥ （汉）司马迁. 史记 [M]. 北京：中华书局，1959：1640－1641.

先要加强自己的地位，正所谓子以母贵，如果自己得以成为夫人，奚齐以嫡子的身份具备法统之优势，继承晋国君位顺理成章。奚齐后来之所以能得到大夫荀息等人的支持，与此大有关联。白国红先生依据申生称呼骊姬为"姬氏"从而判断骊姬拥有晋献公嫡配的身份①，此说可从。骊姬确曾被立为夫人，从文献记载来看可以成立。清华简称其为婢妾，可能是作者对骊姬的贬称。

骊姬何时被立为夫人史无明载。《左传》僖公四年记载显示骊姬先被立为夫人而后生奚齐。《国语·晋语》的两处记载前后矛盾：一处记载与此相同；② 另一处则记载立骊姬为夫人的时间在伐狄回国后即已实施。③ 两种说法看似有差异，实则并不矛盾。骊姬立为夫人的时间当在晋献公伐狄回国后不久，奚齐出生之前。

二、重耳、夷吾选择得失论

申生自杀之后，骊姬不遗余力地鼓动晋献公铲除重耳、夷吾两位公子，面临紧张的政治局势，重耳、夷吾被迫踏上逃亡之旅。晋献公死后，国内发生政治动乱，里克杀死奚齐、卓子，欲迎立新君。清华简《系年》第六章："献公卒，乃立奚齐。其大夫里之克乃杀奚齐，而立其弟悼子，里之克又杀悼子。"④此时重耳与夷吾是呼声较高的继承人。里克倾向拥立重耳为君，但一些难以预知的主客观因素导致夷吾最终胜出，其中缘由值得深究。通过分析两个阵营的策略便可一窥端倪。

（一）重耳阵营的策略

晋献公死后，为争夺君位，各方势力展开激烈角逐。随着奚齐、卓子两位新君的被杀，晋国内部支持重耳、夷吾的势力居多，倾向于从逃亡在外的两位流亡公子中选择继承人。以继承资格而论，重耳显然占据一定优势，这不仅因为他是夷吾之兄，还在于其得到实权人物里克的支持。里克本属申生阵营，随

---

① 白国红. 春秋晋国赵氏研究 [M]. 北京：中华书局，2007：89.

② 徐元诰. 国语集解 [M]. 北京：中华书局，2002：254.

③ 徐元诰. 国语集解 [M]. 北京：中华书局，2002：249.

④ 清华大学出土文献研究与保护中心编，李学勤主编. 清华大学藏战国竹简（贰）[M]. 上海：中西书局，2011：150.

着申生的自杀，才倒向重耳，这也是申生遗留下的势力始终支持里克的一个原因。不过里克并非重耳的嫡派势力，同时重耳阵营也并未将其视作可信赖的政治伙伴，对里克的政治立场持怀疑态度，这从狐偃的谏言亦可看出端倪。《国语·晋语二》：

> 里克及丕郑使屠岸夷告公子重耳于狄，……重耳告舅犯曰："里克欲纳我。"舅犯曰："不可。夫坚树在始，始不固本，终必槁落。夫长国者，唯知哀乐喜怒之节，是以导民。不哀丧而求国，难。因乱以入，殆。以丧得国，则必乐丧，乐丧必哀生。因乱以入，则必喜乱，喜乱必怠德。是哀乐喜怒之节易也，何以导民？民不我导，谁长？"重耳曰："非丧谁代？非乱谁纳我？"舅犯曰："偃也闻之，丧乱有小大。大丧大乱之剡也，不可犯也。父母死为大丧，谗在兄弟为大乱。今适当之，是故难。"公子重耳出见使者，曰："子惠顾亡人，重耳父生不得供备洒扫之臣，死又不敢莅丧以重其罪，且辱大夫，敢辞。夫固国者，在亲众而善邻，在因民而顺之。苟众所利，邻国所立，大夫其从之。重耳不敢违。"①

这段记载可以证明：重耳欲借机回国为君，只是受到狐偃的劝阻才作罢。首先其心腹谋臣舅犯（狐偃）不支持重耳选择这一时机回国，所提理由可以概括为三点：其一，根基不牢；其二，不得民众拥护，难以持久；其三，回国时机不成熟。实质是狐偃认为重耳在晋国的根基未牢，缺乏足够制衡国内各种势力的力量。只不过狐偃用一番仁义道德的说教将其真意隐藏，重耳显然明白其用意，这才接受了狐偃之建议。

狐偃对于重耳最终返晋为君、称霸中原起着至关重要的作用。如《子犯编钟》铭文记载：

> 惟王五月初吉丁未，子犯佑晋公左右，来复其邦。诸楚荆不听命于王所，子犯及晋公率西之六师搏伐楚荆，孔休。大攻楚荆，丧厥师，灭厥夫。子犯佑晋公左右，燮诸侯，得朝王，克奠王位。王锡子犯辂车、四马、衣、裳、带、韍市、佩。诸侯羞元金于子犯之所，用为和钟九堵。孔淑且硕，乃和且鸣。用宴用宁，用享用孝。用祈眉寿，万年无疆。子子孙孙，永宝用乐。"（《近出殷周

---

① 徐元诰. 国语集解 [M]. 北京：中华书局，2002：292 – 293.

金文集录》10—18）

该编钟一套八枚，全铭一百三十字，又重文二字，现藏中国台北"故宫博物院"。铭文记述子犯帮助晋公率西六师讨伐楚荆，大获全胜。子犯帮助晋公朝王，定王位。子犯因大功获得王的赏赐。已有学者指出子犯就是春秋晋国的狐偃。① 这与传世文献中狐偃佐助晋文公称霸的事迹一致。《左传》僖公二十七年：

晋侯始入而教其民，二年，欲用之。子犯曰："民未知义，未安其居。"于是乎出定襄王，入务利民，民怀生矣。将用之。子犯曰："民未知信，未宣其用。"于是乎伐原以示之信。民易资者，不求丰焉，明征其辞。公曰："可矣乎？"子犯曰："民未知礼，未生其共。"于是乎大蒐以示之礼，作执秩以正其官。民听不惑，而后用之。出谷戍，释宋围，一战而霸，文之教也。②

可知狐偃又称子犯，是重耳的重要谋主，深得重耳信任。在狐偃的帮助下，晋文公先后采取措施，教民知义、信、礼，整顿了晋国内政、军事，从而达到了一战而霸的结果。狐偃在重耳阵营的地位崇高，其意见对重耳的政治决策有重大影响。

秦、晋相邻，秦穆公也想趁此机会扶植一个亲秦的晋君，以利于中原称霸的雄图伟业，于是派出使者分别试探重耳、夷吾两个集团的态度。

重耳阵营依然老成持重，未给予秦使公子絷积极的回应。

《国语·晋语二》："乃使公子絷吊公子重耳于狄，……重耳告舅犯。舅犯曰：'不可。亡人无亲，信仁以为亲，是故置之者不殆。父死在堂而求利，人孰仁我？人实有之，我以侥幸，人孰信我？不仁不信，将何以长利？'公子重耳出见使者，曰：'君惠吊亡臣，又重有命。重耳身亡，父死不得与于哭泣之位，又何敢有他志，以辱君义？'再拜不稽首，起而哭，退而不私。"③ 面对这次机会，狐偃再次劝重耳以不合仁信的理由拒绝秦使。

（二）夷吾阵营的策略

---

① 张光远. 故宫新藏春秋晋文称霸"子犯和钟"初释［M］. 故宫文物月刊，1995（145）；冯时. 春秋子犯编钟纪年研究—晋重耳归国考［J］. 文物季刊，1997（4）.
② 杨伯峻. 春秋左传注［M］. 北京：中华书局，1990：447.
③ 徐元诰. 国语集解［M］. 北京：中华书局，2002：294—295.

夷吾阵营显得十分活跃，纷纷支持夷吾回国继位。早在夷吾从晋国出逃之时，其智囊团便已告诫夷吾时刻准备回国夺位，以重耳为假想敌。其智囊团成员以郤芮、吕甥为代表。

郤芮的父亲郤叔虎在晋献公时期就不受重用，见《国语·晋语一》：

献公田，见翟柤之氛，归寝不寐。郤叔虎朝，公语之。对曰："床笫之不安邪？抑骊姬之不存侧邪？"公辞焉。出遇士蒍，曰："今夕君寝不寐，必为翟柤也。夫翟柤之君，好专利而不忌，其臣竞谄以求媚，其进者壅塞，其退者拒违。其上贪以忍，其下偷以幸，有纵君而无谏臣，有冒上而无忠下。君臣上下，各餍其私，以纵其回，民各有心，而无所据依，以是处国，不亦难乎！君若伐之，可克也。吾不言，子必言之。"蒍以告，公悦，乃伐翟柤。郤叔虎将乘城，其徒曰："弃政而役，非其任也。"郤叔虎曰："既无老谋，而又无壮事，何以事君？"被羽先升，遂克之。①

韦昭注："语以寝不寐也。郤叔虎，晋大夫，郤芮之父郤豹也。"献公只告诉郤叔虎自己不寐的情况，却在面对叔虎的询问时隐藏了不寐的原因。郤叔虎已经猜出原因，却未点破，离开之后遇见士蒍，借士蒍之口转告晋献公讨伐翟柤的对策。

士蒍是晋献公的重要谋臣，对晋献公的巩固政权有不可替代的作用。《左传》庄公二十三年："晋桓、庄之族偪，献公患之。士蒍曰：'去富子，则群公子可谋也已。'公曰：'尔试其事。'士蒍与群公子谋，谮富子而去之。"②《左传》庄公二十四年："晋士蒍又与群公子谋，使杀游氏之二子。士蒍告晋侯曰：'可矣。不过二年，晋必无患。'"③《左传》庄公二十五年："晋士蒍使群公子尽杀游氏之族，乃城聚而处之。冬，晋侯围陈，尽杀群公子。"④《左传》庄公二十六年："二十六年春，晋士蒍为大司空。夏，士蒍城绛，以深其宫。"⑤ 数年之间，士蒍为晋献公除去棘手的桓、庄之族，因功升任大司空。郤叔虎的建

---

① 徐元诰. 国语集解 [M]. 北京：中华书局，2002：258－259.
② 杨伯峻. 春秋左传注 [M]. 北京：中华书局，1990：226－227.
③ 杨伯峻. 春秋左传注 [M]. 北京：中华书局，1990：230.
④ 杨伯峻. 春秋左传注 [M]. 北京：中华书局，1990：232.
⑤ 杨伯峻. 春秋左传注 [M]. 北京：中华书局，1990：234.

议由士蒍转达，可见士蒍更得国君信任。郤叔虎在攻打翟柤的战役中坚持亲临前线，也是为其家族赢得政治地位。

　　结合士蒍曾为献公出谋划策消灭群公子势力的事迹以及后来郤叔虎之子郤芮支持公子夷吾的情况来看，郤氏在晋献公时期是不受重用的。因此郤芮选择支持夷吾而非忠于献公所中意的奚齐、卓子。

　　里克弑君之后，支持夷吾的大臣以吕甥及郤称为首，积极动员夷吾乘乱返国。《国语·晋语》：

　　吕甥及郤称亦使蒲城午告公子夷吾于梁，曰："子厚赂秦人以求入，吾主子。"夷吾告冀芮曰："吕甥欲纳我。"冀芮曰："子勉之。国乱民扰，大夫无常，不可失也。非乱何入？非危何安？幸苟君之，子唯其索之也。方乱以扰，孰适御我？大夫无常，苟众所置，孰能勿从？子盍尽国以赂外内，无爱虚以求入？既入而后图聚。"公子夷吾出见使者，再拜稽首许诺。吕甥出告大夫曰："君死自立则不敢，久则恐诸侯之谋径召君于外也，则民各有心，恐厚乱，盍请君于秦乎？"大夫许诺。乃使梁由靡告于秦穆公曰："天降祸于晋国，……终君之重爱，受君之重赈，而群臣受其大德，晋国其谁非君之群隶臣也？"①

　　《左传》僖公九年：

　　九月晋献公卒。里克、丕郑欲纳文公，故以三公子之徒作乱。……晋郤芮使夷吾重赂秦以求入，曰："人实有国，我何爱焉？入而能民，土于何有？"②

　　这段记载可以证明夷吾有很强的回国为君的欲望，其智囊冀芮、吕甥力劝夷吾回国，所持的理由是：一是时机难得；二是国内政局混乱、急需安定；三是各派势力的平衡被打破，可乘机笼络，同时取得秦国支持。需要注意的是梁由靡显然是夷吾的党羽，此人曾随里克共同败狄于采桑，有一定的军事背景。第一轮交锋之后，可以说重耳方面选择了战略性退却，以退为进，静观待变。而夷吾阵营则积极主动，暂时占据上风。

　　秦穆公的使者试探夷吾集团的态度。相比而言，夷吾阵营的对策积极而富有针对性。《系年》记载："秦穆公乃内惠公于晋，惠公赂秦公曰：'我后果入，

---

① 徐元诰. 国语集解 ［M］. 北京：中华书局，2002：293.
② 杨伯峻. 春秋左传注 ［M］. 北京：中华书局，1990：330.

使君涉河，至于梁城。'"①《国语·晋语》：

公子縶退，吊公子夷吾于梁，如吊公子重耳之命。夷吾告冀芮曰："秦人勤我矣。"冀芮曰："公子勉之。亡人无狷洁，狷洁不行。重略配德，公子尽之，无爱财。人实有之，我以侥幸，不亦可乎？"公子夷吾出见使者，再拜稽首，起而不哭，退而私于公子縶曰："中大夫里克与我矣，吾命之以汾阳之田百万。丕郑与我矣，吾命之以负蔡之田七十万。君苟辅我，蔑天命矣，吾必遂矣！亡人苟入，扫宗庙，定社稷，亡人何国之与有，君实有郡县，且入河外列城五。岂谓君无有，亦为君之东游津梁之上，无有难急也。亡人之所怀挟缨缠以望君之尘垢者，黄金四十镒，白玉之珩六双，不敢当公子，请纳之左右。"②

《史记·晋世家》：

"夷吾欲往，吕省、郤芮曰：'内犹有公子可立者而外求，难信。计非之秦，辅强国之威以入，恐危。'乃使郤芮厚略秦，约曰：'即得入，请以晋河西之地与秦。'及遗里克书曰：'诚得立，请遂封子於汾阳之邑。'秦缪公乃发兵送夷吾于晋。"③

夷吾首先向秦国使者展示自己在国内已获得实力派人物里克、丕郑支持，然后许诺向秦国割地，最后向使者奉送黄金四十镒，白玉之珩六双。

《国语·晋语二》：

穆公问冀芮曰："公子谁恃于晋？"对曰："臣闻之，亡人无党，有党必有雠。夷吾之少也，不好弄戏，不过所复，怒不及色，及其长也弗改。故出亡无恶于国，而众安之。不然，夷吾不佞，其谁能恃乎？"君子曰："善以微劝。"④

秦穆公询问夷吾的谋臣冀芮夷吾的情况，冀芮表示夷吾为人忠厚，不与人结怨，在晋国内部没有党羽，惟有依靠秦国的支持。冀芮巧妙的回答暗示了夷吾回国有益于秦国的利益，坚定了秦穆公立夷吾为君的念头。第二轮交锋之后，重耳集团采取持重谨慎的政治对策，夷吾依靠权变与实用的对策成功取得秦国

---

① 清华大学出土文献研究与保护中心编，李学勤主编. 清华大学藏战国竹简（贰）[M]. 上海：中西书局，2011：150.
② 徐元诰. 国语集解 [M]. 北京：中华书局，2002：295 - 296.
③ （汉）司马迁. 史记 [M]. 北京：中华书局，1959：1650.
④ 徐元诰. 国语集解 [M]. 北京：中华书局，2002：297.

的支持，回国为君已成定局。

（三）双方选择的得失

从双方的表现可以看出，夷吾集团显然在应对危机方面处理得更为出色，智囊团的未雨绸缪，夷吾的言听计从，主臣配合默契，终于执掌晋国大权。

《国语·晋语二》："公子夷吾亦出奔，曰：'盍从吾兄窜于狄乎？'冀芮曰：'不可。后出同走，不免于罪。且夫偕出偕入难，聚居异情恶，不若走梁。梁近于秦，秦亲吾君，吾君老矣，子往，骊姬惧，必援于秦。以吾存也，且必告悔，是吾免也。'乃遂之梁。居二年，骊姬使奄楚以环释言。四年，复为君。"①

清华简《系年》第六章："或谗惠公及文公。文公奔狄，惠公奔于梁。"②

《史记·晋世家》："二十三年，献公遂发贾华等伐屈，屈溃。夷吾将奔翟。冀芮曰：'不可，重耳已在矣，今往，晋必移兵伐翟，翟畏晋，祸且及。不如走梁，梁近于秦，秦强，吾君百岁后可以求入焉。'遂奔梁。"③

晋献公在骊姬的鼓动之下派兵伐夷吾的封地屈，夷吾被迫出逃。在选择避难地点时，夷吾倾向去翟与重耳会合，冀芮明确指出翟不是好的避难所，况且重耳已获翟人支持，夷吾再去投奔不利于日后的政治发展。梁国靠近秦国，易获秦的支持，为日后君临晋国能够提供更好的准备条件，最终夷吾回国为君证明冀芮的意见是正确的。重耳集团在确立逃亡落脚点的时候棋输一着，《国语·晋语》：

二十二年，公子重耳出亡，及柏谷，卜适齐、楚。狐偃曰："无卜焉。夫齐、楚道远而望大，不可以困往。道远难通，望大难走，困往多悔。困且多悔，不可以走望。若以偃之虑，其狄乎！夫狄近晋而不通，愚陋而多怨，走之易达。不通可以窜恶，多怨可与共忧。今若休忧于狄，以观晋国，且以监诸侯之为，其无不成。"乃遂之狄。④

狐偃认为齐国、楚国均不可恃，逃至狄可以徐图再举。谏言体现狐偃是一

---

① 徐元诰. 国语集解［M］. 北京：中华书局，2002：282－283.
② 清华大学出土文献研究与保护中心编，李学勤主编. 清华大学藏战国竹简（贰）［M］. 上海：中西书局，2011：150.
③ （汉）司马迁. 史记［M］. 北京：中华书局，1959：1648.
④ 徐元诰. 国语集解［M］. 北京：中华书局，2002：281－282.

个求稳的人。相比之下，夷吾集团更加务实，后来夷吾不仅回国成为晋惠公，实现了君临晋国的理想，而且顺利除去里丕之党，巩固了自己的统治。

历史证明局势并非像狐偃所预料的那样糟糕，借国君新丧，辅以秦国的支援，趁乱回国是一个可行的政治策略。事实上重耳后来成功返国也是遵循这一政治模式，可见夷吾的智囊团在这一历史时刻着实做出了更加正确的选择。清华简《系年》第六章："怀公自秦逃归，秦穆公乃召文公于楚，使袭怀公之室。晋惠公卒，怀公即位。秦人起师以内文公于晋。"① 当机会再次出现，狐偃劝重耳纳怀嬴为妻，唯秦所命，与其之前论调不同，可以说是吸取了前次贻误时机的教训。《国语·晋语四》："公谓子犯曰：'何如？'对曰：'将夺其国，何有于妻！唯秦所命从也。'"韦昭注："初，奚齐、卓子死，秦伯欲纳重耳，子犯难之，以为不可。今更言此者，子圉无道，害重耳，使狐突召子犯及其兄毛，突不召而杀之，故重耳、子犯皆怨之。"② 韦昭看到了狐偃两次言行的不同，但认为狐偃劝重耳纳怀嬴的原因是报杀父之仇，此说可商。狐偃是重耳的重要谋臣，他为重耳出谋划策时首先要以重耳的切身利益为出发点。迎娶怀嬴是重耳取得秦援的主要手段，对于重耳回国意义重大。若说狐偃只因杀父之仇向重耳建言，未免流于表象。重耳也为此付出代价：晋惠公回国后，开始对重耳进行迫害，先除去支持重耳的里克、丕郑势力，然后迫使重耳继续在列国流亡。

清人顾栋高在《晋公子重耳适诸国论》一文中指出：

向尝疑重耳游历遍天下，而其返国也卒由秦。则当其处狄十二年而行也，何不径秦以求入，而必过卫适齐。及其之郑也，有何不入秦而必迂道之楚，楚为蛮夷之国，重耳岂不知其不可倚仗。而当日之所以为此者，盖其事势实有所万不得已也。夫重耳有贤名，且多得士，夷吾以弟越次而代立，其君臣之欲甘心于重耳非一日矣。此时为重耳者，藏形匿影，侧足无所，幸有齐、狄、秦、楚诸大国，其力足以与晋相抗，得庇护公子。余如郑、卫诸小邦，则晋令朝下，而夕且执公子而献于晋耳。……逮观寺人披为惠公求杀重耳，与怀公以狐毛、

① 清华大学出土文献研究与保护中心编，李学勤主编．清华大学藏战国竹简（贰）［M］．上海：中西书局，2011：150.

② 徐元诰．国语集解［M］．北京：中华书局，2002：338.

狐偃故而杀狐突，而当日之故始瞭然矣。①

顾栋高提出重耳为何没有直接去秦国寻求援助的问题，但他认为重耳周游列国是在躲避晋惠公的迫害。其实重耳自出逃之时，其智囊的代表人物狐偃就明确提出他日回国为君的政治意图，周游列国也是在不断寻找可以依凭的外部力量。

《左传》僖公二十三年：

九月，晋惠公卒。怀公命无从亡人，期，期而不至，无赦。狐突之子毛及偃从重耳在秦，弗召。冬，怀公执狐突，曰："子来则免。"对曰："子之能仕，父教之忠，古之制也。策名、委质，贰乃辟也。今臣之子，名在重耳，有年数矣。若又召之，教之贰也。父教子贰，何以事君？刑之不滥，君之明也，臣之愿也。淫刑以逞，谁则无罪？臣闻命矣。"乃杀之。②

《左传》僖公二十四年：

吕郤畏偪，将焚公宫而弑晋侯，寺人披请见。公使让之，且辞焉，曰："蒲城之役，君命一宿，女即至。其后余从狄君以田渭滨，女为惠公来求杀余，命女三宿，女中宿至。"③

夷吾父子为巩固自身在晋国的切身利益，一方面派人刺杀重耳，另一方面想方设法分化重耳的势力，最终目的还是为了消除重耳对于晋国君位的潜在威胁。《晋语四》："戊申，刺怀公于高梁。"重耳即位后亦如法炮制，派人刺杀晋怀公于高梁，也是为了巩固君位。

夷吾集团也有失策之处。比如对待周王室的态度就与重耳集团迥异。《国语·周语上》：

襄王使邵公过及内史过赐晋惠公命。吕甥、郤芮相晋侯不敬，晋侯执玉卑，拜不稽首。内史过归，以告王曰："晋不亡，其君必无后，且吕、郤将不免。"……襄王三年而立晋侯，八年而陨于韩。十七年而晋人杀怀公。怀公无胄，秦

---

① （清）顾栋高辑，吴树平，李解民点校. 春秋大事表 [M]. 北京：中华书局，1993：554－555.

② 杨伯峻. 春秋左传注 [M]. 北京：中华书局，1990：402－403.

③ 杨伯峻. 春秋左传注 [M]. 北京：中华书局，1990：414.

人杀子金、子公。①

周襄王派大臣赐晋惠公命，吕甥、郤芮作为夷吾集团的核心人物却没有按照规定的礼节相晋侯，而晋侯也对周天子的使者不恭敬，这无疑会造成不良的政治影响。

重耳集团相反，对于王室异常尊崇。《国语·晋语》：

襄王使太宰文公及内史兴赐晋文公命。上卿逆于境，晋侯郊劳，馆诸宗庙，馈九牢，设庭燎。及期，命于武宫，设桑主，布几筵，太宰莅之，晋侯端委以入。太宰以王命命冕服，内史赞之，三命而后即冕服。既毕，宾、飨、赠、饯如公命侯伯之礼，而加之以宴好。内史兴归，以告王曰：'晋不可不善也，其君必霸。……臣故曰，晋侯其能礼矣，王其善之。树于有礼，艾人必丰。'王从之，使于晋者，道相逮也。及惠后之难，王出在郑，晋侯纳之。襄王十七年，立晋文公。二十一年，以诸侯朝王于衡雍，且献楚捷，遂为践土之盟，于是乎始霸。"②

重耳阵营能够认识到尊王的重要性，利用周天子达到提升晋国国威的做法要较夷吾集团更胜一筹。

三、里克的政治角色

里克的政治立场较难判断，大体经历了几个阶段：支持申生—保持中立—支持重耳—接纳夷吾—谋再立重耳—事未济而伏剑自刎。很多学者认为里克是一个政治投机者，唯利是图，如清人陶方琦曾批判里克："里克，弑君之罪人也。人皆知其杀奚齐、杀卓子，而不知其杀申生者亦里克也。向使闻优施之谋即当力诤于朝，诤不从即当规申生以行，申生行矣，即不得为太子，又不至为身名俱裂之人，况当时献公所畏者里克一人耳。里克不从，则献公必不能杀申生，献公欲杀申生必先杀里克。里克一日不杀，申生一日不死。是申生之死，死于里克求自免之一言也。故余谓杀申生之罪僭之者骊姬，主之者献公，成之

---

① 徐元诰. 国语集解 [M]. 北京：中华书局，2002：31–35.
② 徐元诰. 国语集解 [M]. 北京：中华书局，2002：36–38.

者实里克也。至于求中立自免卒不免，宜哉！"① 此说看似有理，实则只是流于肤浅的认识，难以自圆其说。在先秦史研究过程中，应该深入挖掘里克政治立场转变的潜在因素，才能较为清晰地界定里克在历史中的地位。

（一）支持申生—保持中立

里克原属申生阵营，早在晋献公十七年太子伐东山之时，里克便已劝阻晋献公要保护太子。《国语·晋语一》：

十七年冬，公使太子伐东山。里克谏曰："臣闻皋落氏将战，君其释申生也！"公曰："行也。"里克对曰："非故也。君行，太子居，以监国；君行，太子从，以抚军也。今君居，太子行，未有此也。"……公不说。②

《左传》闵公二年：

晋侯使太子申生伐东山。里克谏献公曰……公曰："寡人有子，未知其太子谁立。"里克不对而退，见太子。③

《史记·晋世家》：

十七年，晋侯使太子申生伐东山。里克谏献公曰……公曰："寡人有子，未知其太子谁立。"……里克谢病，不从太子。太子遂伐东山。④

晋献公令太子掌军旅之事，里克深明太子的重要性，指出太子应当监国而非率军出征。然献公不听，明确表示"寡人有子，未知其太子谁立"的态度，《左传》《国语》《史记》所载大体相同。促使里克转变态度的真正和根本的原因是晋献公。晋献公是位铁腕君主，曾大杀群公子，敢于打击公族势力，灭虢、虞，攻戎击狄，君权强大。里克虽然支持重耳，却也不敢忤逆君命。从《国语·晋语》中可观察到里克态度的转变过程。

里克曰："夫史苏之言将及矣，其若之何？"……里克曰："我不佞，虽不识义，亦不阿惑，吾其静也。"三大夫乃别。⑤

① （清）陶方琦. 汉孳室文钞［M］//续修四库全书·集部·别集类. 上海：上海古籍出版社，2002：545.

② 徐元诰. 国语集解［M］. 北京：中华书局，2002：267-268.

③ 杨伯峻. 春秋左传注［M］. 北京：中华书局，1990：268-269.

④ （汉）司马迁. 史记［M］. 北京：中华书局，1959：1643.

⑤ 徐元诰. 国语集解［M］. 北京：中华书局，2002：256.

夜半，召优施，曰："曩而言戏乎？抑有所闻之乎？"曰："然。君既许骊姬杀太子而立奚齐，谋既成矣。"里克曰："吾秉君以杀太子，吾不忍。通复故交，吾不敢。中立其免乎？"……明日，称疾不朝。三旬，难乃成。①

如上述文献所说，骊姬行谋害申生之谋最大的障碍就是里克。优施作为骊姬的心腹，向里克阐明晋献公、骊姬已决意立奚齐的事实。里克既畏惧晋献公的权威，担心受到骊姬的迫害，又不忍心杀死太子，因此不得不保持中立。至于优施对里克的劝说，只是较快令里克明确自己中立的立场而已。

（二）支持重耳—接纳夷吾

里克的政治立场经历了一个由主动转化为被动的历史轨迹。晋献公卒，原来晋国内部被压抑的各派势力涌动，已经失去平衡。

里克在这诸多势力中代表较大的一支，对外易得到秦援，对内拥有兵权，是一位具有实权的卿大夫。《左传》僖公二年记载："夏，晋里克、荀息帅师会虞师，伐虢，灭夏阳。"②《左传》僖公八年："晋里克帅师，梁由靡御。虢射为右，以败狄于采桑。梁由靡曰：'狄无耻，从之，必大克。'里克曰：'拒之而已，无速众狄。'虢射曰：'期年，狄必至，示之弱矣。'夏，狄伐晋，报采桑之役也。复期月。"③ 里克领兵讨伐虢国的战役，荀息为辅；率师在采桑击败战斗力不弱的狄人，说明里克是一名较为出色的军事将领。里克拒绝追击狄人，恐怕是由于重耳在狄的缘故。结合后来里克派人去请重耳回国为君的行为，可以看出对于骊姬之子奚齐的上台，里克并不支持。《左传》僖公九年：

及里克将杀奚齐，先告荀息曰："三怨将作，秦、晋辅之，子将何如？"荀息曰："将死之。"……冬十月，里克杀奚齐于次。……荀息立公子卓以葬。十一月，里克杀公子卓于朝，荀息死之。④

《国语·晋语二》：

献公卒。里克将杀奚齐，先告荀息曰："三公子之徒将杀孺子，子将如何？"……里克告丕郑曰："三公子之徒将杀孺子，子将何如？"丕郑曰："荀息谓

---

① 徐元诰. 国语集解 ［M］. 北京：中华书局，2002：275－278.
② 杨伯峻. 春秋左传注 ［M］. 北京：中华书局，1990：283.
③ 杨伯峻. 春秋左传注 ［M］. 北京：中华书局，1990：322.
④ 杨伯峻. 春秋左传注 ［M］. 北京：中华书局，1990：329.

何？"对曰："荀息曰'死之。'"丕郑曰："子勉之。夫二国士之所图，无不遂也。我为子行之。子帅七舆大夫以待我。我使狄以动之，援秦以摇之。立其薄者可以得重赂，厚者可使无入。国，谁之国也！"①

丕郑显然意欲通过外结秦、狄，在晋国内部树立一位傀儡国君，建立一个以里克为首，丕郑和七舆大夫为支撑的政治集团来掌控本国的政局。丕郑的意图具有一定的可操作性，但执行起来困难重重。晋国诸位卿大夫势力强弱不一，里克一派虽然有较强的实力，但要想将其他卿族势力彻底压在脚下却并不现实，一旦彼此发生冲突，不仅胜负难以预料，还会给晋国的国力造成巨大伤害。

里克发动政变的主要目的，还是为了晋国的根本利益与发展，所以他拒绝了丕郑的建议。《国语·晋语二》："里克曰：'不可……赖富而民怨，乱国而身殆，惧为诸侯载，不可常也。'丕郑许诺。"里克、丕郑在统一思想之后，便开始了政变的具体行动。"于是杀奚齐、卓子及骊姬，而请君于秦……荀息死之……里克及丕郑使屠岸夷告公子重耳于狄。"② 里克在争取荀息不成后，率先发难，抢占先机。丕郑及七舆大夫显然支持里克，他们联手杀死奚齐、卓子、骊姬，铲除骊姬势力，逼死荀息，派人迎接自己属意的重耳为君。里克的政治立场偏向重耳，但由于里克非重耳的嫡系，重耳未敢应邀回国。

重耳的拒绝迫使里克改变原来的计划，改立夷吾为君。《史记·晋世家》："里克已杀奚齐、悼子，乃使人迎，欲立重耳。重耳畏杀，因固谢，不敢入。已而晋更迎其弟夷吾立之，是为惠公。"③ 基于重耳集团的不信任，国又不可一日无君，里克不得不退而求其次，转向支持夷吾。夷吾也对里克及其支持者使用了一定的公关手段，以安抚其心。《史记·晋世家》："还报里克，里克使迎夷吾于梁夷吾欲往……乃使邳芮厚赂秦……及遗里克书曰：'诚得立，请遂封子於汾阳之邑。'秦缪公乃发兵送夷吾于晋。"④《国语·晋语》："中大夫里克与我矣，吾命之以汾阳之田百万。丕郑与我矣，吾命之以负蔡之田七十万。"⑤ 夷吾一派

① 徐元诰. 国语集解［M］. 北京：中华书局，2002：289－290.
② 徐元诰. 国语集解［M］. 北京：中华书局，2002：290－292.
③ （汉）司马迁. 史记［M］. 北京：中华书局，1959：1657.
④ （汉）司马迁. 史记［M］. 北京：中华书局，1959：1649.
⑤ 徐元诰. 国语集解［M］. 北京：中华书局，2002：295－296.

抓住时机，联合国内支持夷吾的卿大夫，又以重赂取得秦国对自己的支持，因此顺利回国为君。

（三）谋再立重耳—事未济而自刎

面对夷吾集团的分化瓦解、各个击破的攻势，里克被迫接受失败的命运。晋惠公回国后，对内不予里克、丕郑赏赐，对外赖掉秦赂。夷吾虽然与里克暂时联合，但始终存在防范之心。《史记·晋世家》："夷吾欲往，吕省、郤芮曰：'内犹有公子可立者而外求，难信。计非之秦，辅强国之威以入，恐危。'"① 吕甥和郤芮的担忧代表了夷吾阵营对里克的基本态度。夷吾的做法显然是其嫡系势力的要求。

由于这个原因，里克集团并不满意，很有可能再立重耳，不想晋惠公已决定先下手为强。《晋语三》："惠公既即位，乃背秦赂。使丕郑聘于秦，且谢之。"②《史记·晋世家》："惠公夷吾元年，使丕郑谢秦曰：'始夷吾以河西地许君，今幸得入立。大臣曰：'地者先君之地，君亡在外，何以得擅许秦者？'寡人争之弗能得，故谢秦。'亦不与里克汾阳邑，而夺之权。"③《系年》："惠公既内（入），乃背秦公弗予。"丕郑是里克集团的关键人物，与七舆大夫势力关系密切，派丕郑出使秦国，犹如断里克之一臂，达到孤立里克的目的。

这一部署实施之后，夷吾以弑君之罪名杀死里克。《左传》僖公九年：

晋侯杀里克以说。将杀里克，公使谓之曰："微子则不及此。虽然，子弑二君与一大夫，为子君者不亦难乎？"对曰："不有废也，君何以兴？欲加之罪，其无辞乎？臣闻命矣。"伏剑而死。于是丕郑聘于秦，且谢缓赂，故不及。④

夷吾给里克所定的罪名是弑君之罪，对此里克并不认同，但已经无力反抗，只得自杀。《晋语三》："而杀里克，曰：'子杀二君与一大夫，为子君者，不亦难乎？'"⑤《史记·晋世家》："惠公以重耳在外，畏里克为变，赐里克死。"⑥

① （汉）司马迁．史记［M］．北京：中华书局，1959：1650.
② 徐元诰．国语集解［M］．北京：中华书局，2002：306.
③ （汉）司马迁．史记［M］．北京：中华书局，1959：1650－1651.
④ 杨伯峻．春秋左传注［M］．北京：中华书局，1990：333－334.
⑤ 徐元诰．国语集解［M］．北京：中华书局，2002：306.
⑥ （汉）司马迁．史记［M］．北京：中华书局，1959：1650－1651.

里克被逼自杀之后，其派系群龙无首，遂被晋惠公一一击破，大肆翦除。《左传》僖公十一年："遂杀丕郑、祁举及七舆大夫：左行共华、右行贾华、叔坚、骓颛、累虎、特宫、山祁，皆里、丕之党也。"① 晋惠公迅速除去里、丕及申生遗留下来的七舆大夫势力，才基本巩固了自己的政权，成为名副其实的一国之君。

（四）族姓因素对里克政治立场的影响

里克是晋献公末期足以左右政局的重臣，据《通志·氏族略》记载其为咎繇之后。

里氏，本理氏，《春秋》改焉。晋有里克，鲁有里革，郑有里析。后居相城者，又为相里氏。相里氏，咎繇之后为理氏，商末，理徵孙仲师，遭难去"王"为"里"。至晋大夫里克，为惠公所戮，克妻司城氏携少子季连，逃居相城，因为相里氏。②

咎繇即皋陶，在帝舜时期担任大理，掌管刑辟，如《史记·五帝本纪》："皋陶为大理，平。"③ 其后人以官为氏为理氏，后又改为里氏。里克即其后也。

关于皋陶的族姓，有嬴姓、偃姓两说。《世本》秦嘉谟辑补本记载："偃姓，皋陶之后。"④《史记·夏本纪》正义注引《帝王纪》："皋陶生于曲阜。曲阜偃地，故帝因之而以赐姓曰偃。"⑤ 明确指出皋陶为偃姓。

偃、嬴互通。《说文·女部》："嬴，帝少皞之姓也。"段注："按，秦、徐、江、黄、郯、莒，皆嬴姓也。嬴，《地理志》作'盈'。又按，伯翳，嬴姓，其子皋陶，偃姓。偃、嬴，语之转耳。如娥皇女英，《世本》作女莹，《大戴礼》作女匽，亦一语之转。"⑥ 清人段玉裁在注解《说文》时指出偃、嬴为一语之转。刘师培先生亦认为："《汉书·地理志》以皋陶后为偃姓，曹大家《列女传注》以伯益为皋陶子，（《潜夫论·志氏姓》篇同）而《史记·秦本纪》则言舜

① 杨伯峻. 春秋左传注［M］. 北京：中华书局，1990：336.
② （宋）郑樵. 通志·二十略［M］. 北京：中华书局，1995：155.
③ （汉）司马迁. 史记［M］. 北京：中华书局，1959：43.
④ （汉）宋衷注，（清）秦嘉谟等辑. 世本八种［M］. 北京：商务印书馆，1957：219.
⑤ （汉）司马迁. 史记［M］. 北京：中华书局，1959：83.
⑥ （汉）许慎撰，（清）段玉裁注，许惟贤整理. 说文解字注［M］. 南京：凤凰出版社，2007：1065.

以嬴姓赐伯翳，伯翳即益，盖偃即嬴也。"① 白国红先生赞同这种说法，并利用马王堆帛书《五行》引《毛诗·邶风·燕燕》中"燕燕于飞"之"燕"作"婴"，恰好与《阜阳汉简》中《诗经》作"匽"可相互对应，认为嬴、匽古音相通，② 进一步说明了偃、嬴互通的可能性。

通过上述论证可知，里克是皋陶之后，嬴姓。里氏作为晋国的异姓卿大夫，在曲沃小宗吞并大宗的过程中应是支持曲沃一派，因此在晋武公、晋献公时期逐渐被委以重任，明确这一点有助于认识里克政治立场的转变过程。

里克最初支持申生，原因之一是申生与秦穆公夫人为同母所生。《左传》庄公二十年记载："晋献公娶于贾，无子。烝于齐姜，生秦穆夫人及大子申生。又娶二女于戎，大戎狐姬生重耳，小戎子生夷吾。晋伐骊戎，骊戎男女以骊姬，归，生奚齐，其娣生卓子。"③《史记·秦本纪》："（穆公）四年，迎妇于晋，晋太子申生姊也。"④《史记·晋世家》记载："太子申生，其母齐桓公女也，曰齐姜，早死。申生同母女弟为秦穆公夫人。"⑤ 以上记载申生与秦穆公夫人为同母所生，不过《秦本纪》言秦穆公夫人为申生之姐，《晋世家》认为秦穆公夫人为申生同母女弟，而《左传》但言秦穆公夫人与申生为同母所生。杨伯峻先生认为《晋世家》误。⑥ 今按虽然两人是姐弟或兄妹还存在争议，但均为一母所生则无可疑。里克为嬴姓，属于晋国中的亲秦派。后来迫于晋献公的政治压力放弃了对申生的支持，保持中立。

在晋献公死后，里克获得了主动权，拒绝支持来自骊戎的骊姬姐妹所生的奚齐与卓子。骊姬在铲除申生之前之所以说畏惧里克，就说明里克此前对于骊姬母子持反对态度。晋献公死后，奚齐、卓子最终死于里克之手。

奚齐、卓子死后，里克迎夷吾返晋为君，夷吾得到秦国的支持是其中一个因素。夷吾后来对外赖掉秦赂，对内杀死里克，可以说是除掉晋国内部亲秦派

① 刘师培. 偃姓即嬴姓说［M］//刘师培学术文化随笔. 北京：中国青年出版社，1999：156 – 157.
② 白国红. 春秋晋国赵氏研究［M］. 北京：中华书局，2007：20.
③ 杨伯峻. 春秋左传注［M］. 北京：中华书局，1990：238 – 239.
④ （汉）司马迁. 史记［M］. 北京：中华书局，1959：185.
⑤ （汉）司马迁. 史记［M］. 北京：中华书局，1959：1641.
⑥ 杨伯峻. 春秋左传注［M］. 北京：中华书局，1990：239.

代表人物的政治举措。

纵观里克的经历，可以说里克作为一个有实权的卿大夫，过分热衷于实际的政治因素，缺乏对长远政治策略的坚持，因此既未获得重耳集团的信任，也未得到夷吾集团的认同，其可悲的结局也就难以避免。

综上所述，通过《系年》有关章节与传世文献的对读，可以得出几点结论：骊姬确被立为夫人，时间当在晋献公伐狄回国后不久，奚齐出生之前；重耳在与夷吾集团的竞争中失败出于自身过于谨慎持重的态度及对局势的误判；里克是晋国历史中的一个重要人物，一度握有晋国实权，由于缺乏长远的政治性眼光，不能坚决支持申生、又难获新兴政治集团的信任，导致悲惨的结局。

第二节 清华简《系年》与城濮之战史事

城濮之战是晋国获得霸业的关键战役，清华简《系年》涉及春秋时期城濮之战前后晋、楚的争霸斗争，《左传》《国语》《史记》等传世文献对此事件记载也详略不一。现依通行字体先将《系年》第七、八章相关简文照录于下。

晋文公立四年，楚成王率诸侯以围宋伐齐，戍谷，居緮。晋文公思齐及宋之德，乃及秦师围曹及五鹿，伐卫以脱齐之戍及宋之围。楚王舍围归，居方城。令尹子玉遂率郑、卫、陈、蔡及群蛮夷之师以交文公，文公率秦、齐、宋及群戎之师以败楚师于城濮，遂朝周襄王于衡雍，献楚俘馘，盟诸侯于践土。①

晋文公立七年，秦、晋围郑，郑降秦不降晋，晋人以不憖。秦人豫戍于郑，郑人属北门之管于秦之戍人，秦之戍人使归告曰："我既得郑之门管也，来袭之。"秦师将东袭郑，郑之贾人弦高将西市，遇之，乃以郑君之命劳秦三帅。秦师乃复，伐滑，取之。晋文公卒，未葬，襄公亲率师御秦师于崤，大败之。秦穆公欲与楚人为好，焉脱申公仪，使归求成。秦焉始与晋执乱，与楚为好。②

---

① 清华大学出土文献研究与保护中心编，李学勤主编. 清华大学藏战国竹简（贰）[M]. 上海：中西书局，2011：153.

② 清华大学出土文献研究与保护中心编，李学勤主编. 清华大学藏战国竹简（贰）[M]. 上海：中西书局，2011：155.

简文记载晋文公四年，楚成王率诸侯围宋、伐齐，因齐桓公与宋襄公曾经厚待晋文公，所以联合秦国包围曹国及五鹿，讨伐卫国以求解齐宋两国之厄。最终楚、晋各率一部分诸侯国在城濮大战，结果楚师大败，晋文公成为霸主。这些记载与传世文献多可比较，实有益于我们重新审视城濮之战的相关问题。本节围绕清华简《系年》第七章与第八章简文，结合传世文献，对城濮之战的原因、参战国家以及城濮之战的影响等方面展开论述。

一、城濮之战爆发的原因

（一）楚国的发展

自齐桓公死后，齐国霸业不再，宋襄公曾想取而代之，结果败于泓。楚国成为当时对中原诸侯国影响力最大的国家。

《左传》僖公二十一年："宋为鹿上之盟，以求诸侯于楚。"① 杨伯峻先生注："齐桓卒于僖十八年，中国失霸主。十八年，郑始朝楚；十九年，楚又与陈、蔡、郑盟于齐，则此时楚已得诸侯矣。故宋襄欲继齐桓之霸业，必求于楚而后可。"竹添光鸿《会笺》："桓公没而诸侯风靡于楚可知矣。"② 童书业先生认为："是年秋，宋、楚、陈、蔡、郑、许、曹会于盂，陈、蔡、郑皆楚党，曹亦已叛宋，许亦未必附宋，宋襄孤立至此，犹不量力而欲为盟主，宜其见执伐也。鲁此时亦楚党，然与宋为婚姻之国，故为宋请于楚，宋襄得释，犹聋聩而合卫、许、滕等弱小之国伐郑，故为楚人大败于泓，所谓'宋襄霸业'遂告结束（所谓'宋襄霸业'实楚成霸业）。"③

据此可知，楚国实力本来就在不断增长，其进逼中原的势头在齐桓公率诸侯伐楚之时只是暂时被遏制。齐国霸业中衰后，宋襄公以国小图霸未成，晋国国内又政局不稳，还与秦国时而发生战争，实则给了楚国可乘之机。

郑国的转向是一个相当明显的信号。《左传》僖公十八年："郑伯始朝于楚。"④ 杜注："中国无霸故也。"杨伯峻先生注："始朝者，前此未尝朝也。齐

---

①　杨伯峻. 春秋左传注 ［M］. 北京：中华书局，1990：389.

②　〔日〕竹添光鸿. 左氏会笺 ［M］. 成都：巴蜀书社，2008：513.

③　童书业. 春秋左传研究 ［M］. 北京：中华书局，2006：50.

④　杨伯峻. 春秋左传注 ［M］. 北京：中华书局，1990：377.

桓初死，郑即往朝楚。"郑国此前从未朝楚，在齐桓公死后却立即向楚国朝见，说明此时楚国的国力已经大张，郑国面临楚国的压力在不断加大，同时也预示着中原政局即将发生大的改变。

宋襄公欲争霸诸侯，尚需求于楚国的允许，说明宋也意识到楚国的举足轻重。《左传》僖公二十四年："宋及楚平，宋成公如楚。"① 《会笺》："是时陈蔡郑许以近楚而从楚，鲁从楚，宋至此亦从楚，楚又结曹而昏于卫，诸侯拱手南向，未服楚者，齐与晋耳。而齐方为楚所逼，天下之势岌岌矣。"②

清华简《系年》第七章记载："晋文公立四年，楚成王率诸侯以围宋伐齐，戍谷，居缗。晋文公思齐及宋之德，乃及秦师围曹及五鹿，伐卫以脱齐之戍及宋之围。楚王舍围归，居方城。令尹子玉遂率郑、卫、陈、蔡及群蛮夷之师以交文公，文公率秦、齐、宋及群戎之师以败楚师于城濮，遂朝周襄王于衡雍，献楚俘馘，盟诸侯于践土。"③ 晋文公四年就是鲁僖公二十七年，楚成王率诸侯围宋伐齐，说明楚国虽未有霸主之名，实则有霸主之实。

（二）晋国的发展

晋国的国力在晋惠公、晋文公的调整下逐渐恢复。自晋献公末期骊姬之乱以来，政局不稳，先是申生自杀，重耳、夷吾出逃；后来奚齐、卓子又被权臣里克所杀，迎接夷吾回国为君，是为晋惠公。晋惠公不久即与秦国反目，在韩原之战被俘。此后，晋国实行"作爰田"与"作州兵"的举措。据袁林先生的研究，"作爰田"是进行以铁犁牛耕为基础和核心、以垄畎耕作方法为表现形式的农业技术革命；而"作州兵"是变革军制，将原来不参加战争的鄙民拖入战争中服兵役。④ 这一变革使晋国的国力逐渐得到恢复。晋惠公在被秦国释放，修好与秦的邦交，积极发展晋国的实力。《左传》襄公十四年记载晋国招揽姜戎氏，使之为晋国提供劳役：

将执戎子驹支。范宣子亲数诸朝，曰："来！姜戎氏！昔秦人迫逐乃祖吾离

① 杨伯峻. 春秋左传注 [M]. 北京：中华书局，1990：427.
② 〔日〕竹添光鸿. 左氏会笺 [M]. 成都：巴蜀书社，2008：557.
③ 清华大学出土文献研究与保护中心编，李学勤主编. 清华大学藏战国竹简（贰）[M]. 上海：中西书局，2011：153.
④ 袁林. 两周土地制度新论 [M]. 长春：东北师范大学出版社，2000：168 – 170.

于瓜州，乃祖吾离被苫盖、蒙荆棘以来归我先君。我先君惠公有不腆之田，与女剖分而食之。今诸侯之事我寡君不如昔者，盖言语漏泄，则职女之由。诘朝之事，尔无与焉！与，将执女！"对曰："昔秦人负恃其众，贪于土地，逐我诸戎。惠公蠲其大德，谓我诸戎，是四岳之裔胄也，毋是翦弃。赐我南鄙之田，狐狸所居，豺狼所嗥。我诸戎除翦其荆棘，驱其狐狸豺狼，以为先君不侵不叛之臣，至于今不贰……不与于会，亦无瞢焉！"①

范宣子与戎子驹支均言晋惠公曾安置姜戎氏，可见此言为实。

晋文公借秦国之力回国为君，铲除吕甥等异己势力，力图发展，初见成效。《国语·晋语四》：

公属百官，赋职任功。弃责薄敛，施舍分寡。救乏振滞，匡困资无。轻关易道，通商宽农。懋穑劝分，省用足财。利器明德，以厚民性。举善援能，官方定物，正名育类。昭旧族，爱亲戚，明贤良，尊贵宠，赏功劳，事耇老，礼宾旅，友故旧。胥、籍、狐、箕、栾、郤、柏、先、羊舌、董、韩，实掌近官。诸姬之良，掌其中官。异姓之能，掌其远官。公食贡，大夫食邑，士食田，庶人食力，工商食官，皂隶食职，官宰食加。政平民阜，财用不匮。②

晋文公实行诸如会集百官、分官授职、奖励功臣、废除过去积攒的债务、减轻赋税、救助穷苦百姓、发展商业、劝勉农功、重视德教等措施整合国内资源，采取富国安民的策略，合理安排各种人才的职务，很快使晋国实力大涨。

（三）晋、楚冲突的引线

而在晋、楚两国都各自发展之际，宋国的举措导致两国利益发生冲突。《左传》僖公二十六年："宋以其善于晋侯也，叛楚即晋。冬，楚令尹子玉、司马子西帅师伐宋，围缗。公以楚师伐齐，取谷。"③ 宋依附于楚见鲁僖公二十四年："宋及楚平，宋成公如楚。"④《会笺》："宋成公贤君也，何至忘不共戴天之仇，而轻身朝楚，晋霸未兴，新败之后，不得已为安宗社之计。"⑤《左传》僖公二

---

①　杨伯峻. 春秋左传注［M］. 北京：中华书局，1990：1005 - 1007.
②　徐元诰. 国语集解［M］. 北京：中华书局，2002：349 - 350.
③　杨伯峻. 春秋左传注［M］. 北京：中华书局，1990：441 - 442.
④　杨伯峻. 春秋左传注［M］. 北京：中华书局，1990：427.
⑤　〔日〕竹添光鸿. 左氏会笺［M］. 成都：巴蜀书社，2008：557.

十三年："夏五月，宋襄公卒，伤于泓故也。"①

宋成公朝楚的原因是新君继位，意图改善与楚国的关系。宋成公新继位后之所以向楚国表示臣服，目的是稳定自己的君位，减轻楚国对宋的压力。毕竟宋国曾经与楚争霸，宋成公之父襄公不仅被楚王在盟会上擒获，还因泓之战受重伤不治而丧命，这就决定了宋依附于楚只是暂时的无奈之举。而当晋国逐渐强大起来之后，宋国的政策开始转变。宋国君臣曾善待晋文公，因此宋国便倒向晋国的怀抱。此事详载于《国语·晋语四》：

公子过宋，与司马公孙固相善。公孙固言于襄公曰："晋公子亡，长幼矣，而好善不厌，父事狐偃，师事赵衰，而长事贾佗。狐偃其舅也，而惠以有谋。赵衰，其先君之戎御赵夙之弟也，而文以忠贞。贾佗，公族也，而多识以恭敬。此三人者，实左右之。公子居则下之，动则谘焉，成幼而不倦，殆有礼矣。树于有礼，必有艾。《商颂》曰：'汤降不迟，圣敬日跻。'降，有礼之谓也。君其图之。'襄公从之，赠以马二十乘。"②

另据《史记·晋世家》记载："宋襄公新困兵于楚，伤于泓，闻重耳贤，乃以国礼礼于重耳。宋司马公孙固善于咎犯，曰：'宋小国新困，不足以求入，更之大国。'"③ 在重耳落魄流亡之际，宋襄公除去送马之外，还以国礼接待重耳，与曹、卫之君不屑一顾的态度相比简直是大相径庭。宋襄公待重耳有恩，而且司马公孙固还与狐偃相善，这足以使宋国认为依附晋国更符合宋国的国家利益。

清华简《系年》第七章记载："晋文公立四年，楚成王率诸侯以围宋伐齐，戍谷，居缗。晋文公思齐及宋之德，乃及秦师围曹及五鹿，伐卫以脱齐之戍及宋之围。"④ 这样楚国就不能无动于衷，楚成王率诸侯之师围宋、伐齐，就是为了楚国的霸业。《春秋》僖公二十七年《经》："冬，楚人、陈侯、蔡侯、郑伯、许男围宋。"⑤《传》："冬，楚子及诸侯围宋。宋公孙固如晋告急。"⑥ 宋派公孙

① 杨伯峻. 春秋左传注 [M]. 北京：中华书局，1990：402.
② 徐元诰. 国语集解 [M]. 北京：中华书局，2002：329 - 330.
③ （汉）司马迁. 史记 [M]. 北京：中华书局，1959：1658 - 1659.
④ 清华大学出土文献研究与保护中心编，李学勤主编. 清华大学藏战国竹简（贰）[M]. 上海：中西书局，2011：153.
⑤ 杨伯峻. 春秋左传注 [M]. 北京：中华书局，1990：443.
⑥ 杨伯峻. 春秋左传注 [M]. 北京：中华书局，1990：445.

固如晋请援，《史记·晋世家》："宋司马公孙固善于咎犯，曰：'宋小国新困，不足以求入，更之大国。'"① 司马公孙固还与狐偃相善，晋国也不能对宋之围坐视不理。这样晋、楚两国不得不刀兵相见。

二、城濮之战参战国辨疑

对于参加城濮之战的国家，童书业先生认为城濮之战晋以自力七百乘独当楚、陈、蔡三国联军，以寡胜众，晋方之宋、齐、秦，楚方之郑、许，皆未参战。② 童先生认为矛盾的依据主要是下面的一段史料："己巳，晋师陈于莘北，胥臣以下军之佐当陈、蔡。子玉以若敖六卒将中军，曰：'今日必无晋矣。'子西将左，子上将右。胥臣蒙马以虎皮，先犯陈、蔡。陈、蔡奔，楚右师溃。狐毛设二旆而退之。栾枝使舆曳柴而伪遁，楚师驰之。原轸、郤溱以中军公族横击之。狐毛、狐偃以上军夹攻子西，楚左师溃。楚师败绩。子玉收其卒而止，故不败。"③ 童先生认为晋只有一国，楚方有楚、陈、蔡三国，与《经》记载矛盾。

按此说可商。《左传》僖公二十八年《经》："夏四月乙巳，晋侯、齐师、宋师、秦师及楚人战于城濮，楚师败绩。"④ 杜注："宋公、齐国归父、崔夭、秦小子慭既次于城濮，以师属晋，不与战也。子玉与陈蔡之师不书，楚人耻败，告文略也。"《会笺》："此晋楚之战也，故称晋侯楚人，他皆称师，在楚亦不书陈蔡，杜云三国不与战，臆说也。果不与战，何书战乎？晋为兵主，奋战以败楚，三国从之者已，故总称师……不书陈蔡，亦略之也。杜云楚人耻败告文略，误。子玉所将即楚师，陈蔡以偏卒属，故总言楚耳。夫楚能耻败，晋独不能夸胜乎？"《会笺》之说可从。《左传》僖公二十八年《传》："夏四月戊辰，晋侯、宋公、齐国归父、崔夭、秦小子慭次于城濮。"⑤《经》《传》之间相互呼应，均表示晋方阵营包括齐、宋、秦三国，其实并不矛盾。

---

①　（汉）司马迁. 史记 [M]. 北京：中华书局，1959：1658 – 1659.

②　童书业. 春秋左传研究 [M]. 北京：中华书局，2006：53.

③　杨伯峻. 春秋左传注 [M]. 北京：中华书局，1990：461 – 462.

④　杨伯峻. 春秋左传注 [M]. 北京：中华书局，1990：448.

⑤　杨伯峻. 春秋左传注 [M]. 北京：中华书局，1990：458.

（一）晋方阵营

首先，晋方参战国家应该包括齐、宋、秦。《左传》僖公二十八年《经》："夏四月乙巳，晋侯、齐师、宋师、秦师及楚人战于城濮，楚师败绩。"①《传》："夏四月戊辰，晋侯、宋公、齐国归父、崔夭、秦小子慭次于城濮。"②《史记·晋世家》："四月戊辰，宋公、齐将、秦将与晋侯次于城濮。己巳，与楚兵合战，楚兵败，得臣收余兵去。"③ 这些史料均言齐、秦、宋参加城濮之战。《左传》僖公二十八年：

宋人使门尹般如晋师告急。公曰："宋人告急，舍之则绝，告楚不许。我欲战矣，齐、秦未可，若之何？"先轸曰："使宋舍我而赂齐、秦，藉之告楚。我执曹君，而分曹、卫之田以赐宋人。楚爱曹、卫，必不许也。喜赂、怒顽，能无战乎？"公说，执曹伯，分曹、卫之田以畀宋人。④

晋文公担忧齐、秦不欲战，先轸便计划用贿赂的方式鼓动齐、秦参战，此事还见于《国语·晋语四》：

文公立四年，楚成王伐宋，公率齐、秦伐曹、卫以救宋。宋人使门尹班告急于晋，公告大夫曰："宋人告急，舍之则宋绝，告楚则不许我。我欲击楚，齐、秦不欲，其若之何？"先轸曰："不若使齐、秦主楚怨。"公曰：'可乎？'先轸曰：'使宋舍我而赂齐、秦，藉之告楚。我分曹、卫之地以赐宋人。楚爱曹、卫，必不许齐、秦。齐、秦不得其请，必属怨焉，然后用之，蔑不欲矣。'公说，是故以曹田、卫田赐宋人。⑤

宋向晋国告急以求援，晋文公因齐、秦不欲战犹豫不决，先轸出谋划策，使宋给予齐、秦两国重赂，使之求楚国解宋之围。楚不许，则齐、秦怒，必欲战也。亦可知后来齐、秦应当参与了城濮之战。

其次，自晋文公返国之后，秦国常与晋展开联合军事行动，例如，《左传》僖公二十五年："秦、晋伐鄀。楚斗克、屈御寇以申、息之师戍商密……囚申公

---

① 杨伯峻. 春秋左传注［M］. 北京：中华书局，1990：448.
② 杨伯峻. 春秋左传注［M］. 北京：中华书局，1990：458.
③ （汉）司马迁. 史记［M］. 北京：中华书局，1959：1665.
④ 杨伯峻. 春秋左传注［M］. 北京：中华书局，1990：455－456.
⑤ 徐元诰. 国语集解［M］. 北京：中华书局，2002：354.

子仪、息公子边以归。楚令尹子玉追秦师，弗及，遂围陈，纳顿子于顿。"① 秦晋联合伐郜，且败楚之申息之师，俘获申公子仪、息公子边。清华简《系年》第七章记载："晋文公立四年，楚成王率诸侯以围宋伐齐，戍谷，居缗。晋文公思齐及宋之德，乃及秦师围曹及五鹿，伐卫以脱齐之戍及宋之围。"② 则秦又参与晋国围曹及五鹿的军事行动，因此在城濮之战与晋国共同行动的可能性很大。

再次，晋方阵营除去齐、秦、宋、之外，还有群戎之师，见清华简《系年》第七章：

令尹子玉遂率郑、卫、陈、蔡及群蛮夷之师以交文公，文公率秦、齐、宋及群戎之师以败楚师于城濮，遂朝周襄王于衡雍，献楚俘馘，盟诸侯于践土。③

晋惠公与文公之母均来自戎。《左传》庄公二十年："晋献公娶于贾，无子。烝于齐姜，生秦穆夫人及大子申生。又娶二女于戎，大戎狐姬生重耳，小戎子生夷吾。晋伐骊戎，骊戎男女以骊姬，归，生奚齐，其娣生卓子。"④ 杜注："大戎，唐叔子孙别在戎狄者也。小戎，允姓之戎。"有学者指出晋南地区就有姜戎、茅戎、犬戎、彭戏氏等戎族活动。⑤ 晋惠公曾招揽姜戎氏以为己所用，事见《左传》襄公十四年范宣子与戎子驹支的对话：

将执戎子驹支。范宣子亲数诸朝……对曰："昔秦人负恃其众，贪于土地，逐我诸戎。惠公蠲其大德，谓我诸戎，是四岳之裔胄也，毋是翦弃。赐我南鄙之田，狐狸所居，豺狼所嗥。我诸戎除翦其荆棘，驱其狐狸豺狼，以为先君不侵不叛之臣，至于今不贰。昔文公与秦伐郑，秦人窃与郑盟而舍戍焉，于是乎有殽之师。晋御其上，戎亢其下，秦师不复，我诸戎实然。譬如捕鹿，晋人角之，诸戎掎之，与晋踣之，戎何以不免？自是以来，晋之百役，与我诸戎相继于时，以从执政，犹殽志也，岂敢离逷？今官之师旅无乃实有所阙，以攜诸侯，而罪我诸戎！我诸戎饮食衣服不与华同，赞币不通，言语不达，何恶之能为？

---

① 杨伯峻. 春秋左传注 [M]. 北京：中华书局，1990：434 – 435.
② 清华大学出土文献研究与保护中心编，李学勤主编. 清华大学藏战国竹简（贰）[M].
　 上海：中西书局，2011：153.
③ 清华大学出土文献研究与保护中心编，李学勤主编. 清华大学藏战国竹简（贰）[M].
　 上海：中西书局，2011：153.
④ 杨伯峻. 春秋左传注 [M]. 北京：中华书局，1990：238 – 239.
⑤ 辛迪. 两周戎狄考 [M]. 北京：北京大学，2005.

不与于会，亦无蓍焉！"①

嵩之战有姜戎氏参加，城濮之战可能也有群戎之师的参与。《国语·晋语四》：

> 冬，襄王避昭叔之难，居于郑地汜。使来告难，亦使告于秦。子犯曰："民亲而未知义也，君盍纳王以教之义。若不纳，秦将纳之，则失周矣，何以求诸侯？不能修身，而又不能宗人，人将焉依？继文之业，定武之功，启土安疆，于此乎在矣，君其务之。"公说，乃行赂于草中之戎与丽土之狄，以启东道。②

草中之戎与丽土之狄既可以财货赂使之，则群戎之师极有可能参与城濮之战。

通过上述讨论，晋方参战阵营包括晋、齐、宋、秦及群戎之师。

（二）楚方阵营

楚国方面，陈、蔡两国均参战，可以确定。据《系年》的记载，群蛮夷之师也参加了对晋作战。《左传》文公十六年："楚大饥，戎伐其西南……庸人帅群蛮以叛楚。麇人率百濮聚于选，将伐楚。于是申、息之北门不启。楚人谋徙于阪高……子越自石溪，子贝自仞以伐庸。秦人、巴人从楚师。群蛮从楚子盟，遂灭庸。"③ 鲁文公十六年即楚庄王三年，楚国发生饥荒，遇到前所未有的危机：不仅戎伐其疆土，庸人率群蛮夷叛楚，而且麇人率百濮也乘机作乱。连楚国重地申、息的大门都不敢开启，楚人甚至要迁都以避其锋芒，可见局势的紧张。经过楚国君臣的努力，及其与群蛮结盟，灭庸，才度过了这一危机。从这条史料来看，群蛮夷在此之前臣服于楚，所以城濮之战中楚方有群蛮夷之师合乎情理。

郑国是否参战，需要结合传世文献考虑。《史记·郑世家》："四十一年，助楚击晋。自晋文公之过无礼，故备晋助楚。四十三年，晋文公与秦穆公共围郑，讨其助楚攻晋者，及文公过时之无礼也。"④《史记·晋世家》："初，郑助楚，

---

① 杨伯峻. 春秋左传注 [M]. 北京：中华书局，1990：1005 – 1007.

② 徐元诰. 国语集解 [M]. 北京：中华书局，2002：350 – 351.

③ 杨伯峻. 春秋左传注 [M]. 北京：中华书局，1990：617 – 619.

④ （汉）司马迁. 史记 [M]. 北京：中华书局，1959：1766.

楚败，惧，使人请盟晋侯。晋侯与郑伯盟。"① 《左传》僖公二十八年："乡役之三月，郑伯如楚致其师。为楚师既败而惧，使子人九行成于晋。晋栾枝入盟郑伯。五月丙午，晋侯及郑伯盟于衡雍。"②

可见郑国应参与了城濮之战。郑国与楚国新为婚姻之国，见于《左传》僖公二十二年："丙子晨，郑文夫人芈氏、姜氏劳楚子于柯泽。楚子使师缙示之俘馘。君子曰：'非礼也。妇人送迎不出门，见兄弟不逾阈，戎事不迩女器。'丁丑，楚子入飨于郑，九献，庭实旅百，加笾豆六品。飨毕，夜出，文芈送于军，取郑二姬以归。"③ 宋襄公伐郑，与楚军大战于泓。宋军大败，郑围得解。楚王入于郑，与郑国结为婚姻。而晋文公流亡于郑时，郑文公不礼。因此，郑国支持楚国也就在情理之中。

卫国实未参加城濮之战。《左传》僖公二十八年：

二十八年春，晋侯将伐曹，假道于卫。卫人弗许。还，自南河济，侵曹、伐卫。正月戊申，取五鹿。二月，晋郤縠卒。原轸将中军，胥臣佐下军，上德也。晋侯、齐侯盟于敛盂。卫侯请盟，晋人弗许。卫侯欲与楚，国人不欲，故出其君，以说于晋。卫侯出居于襄牛。④

晋文公为解宋之围，欲向卫假道伐曹，被卫国拒绝。卫国因而遭到晋国的攻击。晋、齐结盟，卫侯欲结盟以图国家免受兵戎之苦，但被晋拒绝。无奈之下，卫侯想依附楚国，结果国人面对晋国的兵威，拒绝从楚，卫侯被迫出逃。《左传》僖公二十八年："卫侯闻楚师败，惧，出奔楚，遂适陈，使元咺奉叔武以受盟。"⑤ 卫侯的亲楚立场只是个人行为，国人并不支持，说明卫国并未参加城濮之战。

综上，楚国参战阵营包括楚、陈、蔡、郑及群蛮夷之师。

① （汉）司马迁. 史记 [M]. 北京：中华书局，1959：1666.
② 杨伯峻. 春秋左传注 [M]. 北京：中华书局，1990：462 – 463.
③ 杨伯峻. 春秋左传注 [M]. 北京：中华书局，1990：399 – 400.
④ 杨伯峻. 春秋左传注 [M]. 北京：中华书局，1990：451 – 452.
⑤ 杨伯峻. 春秋左传注 [M]. 北京：中华书局，1990：466.

三、城濮之战的影响

城濮之战以晋国的获胜而告终，晋文公也获得了霸主的地位。对于晋国来说，这是发展实力的机会。此后，晋国继续扩张自己的势力，并通过崤之战大败秦国，达到了霸业的顶峰。清华简《系年》第八章对崤之战有所涉及：

晋文公立七年，秦、晋围郑，郑降秦不降晋，晋人以不憖。秦人豫戍于郑，郑人属北门之管于秦之戍人，秦之戍人使归告曰："我既得郑之门管也，来袭之。"秦师将东袭郑，郑之贾人弦高将西市，遇之，乃以郑君之命劳秦三帅。秦师乃复，伐滑，取之。晋文公卒，未葬，襄公亲率师御秦师于崤，大败之。秦穆公欲与楚人为好，焉脱申公仪，使归求成。秦焉始与晋执乱，与楚为好。①

文公七年，晋、秦联军围郑，结果郑国降秦不降晋，埋下两国冲突的祸根。秦劳师远征袭郑，结果郑人有备，秦军灭滑而去。在崤地遭遇晋国伏击，三帅被俘。秦国从此与晋国为敌，《系年》第六章："秦晋焉始会好，戮力同心。二邦伐鄀，徙之中城，围商密，止申公子仪以归。"② 秦国将伐鄀时俘虏的申公子仪放回楚国，以求与楚国联盟，共同对付晋国。

楚国在城濮之战后，实力受损，国内的政局开始动荡。其中军主帅子玉自杀，蒍吕臣继之为令尹，后子上继为令尹。《左传》僖公三十三年："太子商臣谮子上曰：'受晋赂而辟之，楚之耻也。罪莫大焉。'王杀子上。"③ 楚成王听信商臣谗言，杀令尹子上。《左传》文公元年："初，楚子将以商臣为大子，访诸令尹子上。子上曰：'君之齿未也，而又多爱，黜乃乱也。楚国之举，恒在少者。且是人也，蜂目而豺声，忍人也，不可立也。'弗听。既又欲立王子职，而黜大子商臣。商臣闻之而未察，告其师潘崇曰：'若之何而察之？'潘崇曰：'享江芈而勿敬也。'从之。江芈怒曰：'呼，役夫！宜君王之欲杀女而立职也。'告潘崇曰：'信矣。'潘崇曰：'能事诸乎？'曰：'不能。''能行乎？'曰：'不

---

① 清华大学出土文献研究与保护中心编，李学勤主编. 清华大学藏战国竹简（贰）[M]. 上海：中西书局，2011：155.

② 清华大学出土文献研究与保护中心编，李学勤主编. 清华大学藏战国竹简（贰）[M]. 上海：中西书局，2011：150.

③ 杨伯峻. 春秋左传注 [M]. 北京：中华书局，1990：504.

能。'‘能行大事乎？'曰：‘能。'冬十月，以宫甲围成王。王请食熊蹯而死。弗听。丁未，王缢。谥之曰：‘灵'，不瞑；曰：‘成'，乃瞑。穆王立，以其为大子之室与潘崇，使为大师，且掌环列之尹。"① 楚成王在立储问题上的游移不定，导致太子商臣作乱，包围王宫，逼死楚王。楚国暂时无力再向晋国发起新的大规模挑战，楚国重新崛起要到楚庄王整顿内政军事力量之后才得以实现。

第三节　清华简与晋国赵盾、郤克相关史事

一、赵氏家族的崛起

清华简《系年》第九、十章涉及晋国襄公卒后晋国内部的政治斗争，直接影响了晋国后来的历史发展进程，对此《左传》《史记》也有记载。笔者拟就围绕清华简与相关传世文献，对这段历史进行新的探讨。现依通行字体将《系年》第九、十章简文照录于下：

晋襄公卒，灵公高幼，大夫聚谋曰："君幼，未可奉承也，毋乃不能邦？欷求强君。"乃命左行蔑与随会召襄公之弟雍也于秦。襄夫人闻之，乃抱灵公以号于廷曰："死人何罪？生人何辜？舍其君之子弗立，而召人于外，而焉将寘此子也？"大夫闵，乃皆背之曰："我莫命招之。"乃立灵公，焉葬襄公。②

秦康公率师以送雍子，晋人起师，败之于堇阴。左行蔑、随会不敢归，遂奔秦。灵公高立六年，秦公以战于堇阴之故，率师为河曲之战。③

（一）狐、赵家族的政治博弈

晋襄公是一位较有作为的国君，奋其父文公之余烈，西却强秦，败狄于箕，进一步巩固了晋国的霸业。然而其统治期间，在调和内部矛盾的问题上举措失

---

① 杨伯峻．春秋左传注［M］．北京：中华书局，1990：513－515.
② 清华大学出土文献研究与保护中心编，李学勤主编．清华大学藏战国竹简（贰）［M］．上海：中西书局，2011：157.
③ 清华大学出土文献研究与保护中心编，李学勤主编．清华大学藏战国竹简（贰）［M］．上海：中西书局，2011：159.

当，造成卿大夫间势力较强的狐、赵两族关系出现裂痕。

1. 狐氏家族

童书业先生曾指出晋文公之复，狐、赵实为首勋。①《国语·晋语四》："晋公子亡，长幼矣，而好善不厌，父事狐偃，师事赵衰，而长事贾陀……狐氏出自唐叔，狐姬，伯行之子也，实生重耳。"韦昭注：狐氏，重耳外家也，出自唐叔，与晋同祖。唐叔之后别在犬戎者。②

狐氏与晋同祖，属于晋国的世家大族。狐偃是重耳最为信赖之人，在帮助晋文公称霸过程中发挥重要作用。《左传》僖公二十七年：

> 晋侯始入而教其民，二年，欲用之。子犯曰："民未知义，未安其居。"于是乎出定襄王，入务利民，民怀生矣。将用之。子犯曰："民未知信，未宣其用。"于是乎伐原以示之信。民易资者，不求丰焉，明征其辞。公曰："可矣乎？"子犯曰："民未知礼，未生其共。"于是乎大蒐以示之礼，作执秩以正其官。民听不惑，而后用之。出谷戍，释宋围，一战而霸，文之教也。③

狐偃建议晋文公实施利民措施，教化民众，明上下之序，帮助文公取得了城濮之战的胜利。狐偃丰富的政治谋略帮助晋文公制定了正确的国家发展规划，使晋国迅速摆脱了骊姬之乱的不良影响，不仅稳定了晋国的政局，还成就了辉煌的霸业。

此外，狐偃的事功还得到金文的验证，如《子犯编钟》铭文记载：

> 惟王五月初吉丁未，子犯佑晋公左右，来复其邦。诸楚荆不听命于王所，子犯及晋公率西之六师搏伐楚荆，孔休。大攻楚荆，丧厥师，灭厥央。子犯佑晋公左右，燮诸侯，得朝王，克奠王位。王锡子犯辂车、四马、衣、裳、带、韠市、佩。诸侯羞元金于子犯之所，用为和钟九堵。孔淑且硕，乃和且鸣。用宴用宁，用享用孝。用祈眉寿，万年无疆。子子孙孙，永宝用乐。（《近出殷周金文集录》10－18）

铭文记述子犯帮助晋公率西六师讨伐楚荆，大获全胜。子犯帮助晋公朝周

---

① 童书业. 春秋左传研究 [M]. 北京：中华书局，2006：56.

② 徐元诰. 国语集解 [M]. 北京：中华书局，2002：329－330.

③ 杨伯峻. 春秋左传注 [M]. 北京：中华书局，1990：447.

王，定王位。子反因大功获得王的赏赐。铭文中的子犯就是狐偃，亦称舅犯、臼犯、咎犯，作为重耳的重要谋主，是晋文公得以称霸中原的关键人物，这与传世文献记载的对于狐偃的描述基本一致。

基于狐偃的功勋，狐氏家族的势力在慢慢膨胀。《左传》僖公二十七年记载："使狐偃将上军，让于狐毛，而佐之。"① 狐毛成为上军将，狐偃为上军佐，说明狐氏的实力不断增强。

2. 赵氏家族

相对而言，赵氏则与晋国公室较为疏远，与秦人同祖，晋文侯时期才在晋国初立根基。其代表人物赵衰也是辅弼文公称霸的元勋，担任过新上军将和中军佐，是赵氏家族率先崛起的奠基人。

通过一桩政治联姻，赵氏家族拉近了与公室之间的关系。《史记·赵世家》记载："赵氏之先，与秦同祖……叔带之时，周幽王无道，去周如晋，事晋文侯，始建赵氏于晋国……重耳亡奔翟，赵衰从。翟伐啬咎如，得二女。翟以其少女妻重耳，长女妻赵衰而生盾。"②《左传》僖公二十三年："狄人伐啬咎如，获其二女，叔隗、季隗，纳诸公子。公子取季隗，生伯鯈、叔刘，以叔隗妻赵衰，生盾。"③ 重耳、赵衰的妻子互为姐妹，使赵氏虽为异姓，但通过自己的才能及婚姻关系加强了与晋国公室的联系。白国红先生指出，赵衰与晋文公之间的姻亲关系既反映了晋文公对他的高度信赖，也是赵氏势力得以持续发展的依凭。④ 此后，重耳与赵氏再次联姻，《左传》僖公二十四年："文公妻赵衰，生原同、屏括、楼婴。"⑤ 晋文公将女儿（或说晋公室之女）嫁给赵衰，进一步提升了赵氏家族的政治地位，使之有可能与狐氏抗衡。

3. 狐、赵矛盾的开始

狐、赵两家的矛盾导火索，皆因晋襄公及阳处父的一次政治决策失误点燃。《左传》文公六年：

① 杨伯峻. 春秋左传注 [M]. 北京：中华书局，1990：446.
② （汉）司马迁. 史记 [M]. 北京：中华书局，1959：1779 – 1781.
③ 杨伯峻. 春秋左传注 [M]. 北京：中华书局，1990：405.
④ 白国红. 春秋晋国赵氏研究 [M]. 北京：中华书局，2007：70.
⑤ 杨伯峻. 春秋左传注 [M]. 北京：中华书局，1990：416.

晋蒐于夷，舍二军。使狐射姑将中军，赵盾佐之。阳处父至自温，改蒐于董，易中军。阳子，成季之属也，故党于赵氏，且谓赵盾能，曰："使能，国之利也。"是以上之。宣子于是乎始为国政，制事典，正法罪，辟狱刑，董逋逃，由质要，治旧洿，本秩礼，续常职，出滞淹。既成，以授太傅阳子与太师贾佗，使行诸晋国，以为常法。①

狐射姑即狐偃之子，赵盾是赵衰之子。阳处父时任太傅，曾经受到赵氏恩惠，晋蒐于夷，襄公初任狐射姑为中军将，赵盾为中军佐，本是一次正常的人事调动。阳处父因是赵氏之党，见于《说苑·善说》："晋平公问于师旷曰：'咎犯与赵衰孰贤？'对曰：'阳处父欲臣文公，因咎犯三年不达。因赵衰三日而达。'"② 阳处父以太傅的身份向晋襄公进言，褒奖赵盾的同时贬低狐射姑，导致中军将人选发生变更，为狐、赵两氏的冲突埋下祸根。

《公羊传》与《谷梁传》对于晋襄公更换中军帅人选的原因亦有记载。

君将使射姑将，阳处父谏曰："射姑民众不悦，不可使将。"于是废将。阳处父出，射姑入，君谓射姑曰："阳处父言曰：'射姑民众不悦，不可使将。'"射姑怒，出刺阳处父于朝而走。③

晋将与狄战，使狐夜姑为将军，赵盾佐之。阳处父曰："不可！古者君之使臣也，使仁者佐贤者，不使贤者佐仁者。今赵盾贤，夜姑仁，其不可乎？"襄公曰："诺。"谓夜姑曰："吾始使盾佐女，今女佐盾矣。"夜姑曰："敬诺。"襄公死，处父主竟上事，夜姑使人杀之，君漏言也。④

以上所记存在三点不同。

其一，刺杀阳处父的时间。《公羊传》记载中军易主之后，晋襄公告诉狐射姑是阳处父的意见换帅。狐射姑大怒，离开之后就刺杀了阳处父。《谷梁传》则记载狐射姑是在晋襄公死后派人杀死阳处父。《左传》文公六年："八月乙亥，晋襄公卒。……贾季怨阳子之易其班也，而知其无援于晋也，九月，贾季使续

①　杨伯峻. 春秋左传注 [M]. 北京：中华书局，1990：544－546.
②　（汉）刘向撰，向宗鲁校证. 说苑校证 [M]. 北京：中华书局，1987：291.
③　（清）阮元校刻. 十三经注疏·春秋公羊传注疏 [M]. 北京：中华书局，1980：2268.
④　（清）阮元校刻. 十三经注疏·春秋谷梁传注疏 [M]. 北京：中华书局，1980：2406.

鞫居杀阳处父。书曰：'晋杀其大夫。'侵官也。冬十月，襄仲如晋葬襄公。"①据此可知阳处父之亡当在晋襄公死后，《公羊传》误。

其二，刺杀阳处父的凶手。《公羊传》记载狐射姑亲自杀死阳处父，《谷梁传》则认为是狐射姑派人杀死阳处父。《左传》文公六年记载贾季派续鞫居杀死阳处父。按贾季就是狐射姑。《国语·晋语四》记载："公子过宋，与司马公孙固相善。公孙固言于襄公曰：'晋公子亡，长幼矣，而好善不厌，父事狐偃，师事赵衰，而长事贾佗。狐偃其舅也，而惠以有谋。赵衰，其先君之戎御赵夙之弟也，而文以忠贞。贾佗，公族也，而多识以恭敬。此三人者，实左右之。公子居则下之，动则谘焉，成幼而不倦，殆有礼矣……君其图之。'"②韦昭注："贾佗，狐偃之子狐射姑、太师贾季也。公族，姬姓也。食邑于贾，字季。"《左传》文公六年："晋蒐于夷，舍二军。使狐射姑将中军。"③《会笺》引全祖望曰："韦氏误也。晋故有贾氏，七舆大夫之中，右行贾华是也。盖故是晋之公族，贾佗在从亡诸臣之列。公孙固曰，晋公子父事狐偃，师事赵衰，而长事贾佗。则与舅犯等夷，非父子矣。狐氏虽亦姬姓，然戎种，非公族也。至咎犯之子始称贾季，而其氏仍以狐，是由之士会称随会也。襄公之世，赵盾将中军，贾季佐之，阳处父为太傅，贾佗为太师，二贾同列。计其时佗为老臣，而季新出，安得合而为一也？"梁履绳曰："桓九年晋灭贾国以为邑，疑贾华先受之，后以与狐射姑为采，因称贾季，以邑为氏。"④贾佗与贾季并非一人，全祖望与梁履绳之言可从。

与赵盾争权的贾季无疑就是狐射姑，诸家无异说。至于是否是杀死阳处父的凶手，笔者认为当从《左传》文公六年与《谷梁传》，也就是说杀死阳处父的人是续鞫居。《左传》文公六年："贾季怨阳子之易其班也，而知其无援于晋也，九月，贾季使续鞫居杀阳处父。"⑤杜注："鞫居，狐氏之族也。"续鞫居既为狐氏之族，其主使之人就是狐射姑无疑。

---

① 杨伯峻. 春秋左传注 [M]. 北京：中华书局，1990：551－552.
② 徐元诰. 国语集解 [M]. 北京：中华书局，2002：329－330.
③ 杨伯峻. 春秋左传注 [M]. 北京：中华书局，1990：544.
④ 〔日〕竹添光鸿. 左氏会笺 [M]. 成都：巴蜀书社，2008：708－709.
⑤ 杨伯峻. 春秋左传注 [M]. 北京：中华书局，1990：552.

其三，更换中军帅的借口。阳处父要求变更人选的借口是狐射姑不得人心。这是记载阳处父认为赵盾贤明，足以胜任将军之职；而狐射姑仁，只能担任将佐。清代学者俞樾指出"仁"为"佞"的通假，"使佞者佐贤者，不使贤者佐佞者，犹言使不肖者佐贤者，不使贤者佐不肖者也。赵盾贤，夜姑佞，谓赵盾贤，夜姑不肖也。"① 笔者认为此说可商。从现存史料并不能判定狐射姑是佞臣，狐射姑得以在文公六年被任命为中军将，一是由于狐、赵两家与晋公室的亲疏关系②，二是狐射姑也具备一定的能力与实力。晋襄公对狐射姑有一定了解，否则也不会轻易许以中军将的职位。阳处父对晋襄公的劝谏重点在于说明赵盾比狐射姑贤明，而非将其贬低为一个无才无德之人，这会降低其谏言的可信度。

杨伯峻先生认为："《公》《谷》所云，与《左传》异，自不可信。以下年《传》'侵官也'观之，阳处父之改蒐，虽或先言于晋襄，究属专断。处父时为太傅，故能以国老之身分为此。"细审《春秋》三传，在阳处父左右晋襄公决定更换中军将一事的记载大体一致，所不同者主要是阳处父提出更换人选的理由以及狐射姑杀阳处父的时间。阳处父出于私念，力荐赵盾上位，破坏了狐偃、赵衰和睦相处的传统，不仅使得狐、赵两族关系出现裂痕，也使自己结怨于狐氏，最终被狐射姑派人刺杀。

晋襄公死后，狐、赵两族的矛盾在立谁为晋国国君的问题上彻底爆发，围绕国君继承人展开了激烈的政治斗争。《左传》文公六年：

八月乙亥，晋襄公卒。灵公少，晋人以难故，欲立长君。赵孟曰："立公子雍。好善而长，先君爱之，且近于秦。秦，旧好也。置善则固，事长则顺，立爱则孝，结旧则安。为难故，故欲立长君。有此四德者，难必抒矣。"贾季曰："不如立公子乐。辰嬴嬖于二君，立其子，民必安之。"赵孟曰："辰嬴贱，班在九人，其子何震之有？且为二君嬖，淫也。为先君子，不能求大，而出在小国，辟也。母淫子辟，无威；陈小而远，无援，将何安焉？杜祁以君故，让偪姞而上之；以狄故，让季隗而己次之，故班在四。先君是以爱其子，而仕诸秦，为

① （清）俞樾. 群经平议［M］//续皇清经解. 上海：上海书店，1988：1165.
② 白国红. 春秋晋国赵氏研究［M］. 北京：中华书局，2007：86.

亚卿焉。秦大而近，足以为援，母义子爱，足以威民，立之，不亦可乎?"使先蔑、士会如秦逆公子雍。贾季亦使召公子乐于陈，赵孟使杀诸郫。贾季怨阳子之易其班也，而知其无援于晋也，九月，贾季使续鞫居杀阳处父。书曰："晋杀其大夫。"侵官也。冬十月，襄仲如晋葬襄公。①

《史记·晋世家》所载此事与《左传》大体一致。②

狐、赵双方表面上争执的是立谁为君的问题，实则争夺自己在新政权的政治地位。对比两位君位的候选人，可谓各有千秋：公子雍年长，在秦国任职，且其母贤惠，素有妇德；公子乐在晋国也有自己的支持者，但其母地位不高，且曾经先侍奉子圉，后归文公。两位公子的拥立者分别为晋国政权的重要人物，且公子雍占较大优势。

在双方争执不下的时候，赵盾先下手为强，一方面派使者去秦国迎接公子雍回国，另一方面则派人刺杀公子乐，粉碎了狐射姑的政治图谋。狐射姑恼怒之下，居然派人杀死阳处父泄愤，可谓一个重大的政治失误。阳处父是晋襄公的太傅，被狐射姑暗杀，势必产生不良影响。赵盾利用此事打击狐氏，最终致使狐射姑被迫出奔翟，赵氏取得初步的胜利。

（二）赵盾攫取最高权力

赵盾击败政敌狐射姑，若仍按照原计划迎立公子雍，晋国历史或许会走上另一条道路，整个春秋史也会呈现别样的面貌。然而时局的发展超出赵盾预设的轨道，襄夫人穆嬴的强硬介入使得赵盾改变了自己的政治立场，转而支持太子夷皋。赵盾的改变表面上出于穆嬴的强烈要求，实则是赵盾以自己的政治利益为转移的这一原则始终未改。清人万斯大认为："晋襄卒于去年八月，至是已阅九月矣。此九月之中，晋国无君，唯赵盾是听。盾初念为国欲立长君，既而威已立，势已成，则又利于辅幼以恣行其意。故灵公之立，虽以穆嬴之故，实亦赵盾之私愿也。"③ 此说有得有失。万氏认为灵公之立出于赵盾之私愿可谓鞭辟入里；然而认为晋襄公死后至晋灵公即位之间的九个月内，晋国内部唯赵盾

①　杨伯峻. 春秋左传注［M］. 北京：中华书局，1990：551－552.

②　（汉）司马迁. 史记［M］. 北京：中华书局，1959：1671.

③　（清）万斯大. 学春秋随笔［M］//皇清经解. 上海：上海书店，1988：337.

是听则有所不妥。这段时间赵盾虽主持晋国国政，但内有政敌狐射姑，外有公子乐，其地位并非不可撼动。笔者认为赵盾政治立场的转变出于以下几个方面的考虑。

1. 夺取拥立之功

吕思勉先生认为："晋是时内外粗安，安用废嫡立庶？且穆嬴秦女，公子乐母辰嬴，即始归子圉，继嗣文公者，亦秦女也。欲结秦援，安用立公子雍？盾之以私废立，亦可见矣。"① 白国红先生指出，赵盾置嫡嗣于不顾，在尚未与次卿狐射姑取得一致意见之时便私自遣使迎接公子雍为君，难脱借新君以自重的嫌疑，更是对传统君权的背离。②

晋献公通过对内诛除群公子势力，对外开疆拓土，建立了强大的君权。即使如里克、吕甥这般强势的权臣也在晋献公时期安守本分，不敢造次。如今年纪幼小的法定继承人尚在，赵盾却置之不理，反而将目光投向客居秦国的公子雍，意图取定策之功以自重。《史记·赵世家》："赵盾代成季任国政二年而晋襄公卒，太子夷皋少。盾为国多难，欲立襄公弟雍。雍时在秦，使使迎之。"③ 清华简《系年》第九章："晋襄公卒，灵公高幼，大夫聚谋曰：'君幼，未可奉承也，毋乃不能邦？猷求强君'，乃命左行蔑与随会召襄公之弟雍也于秦。"④ 公子雍在晋国根基不牢，回国后必然倚重赵盾治理国家，有利于赵盾巩固自己的权位。

2. 赵盾面临的政治压力

公子夷皋在晋襄公生前就已经被立为太子，这一有利的政治地位为夷皋赢得不少支持者。晋国一直有立嫡子的传统。晋献公以嫡子的身份继承君位，后短暂继承君位的奚齐亦嫡子，其母骊姬曾被立为夫人。据学者研究，虽出现晋献公诸子轮流为君的局面，但并不意味这一继承原则在晋国被抛弃，故而夷皋

① 吕思勉. 先秦史 [M]. 上海：上海古籍出版社，2005：168.

② 白国红. 春秋晋国赵氏研究 [M]. 北京：中华书局，2007：90.

③ （汉）司马迁. 史记 [M]. 北京：中华书局，1959：1782.

④ 清华大学出土文献研究与保护中心编，李学勤主编. 清华大学藏战国竹简（贰）[M]. 上海：中西书局，2011：157.

是法定的继承人。① 《左传》文公七年详细记载了赵盾更换继位人人选的过程：

穆嬴日抱太子以啼于朝，曰："先君何罪？其嗣亦何罪？舍适嗣不立，而外求君，将焉置此？"出朝，则抱以适赵氏，顿首于宣子曰："先君奉此子也以属诸子。曰：'此子也才，吾受子之赐；不才，吾惟子之怨。'今君虽终，言犹在耳，而弃之，若何？"宣子与诸大夫皆患穆嬴，且畏偪，乃背先蔑而立灵公，以御秦师。②

《史记·晋世家》基本以《左传》为依据，记述与之类似：

太子母缪嬴日夜抱太子以号泣于朝，曰："先君何罪？其嗣亦何罪？舍适而外求君，将安置此？"出朝，则抱以适赵盾所，顿首曰："先君奉此子而属之子，曰：'此子材，吾受其赐；不才，吾怨子。'今君卒，言犹在耳，而弃之，若何？"赵盾与诸大夫皆患缪嬴，且畏诛，乃背所迎而立太子夷皋，是为晋灵公。③

《史记·赵世家》则直接指出赵盾改变主意的原因是畏惧襄夫人的宗族势力：

太子母日夜啼泣，顿首谓赵盾曰："先君何罪，释其适子而更求君？"赵盾患之，恐其宗与大夫袭诛之，乃遂立太子，是为灵公，发兵距所迎襄公弟于秦者。灵公既立，赵盾益专国政。④

清华简《系年》第九章则记载了大夫们在面对襄夫人的哭闹之举皆表示没有召公子雍回国继位之事：

襄夫人闻之，乃抱灵公以号于廷曰："死人何罪？生人何辜？舍其君之子弗立，而召人于外，而焉将寘此子也？"大夫闵，乃皆背之曰："我莫命招之。"乃立灵公，焉葬襄公。⑤

通过上引《左传》《史记》的相关记载，可以得到两点认识：其一，《左

① 白国红. 春秋晋国赵氏研究 [M]. 北京：中华书局，2007：89.
② 杨伯峻. 春秋左传注 [M]. 北京：中华书局，1990：558－562.
③ （汉）司马迁. 史记 [M]. 北京：中华书局，1959：1672.
④ （汉）司马迁. 史记 [M]. 北京：中华书局，1959：1782.
⑤ 清华大学出土文献研究与保护中心编，李学勤主编. 清华大学藏战国竹简（贰）[M]. 上海：中西书局，2011：157.

传》文公七年、《晋世家》均载襄夫人所言晋襄公死前曾对赵盾有过政治遗嘱，《赵世家》、清华简《系年》则不载此事；其二，《赵世家》记载赵盾改变政治立场原因是畏惧以穆嬴为代表的晋国公族势力联合其他卿大夫展开军事行动。

　　由于公子夷皋具有太子的合法地位，有一定的号召力，晋国内部倾向于立太子者亦当不在少数，荀林父的观点有一定代表性。"先蔑之使也，荀林父止之，曰：'夫人、太子犹在，而外求君，此必不行。子以疾辞，若何？不然，将及。摄卿以往，可也，何必子？同官为寮，吾尝同寮，敢不尽心乎？'弗听。"① 如果赵盾的反对势力联合起来支持襄公夫人，赵氏宗族就变得岌岌可危。赵盾拥立公子雍原本就是一时之计，加之公子雍年长，不如太子夷皋易于控制，既已得到襄公夫人的许诺，赵盾便接受了这一政治交易，抛弃了公子雍，转而拥立太子夷皋也就成为必然。

　　3. 秦国的军事威胁

　　秦国之所以派兵护送公子雍，表面的理由是避免类似重耳继位后吕、郤之难重演。这需要回顾一下重耳回国后遭遇的困境。《国语·晋语四》："晋人惧，怀公奔高梁。吕甥、郤芮帅师，甲午，军于庐柳。"② 吕甥、郤芮本非重耳的支持者，军于庐柳的目的是阻挠重耳回国。面对这种情况，秦国及时出面调和矛盾，见《左传》僖公二十四年："秦伯使公子絷如晋师。师退，军于郇。辛丑，狐偃及秦、晋之大夫盟于郇。壬寅，公子入于晋师，丙午，入于曲沃。丁未，朝于武宫。"③ 公子絷代表秦国居中调停，促使双方就重耳回国一事达成一致。重耳方面应当保证不损害吕甥、郤芮的利益，换取两人对重耳的支持。在这种情况下，重耳得以返国。《史记·晋世家》较为详细地记载了这一过程：

　　于是秦缪公乃发兵与重耳归晋。晋闻秦兵来，亦发兵拒之。然皆阴知公子重耳入也……文公元年春，秦送重耳至河……秦兵围令狐，晋军于庐柳。二月辛丑，咎犯与秦晋大夫盟于郇。壬寅，重耳入于晋师。丙午，入于曲沃。丁未，朝于武宫，即位为晋君，是为文公。④

---

① 杨伯峻. 春秋左传注 [M]. 北京：中华书局，1990：558－562.
② 徐元诰. 国语集解 [M]. 北京：中华书局，2002：345.
③ 杨伯峻. 春秋左传注 [M]. 北京：中华书局，1990：413.
④ （汉）司马迁. 史记 [M]. 北京：中华书局，1959：1660－1662.

可知晋文公初次返晋之时，秦穆公只是派兵将其护送至晋的边境，待重耳与吕甥、郤芮所帅晋军会合后，秦穆公即返国。不久，吕甥、郤芮不安于位，意图颠覆重耳政权。"吕、郤畏偪，将焚公宫而弑晋侯……三月，晋侯潜会秦伯于王城。乙丑晦，公宫火。瑕甥、郤芮不获公，乃如河上，秦伯诱而杀之。晋侯逆夫人嬴氏以归。秦伯送卫于晋三千人，实纪纲之仆。"① 吕、郤二人感到自己的利益受到威胁，决定实行篡逆之举。晋文公狼狈逃至王城，寻求秦国的军事援助。《史记·晋世家》还记载了晋文公对国人也不信任：

怀公故大臣吕省、郤芮本不附文公，文公立，恐诛，乃欲与其徒谋烧公宫，杀文公……文公欲召吕、郤，吕、郤等党多，文公恐初入国，国人卖己，乃为微行，会秦缪公于王城，国人莫知……吕、郤等引兵欲奔，秦缪公诱吕、郤等，杀之河上，晋国复而文公得归。夏，迎夫人于秦，秦所与文公妻者卒为夫人。秦送三千人为卫，以备晋乱。②

当面对吕、郤党羽欲弑杀晋文公的危机时，因国人又不可信，文公无可凭借的军事力量，只好秘密跑到王城与秦穆公会合，借秦穆公之手将吕、郤之党铲去。为巩固晋文公的统治，秦穆公送三千秦兵给重耳做护卫。这就是吕、郤之难的主要经过。

公子雍回国时秦康公以此为由派兵护送，通常不会引人怀疑。清代学者吴会祺曰：

秦为送公子而来，徒卫之多，其意甚属可感，乃以寇待之，以理而言，曲固有在矣。宣子忽为先发制人之计，所谓宁我负人，无人负我，奸人手段，千古略同。秦人既未尝防患于先，河从应敌于后，乘其不意，攻其无备，其破秦也直如摧古拉朽已耳。③

吴会祺认为秦军没有防备是正确的，但认为秦出兵是好意，按此说可商。有一个细节值得注意：秦缪公新丧不久。《史记·晋世家》："七年八月，襄公卒……十月，葬襄公。十一月，贾季奔翟。是岁，秦缪公亦卒。"④ 继位的秦康公

---

① 杨伯峻. 春秋左传注［M］. 北京：中华书局，1990：414 - 415.

② （汉）司马迁. 史记［M］. 北京：中华书局，1959：1660 - 1662.

③ 韩席畴编注. 左传分国集注［M］. 南京：江苏人民出版社，1963：292.

④ （汉）司马迁. 史记［M］. 北京：中华书局，1959：1671.

派兵的目的很有可能是继承秦缪公遗志。因为秦缪公一直希望能够称霸中原，无奈始终难以迈过晋国这道坎。当晋国再次出现动乱，如能借机扶植一个亲秦的国君，培植一定的亲秦势力，无疑对秦国以后的发展创造有利的条件。

秦国此举引起赵盾的忧虑，此时晋国内的军事权主要掌握在赵盾手中，秦国实无派兵的必要。清华简《系年》第十章："秦康公率师以送雍子，晋人起师，败之于堇阴。左行蔑、随会不敢归，遂奔秦。"① 《史记·晋世家》记载："灵公元年四月，秦康公曰：'昔文公之入也无卫，故有吕、郤之患。'乃多与公子雍卫……发兵以拒秦送公子雍者。赵盾为将，往击秦，败之令孤。"② 《左传》文公七年还详细记载了赵盾大起三军迎击秦军的军事部署：

> 秦康公送公子雍于晋，曰："文公之入也无卫，故有吕郤之难。乃多与之徒卫。"……以御秦师。箕郑居守。赵盾将中军，先克佐之；荀林父佐上军；先蔑将下军，先都佐之。步招御戎，戎津为右。及堇阴……训卒，利兵，秣马，蓐食，潜师夜起。戊子，败秦师于令狐，至于刳首。③

秦康公"多与之徒卫"的举措意味着护送公子雍的秦军数目不会太少，应当多于三千，否则晋国方面不会三军出动，采取偷袭的方式将秦军击败。本来赵盾是要借公子雍来夺取拥立之功，扩大自己的职权。随着秦军入晋，公子雍便有自己的军事力量，相对而言就难以控制。此举显然不利赵盾的专权，威胁到晋国的核心政治利益，赵盾若一意孤行，必会招致大多数晋国实力派的反对。

因此，赵盾果断抛弃公子雍，并给于秦军迎头痛击，打消秦国妄图控制晋国的美梦，不过这次军事行为牺牲了秦晋原来较为友好的国际关系，造成秦晋之间很长时间都处于战争状态。《史记·晋世家》："六年，秦康公伐晋，取羁马。晋侯怒，使赵盾、赵穿、郤缺击秦，大战河曲，赵穿最有功。"④ 《系年》第十章："灵公高立六年，秦公以战于堇阴之故，率师为河曲之战。"⑤ 秦国后

---

① 清华大学出土文献研究与保护中心编，李学勤主编．清华大学藏战国竹简（贰）[M]．上海：中西书局，2011：159．

② （汉）司马迁．史记 [M]．北京：中华书局，1959：1672．

③ 杨伯峻．春秋左传注 [M]．北京：中华书局，1990：558－562．

④ （汉）司马迁．史记 [M]．北京：中华书局，1959：1673．

⑤ 清华大学出土文献研究与保护中心编，李学勤主编．清华大学藏战国竹简（贰）[M]．上海：中西书局，2011：159．

来不甘心失败，与晋国的战争亦可从侧面证明秦国的战略意图。

4. 稳定国内政局的客观需要

赵盾的地位并不稳定，仍需面对狐射姑遗留下来的反对派力量及穆嬴为代表的公室势力，国内急需一位新君巩固秩序。

赵盾得以秉晋国之政，始于阳处父之力荐，前文已经提及。《国语·周语中》记载郤至语邵桓公："昔先大夫荀伯自下军之佐以政，赵宣子未有军行而以政，今栾伯自下军往。"① 赵盾本人少军功，未能威服晋国。晋襄公卒后至晋灵公继位这段时间是赵盾整顿晋国内部不依附自己的反对势力的一个过程。

从埋葬晋襄公的时间也可看到国内政局的混乱。清华简《系年》第九章："晋襄公卒……乃立灵公，焉葬襄公。"② 《左传》文公六年记载："八月乙亥，晋襄公卒……九月，贾季使续鞫居杀阳处父。书曰：'晋杀其大夫。'侵官也。冬十月，襄仲如晋葬襄公。"③《史记·晋世家》载："七年八月，襄公卒……十月，葬襄公。十一月，贾季奔翟。"④ 清华简《系年》记载埋葬晋襄公的时间是在立晋灵公之后，而《左传》《史记》的记载则是先葬晋襄公后，再立晋灵公，当依《左传》《史记》。因为若以《系年》的时间来算，晋襄公死后长达九个月才下葬不合情理。在灵公继位前，赵盾打击了狐射姑，将其逼出晋国，使其支持势力群龙无首；又笼络了阳处父的势力，归为己用；同时与襄夫人代表的宗室势力达成妥协：赵盾取得晋国最高行政实权，太子夷皋继承君位。

通过上述一系列激烈而又错综复杂的政治、军事斗争之后，赵盾终于登上了晋国权力的最高峰，开创了晋国卿大夫专权的先例，对晋国政治形态的演进产生了深远影响。而同时，晋国公室势力的逐渐衰落也为赵氏家族的崛起提供了有利契机，以赵盾为首的赵氏家族一度在晋襄公死后掌握了晋国实权。但这短暂的不平衡状态不久即被打破，晋景公时期的"下宫之难"使赵氏家族濒临崩溃的边缘，幸赖韩氏家族的援手才得以恢复生机。

---

① 徐元诰. 国语集解 [M]. 北京：中华书局，2002：74.
② 清华大学出土文献研究与保护中心编，李学勤主编. 清华大学藏战国竹简（贰）[M]. 上海：中西书局，2011：157.
③ 杨伯峻. 春秋左传注 [M]. 北京：中华书局，1990：551－552.
④ （汉）司马迁. 史记 [M]. 北京：中华书局，1959：1671.

二、郤氏家族的兴盛

郤克是郤氏家族发展的关键人物，清华简《系年》第十四章涉及郤克受辱事件及鞌之战史事，《左传》《国语》《史记》《公羊传》《谷梁传》《说苑》等传世文献对此事件记载也详略不一。现依通行字体先将《系年》相关简文照录于下：

晋景公立八年，随会率师，会诸侯于断道，公命驹之克先聘于齐，且召高之固曰："今菁其会诸侯，子其与临之。"齐顷公使其女子自房中观驹之克，驹之克将受齐侯币，女子笑于房中，驹之克降堂而誓曰："所不复詷于齐，毋能涉白水。"乃先归，须诸侯于断道。高之固至莆池，乃逃归。齐三璧大夫南郭子、蔡子、晏子率师以会于断道。既会诸侯，驹之克乃执南郭子、蔡子、晏子以归。齐顷公围鲁，鲁臧孙许适晋求援。驹之克率师救鲁，败齐师于靡笄。齐人为成，以轊骼玉与淳于之田。明岁，齐顷公朝于晋景公，驹之克走援齐侯之带，献之景公，曰："齐侯之来也，老夫之力也。"①

简文记载郤克使齐，遭到妇人耻笑而盛怒离去，由此埋下齐晋冲突的祸根。对于取笑郤克的妇人身份，一般皆以为齐顷公母萧同叔子，如杨伯峻先生②、日本学者竹添光鸿③均持此说。理由基于两点：郤克在鞌之战后点名要求萧同叔子为质；《史记·晋世家》明确指出笑郤克者为萧同叔子。以此来看，萧同叔子即嘲笑郤克的妇人这一观点似无问题。但透析文献，实则不然，这两点理由均值得商榷。笔者拟就清华简与相关传世文献为基础，对嘲笑郤克的齐国妇人身份进行新的探讨。

（一）郤克受辱事件始末

清华简《系年》第十四章："晋景公立八年，随会率师，会诸侯于断道，公命驹之克先聘于齐，且召高之固曰：'今菁其会诸侯，子其与临之。'"此前晋国的霸主地位有所动摇，晋景公试图在断道举行一次盟会来巩固晋国的政治地位。

---

① 清华大学出土文献研究与保护中心编，李学勤主编．清华大学藏战国竹简（贰）［M］．上海：中西书局，2011：167．

② 杨伯峻．春秋左传注［M］．北京：中华书局，1990：772．

③ 〔日〕竹添光鸿．左氏会笺［M］．成都：巴蜀书社，2008：938．

郤克，又称郤献子，《系年》称"驹之克"，整理者注："驹之克即郤克、郤献子，《左传》宣公十二年或称'驹伯'，其子郤錡，成公十七年传也称'驹伯'。'驹'当为其封邑。"① 晋国派郤克出使齐国，目的是让齐国重臣高固参加这次盟会。不料在完成这项使命的过程中，郤克受到奇耻大辱，为随后而来的齐晋战争埋下敏感的导火索。现存文献对于郤克出使齐国遭受屈辱一事有两种说法。

1. 第一种说法

《左传》《国语》、清华简《系年》并未指出笑郤克者为萧同叔子。

《左传》宣公十七年载："十七年春，晋侯使郤克徵会于齐。齐顷公帷妇人使观之。郤子登，妇人笑于房。献子怒，出而誓曰：'所不此报，无能涉河！'"② 晋侯即晋景公，以中原霸主的姿态"徵会于齐"，就是要求齐国参加《系年》所载的"会诸侯于断道"的政治会盟。

《国语·晋语》记载："郤献子聘于齐，齐顷公使妇人观而笑之。郤献子怒，归请伐齐。"③ 郤克出使齐国属于诸侯国之间的交聘，据《仪礼·聘礼》，两国之间的交聘礼非常复杂、隆重，齐顷公使妇人观看显然不合礼制要求，既是对郤克的极不尊重，亦表示齐君对晋国霸主地位的不以为然和挑衅。

清华简《系年》："齐顷公使其女子自房中观驹之克，驹之克将受齐侯币，女子笑于房中，驹之克降堂而誓曰：'所不复詢于齐，毋能涉白水。'"④

以上史料只是说明郤克为妇人所笑，不曾指明此妇人的身份。从齐顷公的轻佻行为及郤克激烈的反应来看，郤克在受辱之余，也感受到了齐国向晋挑战的政治气息，回国便强烈要求与齐国开战。

2. 第二种说法

指出笑郤克者为齐顷公母的文献始于《史记》，《公羊传》《谷梁传》继之。《史记·晋世家》：

---

① 清华大学出土文献研究与保护中心编，李学勤主编. 清华大学藏战国竹简（贰）［M］. 上海：中西书局，2011：168.
② 杨伯峻. 春秋左传注［M］. 北京：中华书局，1990：771–774.
③ 徐元诰. 国语集解［M］. 北京：中华书局，2002：381.
④ 清华大学出土文献研究与保护中心编，李学勤主编. 清华大学藏战国竹简（贰）［M］. 上海：中西书局，2011：167.

使郤克于齐。齐顷公母从楼上观而笑之。所以然者，郤克偻，而鲁使蹇，卫使眇，故齐亦令人如之导客。郤克怒，归至河上，曰："不报齐者，河伯视之！"至国，请君，欲伐齐。①

郤克出使齐国，因郤克与鲁国使者、卫国使者均有生理缺陷，齐国使偻者、蹇者、眇者引导两国使者，齐顷公母从楼上看到此情形发笑。郤克受此奇耻大辱，使命尚未完成就大怒而去。《史记·齐世家》：

晋使郤克于齐，齐使夫人帷中而观之。郤克上，夫人笑之。郤克曰："不是报，不复涉河！"……齐侯请以宝器谢，不听；必得笑克者萧桐叔子，令齐东亩。对曰："叔子，齐君母。齐君母亦犹晋君母，子安置之？且子以义伐而以暴为后，其可乎？"于是乃许，令反鲁、卫之侵地。②

《齐世家》指出笑郤克者为萧桐叔子，认为萧桐叔子的身份为夫人，且为齐顷公母。

《公羊传》成公二年对此事添加了细节：

晋郤克与臧孙许同时而聘于齐。萧同姪子者，齐君之母也，踊于棓而窥客，则客或跛或眇，于是使跛者迓跛者，使眇者迓眇者。二大夫出，相与踦闾而语，移日然后相去。③

这里记载晋郤克与鲁臧孙许出使齐国，与《晋世家》相较，少了卫使。此外还记载了萧同姪子即齐君之母，登蹑板上来偷窥二国使者。"则客或跛或眇，于是使跛者迓跛者，使眇者迓眇者。"按前文顺序则指郤克为跛者，臧孙许为眇者。

《谷梁传》成公元年的记载又发生变化：

冬，十月。季孙行父秃，晋郤克眇，卫孙良夫跛，曹公子手偻，同时而聘于齐。齐使秃者御秃者，使眇者御眇者，使跛者御跛者，使偻者御偻者。萧同侄子处台上而笑之，闻于客，客不悦而去，相与立胥闾而语，移日不解。齐人有知之者，曰："齐之患，必自此始矣！"④

---

① （汉）司马迁．史记［M］．北京：中华书局，1959：1677－1678.
② （汉）司马迁．史记［M］．北京：中华书局，1959：1497－1498.
③ （清）阮元校刻．十三经注疏·春秋公羊传注疏［M］．北京：中华书局，1980：2290.
④ （清）阮元校刻．十三经注疏·春秋谷梁传注疏［M］．北京：中华书局，1980：2417.

据此记载，同时出使齐国的使者变为四人，此四人皆有生理缺陷，郤克成为眇者。萧同侄子所在地点也发生变化："处台上而笑之"。

3. 文献中的矛盾之处

首先，虽然上述文献均记载了郤克出使齐国受辱一事，但细节方面存在很大差别。齐顷公母所在的地点《史记·晋世家》记载为"楼上"，《公羊传》改为"踊于棓而窥客"，《谷梁传》变为"台上"。

其次，出使齐国的使者数目及生理缺陷也不相同。据《史记·晋世家》，出使齐国的有"郤克偻，而鲁使蹇，卫使眇"；《公羊传》变为晋郤克与臧孙许同时而聘于齐。郤克为跛者，臧孙许为眇者；据《谷梁传》"季孙行父秃，晋郤克眇，卫孙良夫跛，曹公子手偻，同时而聘于齐"，则同时出使齐国的使者变为四人，增加了季孙行父、曹公子，没有了臧孙许，使者的生理缺陷再次变化，郤克成为眇者，卫孙良夫为跛者，曹公子为偻者，季孙行父为秃者。

再次，《史记·齐世家》称嘲笑郤克之人为萧同叔子，《晋世家》《公羊传》《谷梁传》都称之为萧同姪（侄）子。

最后，《史记·晋世家》与《齐世家》均只载郤克受辱之后礼未成便怒而离去。《公羊》《谷梁》则记载了鲁、卫、晋、曹之使"相与踦闾而语，移日然后相去"的情节。

通过上述分析，显然持第一种说法的诸多文献对此事记载较为一致和谨慎，持第二种说法的文献虽较前者翔实，但彼此之间互有抵牾，存在难以调和的矛盾。郤克使齐是齐晋冲突的导火索之一，因此有必要对郤克受辱事件的细节展开进一步的分析，以求理清鞌之战的前因后果及其历史影响。

（二）郤克受辱事件辨疑

1. 史料价值的可靠性分析

从史料价值的角度考量，《左传》《国语》、清华简《系年》成书于先秦，可信度相对较高；《史记》《公羊传》《谷梁传》均成书于汉，书中关于先秦史事记载的可信度不如前者。

《史记·齐世家》言"齐使夫人帷中而观之"，《晋世家》却明言"齐顷公母从楼上观而笑之"，可见《史记》文本本身即存在矛盾，足启疑窦。《公羊传》《谷梁传》更加铺陈其事，增加人物与情节，实难令人信服。西汉刘向

《说苑》一书喜收集奇闻异事，对此事仅言"晋、鲁往聘，以使者戏"①。

吕思勉先生曾质疑郤克受辱事件："齐顷公有意挑衅，庸或不顾一切。当时最重使命，尤重人之仪表，晋、鲁、卫岂有使偻者、蹇者、眇者出使之理？古代贵族，有恶疾不得继嗣，郤克果偻，鲁使果蹇，卫使果眇，又岂得为卿大夫乎？且当时亦未必有楼也。此皆所谓东野人之言也。度当日郤克偶失仪，而为妇人所笑，则有之耳。"② 童书业先生也认为《公》《谷》对于此事的记载诚为传说，难以凭信。③

《左传》《国语》清华简《系年》既未曾明确指出笑郤克者为齐顷公母萧同叔子，则当以第一种说法较妥。

2. 春秋时期礼制对于妇女的束缚

西周及春秋时期，礼制对妇女的束缚一直存在。如《易·家人》：

女正位乎内，男正位乎外；男女正，天下之大义也。④

《礼记·内则》：

男不言内，女不言外。非祭非丧，不相授器。⑤

《左传》庄公二十四年：

男女之别，国之大节也。⑥

《公羊传》隐公二年何休注：

礼，妇人无外事。⑦

据《仪礼·聘礼》的记载，聘享是聘礼的核心部分，分为聘国君、享国君、聘国君夫人、享国君夫人四个仪节。向国君夫人行聘礼时，玉器用璋；行享礼时则用琮，但夫人不亲自接受，而由国君代为接受。⑧ 西周时期聘礼仪式非常

---

①　（汉）刘向撰，向宗鲁校证. 说苑校证［M］. 北京：中华书局，1987：249.

②　吕思勉. 先秦史［M］. 上海：上海古籍出版社，2005：171.

③　童书业. 春秋左传研究［M］. 北京：中华书局，2006：63.

④　（清）阮元校刻. 十三经注疏·周易正义［M］. 北京：中华书局，1980：50.

⑤　（清）阮元校刻. 十三经注疏·礼记正义［M］. 北京：中华书局，1980：1462.

⑥　杨伯峻. 春秋左传注［M］. 北京：中华书局，1990：230.

⑦　（清）阮元校刻. 十三经注疏·春秋公羊传注疏［M］. 北京：中华书局，1980：2203.

⑧　彭林. 中国古代礼仪文明［M］. 北京：中华书局，2004：180.

繁杂，但井然有序，一环扣一环，层层深入，已经构成严密的聘礼系统。① 春秋时期诸侯之间遣使聘问的礼仪过程应该与西周相一致。② 两国交聘，一般不允许妇人出现在如此郑重的场合。

邵克作为使者面见齐君，据《左传》宣公十七年"齐顷公帷妇人使观之，邵子登，妇人笑于房"、《史记·齐世家》"齐使夫人帷中而观之"、《系年》"女子笑于房中"的诸多记载，可以确定此女子没有与邵克面对面相见的机会。"帷"，《说文》："在旁曰帷"。段注："《释名》曰：'帷，围也。所以自障围也。'"③ 齐君之所以使女子"帷"而观之，正是由于其行为不合礼仪之故。据清华简《系年》第十四章"齐顷公使其女子自房中观驹之克，驹之克将受齐侯币，女子笑于房中"，可知《系年》与《左传》宣公十七年所记相合，均指出女子在房中偷窥邵克行礼。"房"，《说文》："室在旁也。"段注："几堂之内，中为正室，左右为房，所谓东房、西房也。"④ 邵克是在行聘礼过程中听到女子的笑声才发觉自己受辱，否则若此女子正大光明出现在行礼场所，邵克必定不会屈从行交聘之礼。即便《公羊传》认为萧同姪子嘲笑邵克，却保留了萧同姪子偷窥的记载："踊于棓而窥客"，何休解诂："踊，上也。凡无高下有绝，加蹑板曰棓，齐人语。"徐彦疏："无高下犹言莫问高下，但当有县绝而加蹑板者，皆曰棓矣。"萧同姪子登蹑板上来偷窥二国使者，并未正式出现在行礼场所。这意味着邵克只是听到笑声，随即怒而离去，没有看到嘲笑自己的女子。因此，邵克受辱事件的主角是萧同叔子的传统观点难以成立。

3. 邵克性格及家族势力

（1）邵克性格

邵克为人刚烈，睚眦必报，文献对此多有记载。《左传》宣公十七年："献子怒，出而誓曰：'所不此报，无能涉河！'"⑤ 《史记·齐世家》："邵克曰：

---

① 李无未. 春秋朝聘制度研究［M］. 长春：吉林人民出版社，2005：138.

② 李无未. 春秋朝聘制度研究［M］. 长春：吉林人民出版社，2005：204.

③ （汉）许慎撰，（清）段玉裁注，许惟贤整理. 说文解字注［M］. 南京：凤凰出版社，2007：627.

④ （汉）许慎撰，（清）段玉裁注，许惟贤整理. 说文解字注［M］. 南京：凤凰出版社，2007：1019.

⑤ 杨伯峻. 春秋左传注［M］. 北京：中华书局，1990：771 - 774.

'不是报，不复涉河！'归，请伐齐，晋侯弗许。"①《晋世家》："郤克怒，归至河上，曰：'不报齐者，河伯视之！'"②

《系年》记载了郤克与齐景公的对话：

> 驹之克降堂而誓曰："所不复詢于齐，毋能涉白水。"……明岁，齐顷公朝于晋景公，驹之克走援齐侯之带，献之景公，曰："齐侯之来也，老夫之力也。"③

郤克受到侮辱，发誓要通过实际行动捍卫自己的尊严；当齐顷公朝见晋景公时，郤克还不忘挖苦一下齐君，其言谈举止间均流露不能委曲求全的个性。

（2）郤克强大的家族势力

郤克是郤氏家族的代表人物，拥有的实力亦不可小觑。

据学者研究，郤氏在晋国卿族中兴起最早，势力最大，采邑最多。④ 郤縠是晋国第一位以中军元帅执政的正卿。《左传》僖公二十七年："于是乎蒐于被庐，作三军，谋元帅。赵衰曰：'郤縠可。臣亟闻其言矣，说礼、乐而敦《诗》《书》。《诗》《书》，义之府也；礼、乐，德之则也；德、义，利之本也。《夏书》曰：'赋纳以言，明试以功，车服以庸。'君其试之！'乃使郤縠将中军，郤溱佐之。"⑤ 中军将与中军佐均由郤氏家族成员担任，这有助于郤氏家族势力的发展。《左传》僖公二十八年："二月，郤縠卒。原轸将中军。"⑥ 不过郤縠担任中军将的时间不长，于次年二月去世。此后，郤氏家族中居中军元帅执掌晋国的还有郤缺。《左传》宣公八年："晋胥克有蛊疾，郤缺为政。秋，废胥克，以赵朔佐下军。"⑦ 因胥克患有蛊疾，所以时任中军将的郤缺以赵盾之子赵朔代替胥克为下军佐。顾栋高指出郤氏家族结怨胥氏家族实始于此。⑧ 郤缺之官在

---

① （汉）司马迁．史记［M］．北京：中华书局，1959：1497–1498.
② （汉）司马迁．史记［M］．北京：中华书局，1959：1677–1678.
③ 清华大学出土文献研究与保护中心编，李学勤主编．清华大学藏战国竹简（贰）［M］．上海：中西书局，2011：167.
④ 吕文郁．周代的采邑制度（增订版）［M］．北京：社会科学文献出版社，2006：219–220.
⑤ 杨伯峻．春秋左传注［M］．北京：中华书局，1990：445–446.
⑥ 杨伯峻．春秋左传注［M］．北京：中华书局，1990：451.
⑦ 杨伯峻．春秋左传注［M］．北京：中华书局，1990：697.
⑧ （清）顾栋高辑．春秋大事表［M］．北京：中华书局，1993：1783.

鲁宣公十二年被荀林父取代。《左传》宣公十二年："夏六月，晋师救郑。荀林父将中军，先縠佐之；士会将上军，郤克佐之；赵朔将下军，栾书佐之。赵括、赵婴齐为中军大夫，巩朔、韩穿为上军大夫，荀首、赵同为下军大夫。韩厥为司马。"① 不过这时郤克已经担任上军佐，展露头角。

当郤克向晋君请求伐齐时，晋君出于大局的考虑暂未允许。《左传》宣公十七年"郤子至，请伐齐。晋侯弗许。请以其私属，又弗许"。② 以郤克所拥有的私属就敢讨伐齐国，郤克实力的雄厚可见一斑。时人对此亦深有认识，如士会请老就是为晋国利益着想、权衡利弊的结果。"范武子将老，召文子曰：'燮乎！吾闻之，喜怒以类者鲜，易者实多……郤子其或者欲已乱于齐乎。不然，余惧其益之也。余将老，使郤子逞其志，庶有豸乎。尔从二三子唯敬。'乃请老，郤献子为政。"③ 范武子表示要使郤克主政以报其私仇，叮嘱其子善事郤克。而《国语·晋语六》记载范武子指出如果不使郤克伐齐以抒其私怨，郤克就会祸乱晋国：

郤献子怒，归请伐齐。范武子退自朝，曰："燮乎，吾闻之，干人之怒，必获毒焉。夫郤子之怒甚矣，不逞于齐，必发诸晋国。不得政，何以逞怒？余将致政焉，以成其怒，无以内易外也。尔勉从二三子以承君命，唯敬。"乃老。"④

范武子可谓知人，深知以郤克的性格与其家族实力，若不能使其如愿，恐怕将在晋国内部引起政局的动荡不安。所以劝说其子配合自己的行动，不要与郤克发生冲突。郤克在范武子请老之后亦官至中军帅，便积极部署与齐的战争，最终获得鞌之战的胜利。

鞌之战获胜后郤克的家族势力只增不减，到晋厉公时郤氏家族的发展达到顶峰，郤氏一族有三卿五大夫，招致其他卿族的嫉恨。叔向曾评论说："夫郤昭子，其富半公室，其家半三军，恃其富宠以泰于国，其身尸诸朝，其宗灭于绛。不然，夫八郤五大夫三卿，其宠大矣。"⑤

---

①　杨伯峻. 春秋左传注［M］. 北京：中华书局，1990：721.
②　杨伯峻. 春秋左传注［M］. 北京：中华书局，1990：772.
③　杨伯峻. 春秋左传注［M］. 北京：中华书局，1990：771–774.
④　徐元诰. 国语集解［M］. 北京：中华书局，2002：381.
⑤　徐元诰. 国语集解［M］. 北京：中华书局，2002：438–439.

4. 史料记载产生讹误的原因

笔者认为《史记》《公羊传》《谷梁传》之所以认定嘲笑郤克的女子为齐顷公母萧同叔子，当是出于对鞌之战后齐国向晋求和，而晋人提出与齐停战的要求为萧同叔子为质、齐国封内尽东其亩这一历史事件做出的推断。然而这一推断不能成立。

《左传》成公二年："齐侯使宾媚人赂以纪甗、玉磬与地。'不可，则听客之所为。'宾媚人致赂。晋人不可，曰：'必以萧同叔子为质，而使齐之封内尽东其亩。'"① 杨伯峻先生注："晋在齐之西，若齐之垄亩多为南北向，则沟渠与道路亦多南北向，于晋之往东向齐进军，地形与道路有所不利，故晋以'尽东其亩'为媾和条件之一。"

细缕晋人提出"以萧同叔子为质"的要求，其实没有说明因萧同叔子嘲笑郤克之故。换一个角度来看，这一要求可能存在政治方面的考虑。齐国使者的回答值得玩味：

对曰："萧同叔子非他，寡君之母也。若以匹敌，则亦晋君之母也。吾子布大命于诸侯，而曰：必质其母以为信。其若王命何？且是以不孝令也……今吾子疆理诸侯，而曰尽东其亩而已，唯吾子戎车是利，无顾土宜，其无乃非先王之命也乎？反先王则不义，何以为盟主？其晋实有阙……不然，寡君之命使臣，则有辞矣。曰：'子以君师辱于敝邑，不腆敝赋，以犒从者。畏君之震，师徒挠败。吾子惠徼齐国之福，不泯其社稷，使继旧好，唯是先君之敝器、土地不敢爱。子又不许，请收合余烬，背城借一。敝邑之幸，亦云从也。况其不幸，敢不唯命是听。'"②

从齐国使者的回复来看，齐国对晋国的两点要求给予了坚决的回击。萧同叔子为质违反孝道原则，齐国尽东其亩威胁齐国的国家安全，若晋国坚持为之，齐国只有拼死一战。齐虽新败，但晋绝无吞并齐国的绝对实力，郤克不得不做出让步。以上晋、齐双方均未提及笑郤克之人为萧同叔子。郤克与齐景公的对话也没有提到萧同叔子。《左传》成公三年记载："齐侯朝于晋，将授玉。郤克

---

① 杨伯峻. 春秋左传注 [M]. 北京：中华书局，1990：796 - 797.
② 杨伯峻. 春秋左传注 [M]. 北京：中华书局，1990：797 - 799.

趋进曰：'此行也，君为妇人之笑辱也，寡君之未敢任。'"① 清华简《系年》："明岁，齐顷公朝于晋景公，驹之克走援齐侯之带，献之景公，曰：'齐侯之来也，老夫之力也。'"②

《国语·晋语六》：

靡笄之役也，郤献子伐齐。齐侯来，献之以得殒命之礼，曰："寡君使克也，不腆弊邑之礼，为君之辱，敢归诸下执政，以憼御人。"苗棼皇曰："郤子勇而不知礼，袊其伐而耻国君，其与几何！"③

韦昭注："归，馈也。执政，执事也。憼，愿也。御人，妇人。愿以此报君御人之笑己者。"可见郤克在与齐顷公交谈时未言及萧同叔子，只是阐明齐侯之辱乃是由于妇人之笑。郤克此前不知嘲笑他之人的确切身份，仅凭笑声可断定此人是女子。郤克性格要强，既受齐国不知名妇人之辱，则提出齐国地位最高的国君之母萧同叔子作为齐晋和谈的人质，以雪此前之耻，这当是郤克要求以萧同叔子为质的真实理由。

纵观郤克受辱事件，郤克出使齐国本为要求齐国参加盟会，目的在于巩固晋国的霸主地位。齐顷公的不理智行为导致郤克受辱，晋国国威受损。齐国此举或是不满晋国霸主地位的体现，有意激怒晋国，夺取中原霸权。鞌之战的最终爆发就是晋、齐两国矛盾的集中展现，最终晋国依靠更为雄厚的综合国力、将帅的指挥得当、三军用命、与盟国的联合作战等因素击败齐国，迫使齐国归还侵占鲁、卫两国的土地。

5. 郤克受辱事件带来的启示

围绕郤克受辱事件，诸多文献呈现出不同记载的情况给予我们一定的启示。需要提及的是，早在二十世纪二十年代，顾颉刚先生就提出"层累地造成的中国古史"观，认为"时代愈后，传说的古史期愈长""时代愈后，传说中的中心人物愈放愈大""即不能知道某一事的真确的状况，但可以知道某一件事在传

---

① 杨伯峻. 春秋左传注［M］. 北京：中华书局，1990：815－816.
② 清华大学出土文献研究与保护中心编，李学勤主编. 清华大学藏战国竹简（贰）［M］. 上海：中西书局，2011：167.
③ 徐元诰. 国语集解［M］. 北京：中华书局，2002：383.

说中的最早的状况"①。此说虽存在一定的局限性，但其对于中国古史研究的借鉴意义不容忽视。

　　郤克受辱事件也在一定程度上可以用上述原则来分析。从《左传》《系年》的"女子笑于房"到《史记·晋世家》"齐顷公母从楼上观而笑之"，再到《公羊传》"踊于棓而窥客"、《谷梁传》"萧同侄子处台上而笑之"，嘲笑郤克之妇人所在地点一变再变，由"房中"转移至"台上"；从《左传》"郤子登，妇人笑于房"、《系年》"驹之克将受齐侯币"，到《史记·晋世家》："郤克偻，而鲁使蹇，卫使眇"，到《公羊传》"则客或跛或眇，于是使跛者逆跛者，使眇者逆眇者"、《谷梁传》"季孙行父秃，晋郤克眇，卫孙良夫跛，曹公子手偻"，出使齐国的使者数目的不仅增加、生理特征也发生明显变化。以上两点均显示郤克受辱事件在《左传》《国语》《系年》尚得其实，到西汉时期已被史家逐步夸大。

　　（三）鞌之战对齐、晋的影响

　　鞌之战直接影响了两国后来的历史发展进程，下面逐一分析战争对齐、晋两国的影响。

　　1. 齐国国策的改变

　　齐国方面，《史记·齐世家》："十一年，晋初置六卿，赏鞌之功。齐顷公朝晋，欲尊王晋景公，晋景公不敢受，乃归。归而顷公驰苑囿，薄赋敛，振孤问疾，虚积聚以救民，民亦大悦。厚礼诸侯。竟顷公卒，百姓附，诸侯不犯。"②说明这次战争导致齐国元气大伤，甚至齐顷公亲自去晋国朝见晋景公，还欲尊晋景公为王。齐顷公回国后勤于治民，与民休息，齐国的国力虽缓慢恢复，但一时间难以再问鼎中原霸权。

　　2. 晋国卿大夫势力增强

　　晋国赢得了战争，对外继续保持对于中原各国的影响力，对内则"始作六军"。《晋世家》："晋始作六军，韩厥、巩朔、赵穿、荀骓、赵括、赵旃皆为

①　顾颉刚. 与钱玄同先生论古史书［M］//古史辨：第一册. 上海：上海古籍出版社，1982：60.

②　（汉）司马迁. 史记［M］. 北京：中华书局，1959：1497 – 1499.

卿。"① 《左传》成公三年："十二月甲戌，晋作六军。韩厥、巩朔、赵穿、荀骓、赵括、赵旃皆为卿，赏鞌之功也。"杨伯峻先生注："《年表》《齐世家》《晋世家》'六军'俱作'六卿'，恐系因下文'皆为卿'而致误。晋原有三军，此时增置新中、上、下三军，共六军。三军原各有将佐，计六卿；今增置新三军，亦各有将、佐，增六人为卿。"②

今按鞌之战后，晋国在国内实行的政治举措，《齐世家》载"晋初置六卿，赏鞌之功"，《晋世家》记"晋始作六卿"，但中华书局本认为"卿"为"军"之讹，此说与杨伯峻先生的观点相合。笔者认为此处确当以《左传》成公三年的记载为准。

《左传》中记载了晋国军制的变迁过程。

《左传》庄公十六年：

王使虢公命曲沃伯以一军为晋侯。③

《左传》闵公元年：

晋侯作二军，公将上军，太子申生将下军。④

《左传》僖公二十七年：

于是乎蒐于被庐，作三军，谋元帅。⑤

《左传》僖公二十八年：

晋侯作三行以御狄。⑥

《左传》僖公三十一年：

秋，晋蒐于清原，作五军以御狄。⑦

《左传》文公六年：

六年春，晋蒐于夷，舍二军。⑧

① （汉）司马迁. 史记 [M]. 北京：中华书局，1959：1678.
② 杨伯峻. 春秋左传注 [M]. 北京：中华书局，1990：815.
③ 杨伯峻. 春秋左传注 [M]. 北京：中华书局，1990：203.
④ 杨伯峻. 春秋左传注 [M]. 北京：中华书局，1990：258.
⑤ 杨伯峻. 春秋左传注 [M]. 北京：中华书局，1990：445.
⑥ 杨伯峻. 春秋左传注 [M]. 北京：中华书局，1990：474.
⑦ 杨伯峻. 春秋左传注 [M]. 北京：中华书局，1990：487.
⑧ 杨伯峻. 春秋左传注 [M]. 北京：中华书局，1990：544.

晋国军制多变，曲沃武公篡晋之初只有一军。裴骃《史记集解》引贾逵曰："初作六军，僭王也。"①《周礼·夏官·叙官》："凡制军，万有二千五百人为军。王六军，大国三军，次国二军，小国一军，军将皆命卿。"② 曲沃伯即武公，晋国军制此时只是属于小国之列。晋献公自将上军，太子申生将下军，晋国军队规模扩大为二军。晋文公为城濮之战作战前准备，再次扩大军队编制为三军。后为了解决狄人对晋国的威胁，晋文公又在三军之外增设三行。清原之蒐，晋文公将三行撤销，增置新上军与新下军，此时晋军制扩大为五军。晋襄公时又撤销了两军的编制，恢复为三军。鲁成公三年，齐顷公欲尊晋君为王，晋景公虽辞不就，但鞌之战余威，将军队规模扩为六军，无疑是僭越天子的行为。其实晋国国君为首的公室实力并未得到有力加强，反而以赏鞌之功为由初置六军的措施导致了卿族势力继续扩张。

总之，郤克受辱事件间接导致齐、晋之间的争霸战争，鞌之战说明晋国国力依然胜于中原各国，齐国被迫暂时向晋屈服。齐国的发展势头得到遏制，晋国的发展则已呈现过度扩张的迹象。

通过对郤克受辱事件的梳理，纠正了《史记》《公羊传》《谷梁传》提出的使郤克受辱的齐国妇人为萧同叔子的说法，笔者认为这一历史事件当以成书于先秦，价值较高的《左传》《国语》、清华简《系年》的记载为准。在两国交聘的过程中，女子不能出现在正式行礼场所，郤克没有条件得知笑己者的身份。郤克之所以必以萧同叔子作为齐晋和谈的人质，乃因萧同叔子为齐顷公母，是齐国地位最高的女子，以之为质，才可消郤克所受齐国不知名妇人之忿。郤克受辱事件为晋、齐关系埋下隐患，终致鞌之战的爆发。齐国战败，被迫暂时退出争霸斗争，休养生息。晋国凭借战胜者的优势攫取了较多的政治利益，加强了对于盟国的控制，使自己中原霸主的地位暂时得到稳固。

---

① （汉）司马迁．史记［M］．北京：中华书局，1959：1679.
② （清）孙诒让．周礼正义［M］．北京：中华书局，1987：2237.

第四节　小结

晋献公的易储决定揭开了一场政治动乱的序幕。骊姬依仗自己晋献公夫人的地位，使用各种手段打击异己，扶持奚齐为君，然而仅为昙花一现，终作他人嫁衣。晋文公在经历各种政治磨难之后，重返晋国，实行富国强兵的政策，在城濮大败楚国，终成晋国霸业。崤之战的爆发虽然抑制了秦国东进的势头，但损失了秦国这一政治盟友，促使秦、楚联合；晋国内部还出现了赵氏、郤氏家长族大的局面，说明卿大夫专权是晋国霸业不能持久的一个潜在因素。

第三章

清华简《系年》与楚国霸业史事考

楚国本是一个混迹于蛮夷的小国，《左传》昭公十二年记载："昔我先王熊绎辟在荆山，筚路蓝缕以处草莽，跋涉山林以事天子，唯是桃弧、棘矢，以共御王事。"① 经过楚人不断的奋斗，开疆拓土，至春秋时期已发展成为举足轻重的大国。本章拟就围绕清华简《系年》春秋部分有关楚国的记载，结合传世文献与考古材料，缕清楚国在春秋时期争霸的某些史事的轨迹。

第一节　清华简《系年》与息、楚史事

楚国灭息对于楚国问鼎中原具有重要的意义，清华简《系年》第五章涉及楚国灭息的史事，虽有学者展开研究，如《清华简〈系年〉与息妫事迹》等②，但只是讨论了息妫之事及楚灭息的时间，并未涉及楚灭息的影响等其他方面的内容。总体而言，学者对此章关注不够，其价值有待进一步挖掘。本章拟围绕息妫事件，比较《系年》与相关传世文献记载的异同，并说明楚国灭息对楚国发展过程中产生的积极影响。

一、文献辨疑

清华简《系年》可与传世文献互相对读，值得关注。为方便讨论，现将简

---

① 杨伯峻. 春秋左传注 [M]. 北京：中华书局，1990：1339.
② 程薇. 清华简《系年》与息妫事迹 [J]. 文史知识，2012（4）.

文以通行字体照录于下：

蔡哀侯取妻于陈，息侯亦取妻于陈，是息妫。息妫将归于息，过蔡，蔡哀侯命止之，曰："以同姓之故，必入。"息妫乃入于蔡，蔡哀侯妻之。息侯弗顺，乃使人于楚文王曰："君来伐我，我将求救于蔡，君焉败之。"文王起师伐息，息侯求救于蔡，蔡哀侯率师以救息，文王败之于莘，获哀侯以归。文王为客于息，蔡侯与从，息侯以文王饮酒，蔡侯知息侯之诱己也，亦告文王曰："息侯之妻甚美，君必命见之。"文王命见之，息侯辞，王固命见之。既见之，还。明岁，起师伐息，克之，杀息侯，取息妫以归，是生堵敖及成王。文王以北启出方城，坂𬳿于汝，改旅于陈，焉取顿以赣陈侯。①

类似记载还见于相关传世文献，可分为两组：以《左传》庄公十年及十四年、《国语·周语中》《史记》之《管蔡世家》和《楚世家》为第一组，以《吕氏春秋·长攻》《列女传·息君夫人》为第二组。

第一组文献中《左传》成书于先秦，《史记》中关于先秦部分的记载也具有较高的参考价值，其中《左传》庄公十年记载：

蔡哀侯娶于陈，息侯亦娶焉。息妫将归，过蔡。蔡侯曰："吾姨也。"止而见之，弗宾。息侯闻之，怒，使谓楚文王曰："伐我，吾求救于蔡而伐之。"楚子从之。秋九月，楚败蔡师于莘，以蔡侯献舞归。②

杜注："弗宾，不礼敬也。"杨伯峻先生注："据十四年《传》，息妫甚美，则此所谓弗宾，盖有轻佻之行。《蔡世家》谓楚文王虏蔡哀侯以归。哀侯留九岁，死于楚。然《楚世家》谓虏蔡哀侯以归，已而释之。此盖太史公所据不同，故所说有异。"《左传》庄公十四年：

蔡哀侯为莘故，绳息妫以语楚子。楚子如息，以食入享，遂灭息。以息妫归，生堵敖及成王焉。未言。楚子问之。对曰："吾一妇人，而事二夫，纵弗能死，其又奚言？"楚子以蔡侯灭息，遂伐蔡。秋七月，楚入蔡。君子曰："《商书》所谓'恶之易也，如火之燎于原，不可乡迩，其犹可扑灭'者，其如蔡哀

---

① 清华大学出土文献研究与保护中心编，李学勤主编．清华大学藏战国竹简（贰）［M］．上海：中西书局，2011：147．

② 杨伯峻．春秋左传注［M］．北京：中华书局，1990：184．

侯乎!"①

《国语·周语中》载富辰之谏:"息由陈妫,邓由楚曼,罗由季姬,卢由荆妫,是皆外利离亲者也。"韦昭注:"息,姬姓之国。陈妫,陈女,为息侯夫人。蔡哀侯亦娶于陈,息妫将归,过蔡,蔡哀侯止而见之,弗宾。妫以告息侯,导楚伐蔡。蔡侯怨,因称息妫之美于楚子,楚子遂灭息,以息妫归。"②

《史记·管蔡世家》:

哀侯十一年,初,哀侯娶陈,息侯亦娶陈。息夫人将归,过蔡,蔡侯不敬。息侯怒,请楚文王:"来伐我,我求救于蔡,蔡必来,楚因击之,可以有功。"楚文王从之,虏蔡哀侯以归。哀侯留九岁,死于楚。凡立二十年卒。蔡人立其子肸,是为缪侯。③

《史记·楚世家》:"六年,伐蔡,虏蔡哀侯以归,已而释之。"④

上引文献大体是说息侯因蔡侯对息妫不礼,所以求援于楚,结果息国被灭的事件。息侯与蔡侯同娶于陈,息侯之妻息妫路过蔡国,被蔡侯强行留下,息侯得知大怒,遂与楚文王合谋抓捕蔡侯。蔡侯被擒获之后,对息侯怀恨在心,怀着报复的目的,向楚文王极力称赞息妫之美,楚王遂灭蔡,夺息妫为妻,育有二子。为了取悦息妫,楚王兴师伐蔡,俘虏蔡哀侯。

第二组文献关于此事的描述则类似传闻,其中《吕氏春秋·长攻》认为是楚王与蔡侯谋求灭息,与蔡侯以缯礼入息,乘机灭其国:

楚王欲取息与蔡,乃先佯善蔡侯,而与之谋曰:"吾欲得息,奈何?"蔡侯曰:"息夫人,吾妻之姨也。吾请为缯息侯与其妻者,而与王俱,因而袭之。"楚王曰:"诺。"于是与蔡侯以缯礼入於息,因与俱,遂取息。旋舍于蔡,又取蔡。⑤

蔡侯以亲戚之故设计宴请息侯夫妇,楚王在宴会上擒获息侯夫妇,灭息国,随后灭蔡。蔡侯害人害己,致使国家沦亡。

---

① 杨伯峻. 春秋左传注 [M]. 北京:中华书局,1990:198-199.

② 徐元诰. 国语集解 [M]. 北京:中华书局,2002:47-48.

③ (汉) 司马迁撰. 史记 [M]. 北京:中华书局,1959:1566.

④ (汉) 司马迁撰. 史记 [M]. 北京:中华书局,1959:1696.

⑤ 许维遹撰,梁运华整理. 吕氏春秋集释 [M]. 北京:中华书局,2009:333-334.

而《列女传》则描述了一个凄美的爱情故事，息国之亡与蔡侯无关，讴歌息妫对息侯的爱情（二人先后自杀殉情）：

夫人者，息君之夫人也。楚伐息，破之。虏其君，使守门。将妻其夫人，而纳之于宫。楚王出游，夫人遂出见息君，谓之曰："人生要一死而已，何至自苦！妾无须臾而忘君也，终不以身更贰醮。生离于地上，岂如死归于地下哉！"乃作诗曰："谷则异室，死则同穴。谓予不信，有如皦日。"息君止之，夫人不听，遂自杀，息君亦自杀，同日俱死。楚王贤其夫人，守节有义，乃以诸侯之礼合而葬之。君子谓夫人说于行善，故序之于诗。夫义动君子，利动小人。息君夫人不为利动矣。诗云："德音莫违，及尔同死。"此之谓也。①

楚文王灭息，娶息夫人为妻，使息侯守城门。夫妻二人趁楚王出游相见，互诉衷肠。息夫人为情自杀，息侯选择随爱妻共赴黄泉。楚王得知此事后，深受感动，为二人合葬。

从史料价值来看，第一组文献显然较为可靠，结合清华简《系年》第五章，更印证了这一说法的可能性。

清华简文与第一组文献记载并非完全一致，彼此之间还有四个环节不同。

（一）蔡侯对待息妫的用字不同

《左传》《国语》韦昭注作"弗宾"，《史记》作"不敬"，《系年》作"妻之"。《说文》："敬，肃也。"②"妻，妇与己齐者也。从女，从屮，从又。又，持事妻职也。"③

清华简整理者认为"弗宾""不敬"意思相仿佛，都是说有轻佻的行为。简文言"蔡哀侯妻之"，与《左传》《史记》不同。

陈伟先生指出"妻"有污辱义。《后汉书·董卓传》："又奸乱公主，妻略宫人。"《通鉴》汉纪四十五"妻略妇女"，胡三省注："妻者，私他人之妇女，若己妻然。不以道妻之曰略。"在这个意义上，"妻之"可以说是极端的"弗

---

①　（汉）刘向. 古列女传 ［M］. 北京：中华书局，1985：103 – 104.

②　（汉）许慎撰，（清）段玉裁注，许惟贤整理. 说文解字注 ［M］. 南京：凤凰出版社，2007：759.

③　（汉）许慎撰，（清）段玉裁注，许惟贤整理. 说文解字注 ［M］. 南京：凤凰出版社，2007：1067.

宾""不敬"。①

从语气上来看，"妻"较"弗宾""不敬"更为严重。观察息侯的反应，当以清华简记载为佳。如果只是一般的不礼敬，息侯与蔡侯毕竟是同姓且为亲戚关系，似不至于必欲灭其国而后快。息妫之美，史有明载，见《左传》庄公二十八年：

> 楚令尹子元欲蛊文夫人，为馆于其宫侧，而振万焉。夫人闻之，泣曰："先君以是舞也，习戎备也。今令尹不寻诸仇雠，而于未亡人之侧，不亦异乎?"

杜预注："文王夫人息妫也。子元文王弟也。蛊惑以淫事也。"竹添光鸿笺曰："欲蛊文夫人。息妫之所以倾国。"② 楚文王死后，令尹子元秉政，觊觎息妫之美，在息妫的住所旁边用万舞来诱惑息妫。息妫先后遭到息侯、蔡侯、楚文王、令尹子元的争抢，其必有倾国倾城之姿。此事极有可能是蔡侯贪图息妫的美色，乘机妻之。息妫受到蔡侯侮辱，回息国后告诉息侯，息侯大怒，决意联楚灭蔡。

息之所以联楚，缘于息国实力已不足以灭蔡。《左传》隐公十一年记载了息国伐郑失败的史事：

> 郑、息有违言。息侯伐郑，郑伯与战于竟，息师大败而还。君子是以知息之将亡也：不度德，不量力，不亲亲，不徵辞，不察有罪。犯五不韪，而以伐人，其丧师也，不亦宜乎!③

徐少华先生就此认为："这段记载表明：息、蔡均娶陈女为夫人，说明中原诸侯之间的联系是密切的。蔡侯'弗宾'息妫，息侯召楚师伐蔡，比较隐公十一年息敢于强郑较量，而这时对付比郑国弱得多的蔡，不得不借助楚师，可见自大败于郑以来，息国的实力已大为削弱了。息邀楚师伐蔡，表明此前息、楚之间即有一定联系，楚国的势力确已远及淮北了。"④

息由独立伐郑到联楚伐蔡，这一行为表明息国的实力自伐郑失败、遭遇重创后就未恢复元气。

---

①　陈伟. 读清华简《系年》札记（二）[EB/OL]. 简帛网，2011 - 12 - 21.

②　[日]竹添光鸿. 左氏会笺 [M]. 成都：巴蜀书社，2008：328.

③　杨伯峻. 春秋左传注 [M]. 北京：中华书局，1990：78.

④　徐少华. 周代南土历史地理与文化 [M]. 武汉：武汉大学出版社，1994：81.

（二）楚王灭息时间、方式有差异

《左传》庄公十四年作"楚子如息，以食入享，遂灭息"。《系年》作"明岁，起师伐息，克之，杀息侯"。可见《左传》记载庄公十四年楚王以食入享的名义，借机灭息；《系年》则将灭息事系于虏蔡侯之次年，认为楚王起兵伐息。

已有学者指出息国的灭亡是在蔡哀侯被俘后的第二年，即公元前683年，楚文王专门出师伐息，灭掉息国。① 此说可从。杨伯峻先生曾指出《左传》庄公十四年作"楚子如息，以食入享，遂灭息"的记载当属于前数年之事，此年息妫已生二子。② 杨先生的推测较为合理，《系年》第五章简文则为此事提供了确切的年代。关于灭息的方式，亦当以《系年》所载为是。

如依《左传》庄公十四年，楚王通过"以食入享"的名义灭息，与事理不合。因为灭息需要动用军队，楚王仅凭"以食入享"的借口率大兵压境，要避免息国君臣的疑惑极为困难。从政治、军事层面考虑，楚王在击败蔡军、俘获蔡侯之后，休养生息，再于次年举师伐息的可能性更大，《系年》记载楚王专门兴兵伐息之说较为合乎情理。

（三）楚王对待蔡侯的处理方式不同

《左传》庄公十四年：

楚子以蔡侯灭息，遂伐蔡。秋七月，楚入蔡。

《史记·楚世家》：

（文王）六年，伐蔡，虏蔡哀侯以归，已而释之。

《史记·管蔡世家》：

哀侯留九岁，死于楚。

今按当从《楚世家》《左传》。因为《左传》庄公十四年记载楚王为取悦息妫，将息国之亡归罪于蔡侯，兴兵击蔡。《楚世家》谓虏蔡哀侯以归，已而释之，与之相合。若按《管蔡世家》谓楚文王虏蔡哀侯以归，哀侯留九岁，死于楚，则楚王直接惩治羁押在楚的蔡哀侯即可，便无出兵伐蔡的必要。据《楚世家》《左传》及《系年》的相关记载，可以推测，庄公十年蔡哀侯在被俘之后

---

① 程薇. 清华简《系年》与息妫事迹 [J]. 文史知识，2012（4）.

② 杨伯峻. 春秋左传注 [M]. 北京：中华书局，1990：198.

为了自保，极力称赞息妫之美，将楚之兵锋引向息国。楚王灭息之后，便将蔡哀侯放归。楚王为对息妫有所交代，因此于庄公十四年再次伐蔡。

（四）蔡侯强留息妫的理由不同

《系年》作"以同姓之故"，《左传》作"吾姨也"。

陈国都城宛丘，在今河南省淮阳县；蔡国都城在今河南省上蔡县西南①；息国在今息县西南、淮水北岸②，所以息妫由陈至息必过蔡。

息、蔡均为姬姓国，《潜夫论·五德志》亦记载息、蔡均为姬姓之别封：

姬姓之别封众多：管、蔡、成、霍、鲁、卫、毛、聃、郜、雍、曹、滕、毕、原、酆、郇，文之昭也；邗、晋、应、韩，武之穆也。凡、蒋、邢、茆、胙、祭，周公之胤也。周、召、虢、吴、随、邶、方、卬、息、藩、养、滑、镐、官、密、荣、丹、郭、杨、逢、管、唐、韩、杨、舻、栾、甘、麟、虞、王、氏，皆姬姓也。"③

《左传》僖公二十四年：

昔周公吊二叔之不咸，故封建亲戚以蕃屏周。管、蔡、郕、霍、鲁、卫、毛、聃、郜、雍、曹、滕、毕、原、酆、郇，文之昭也。邢、晋、应、韩，武之穆也。凡、蒋、邢、茅、胙、祭，周公之胤也。④

以上史料可证息、蔡确为姬姓。

息妫是蔡哀侯之姨，清华简《系年》第五章："蔡哀侯取妻于陈，息侯亦取妻于陈，是息妫。"⑤《左传》庄公十年："蔡哀侯娶于陈，息侯亦娶焉。息妫将归，过蔡。蔡侯曰：'吾姨也。'止而见之，弗宾。"⑥《史记·管蔡世家》："哀侯十一年，初，哀侯娶陈，息侯亦娶陈。"⑦ 上述史料则说明蔡、息皆娶陈女，

① 杨伯峻. 春秋左传注［M］. 北京：中华书局，1990：184.
② 徐少华. 周代南土历史地理与文化［M］. 武汉：武汉大学出版社，1994：87.
③ （汉）王符撰，（清）汪继培笺，彭铎校正. 潜夫论笺校正［M］. 北京：中华书局，1985：387－388.
④ 杨伯峻. 春秋左传注［M］. 北京：中华书局，1990：420－423.
⑤ 清华大学出土文献研究与保护中心编，李学勤主编. 清华大学藏战国竹简（贰）［M］. 上海：中西书局，2011：147.
⑥ 杨伯峻. 春秋左传注［M］. 北京：中华书局，1990：184.
⑦ （汉）司马迁撰. 史记［M］. 北京：中华书局，1959：1566.

因此息妫是蔡哀侯之姨。

蔡哀侯强留息妫的借口是"以同姓之故"还是"吾姨",尚难以确定,或许二者兼而有之。不过楚文王灭邓之事或对此有所启发。《左传》庄公六年记载:

楚文王伐申,过邓。邓祁侯曰:"吾甥也。"止而享之。骓甥、聃甥、养甥请杀楚子。邓侯弗许。三甥曰:"亡邓国者,必此人也。若不早图,后君噬齐。其及图之乎!图之,此为时矣。"邓侯曰:"人将不食吾余。"对曰:"若不从三臣,抑社稷实不血食,而君焉取余?"弗从。还年,楚子伐邓。十六年,楚复伐邓,灭之。①

楚文王是邓曼之子,邓曼与邓侯是姐弟或兄妹关系,因此邓侯称楚王为甥。观邓侯止而享楚文王的理由即为"吾甥也",可知《左传》庄公十年蔡侯以"吾姨也"强留息妫较为合理。因《系年》《左传》《国语》《史记》前文已经叙述"蔡哀侯娶于陈,息侯亦娶焉。"蔡侯要留的对象是息妫,其借口当是阐述与息妫的关系,因此托辞息妫是其姨,止而见之。

通过上述讨论可知,《系年》与传世文献既可相互印证,又可以相互补充,从而使息国史事更接近历史事实。

二、息国之亡对楚国的影响

（一）息国遗民的踪迹

息侯的后人可能在灭国之后被迁至楚国。1969 年在湖北枝江百里洲,考古工作者曾发现两件铜簠、一件铜匜,皆为息国贵族遗物。铜簠铭文为:

唯正月初吉丁亥,考叔**㡭**父自作尊簠,其眉寿万年无疆,子子孙孙永宝用之。

铜匜铭文作:

唯正月初吉庚午,**宴**公孙**㡭**父自作盥匜,其眉寿万年无疆,子子孙孙永宝用之。②

---

① 杨伯峻. 春秋左传注 [M]. 北京:中华书局,1990:169 – 170.
② 湖北省博物馆. 湖北枝江百里洲发现春秋铜器 [J]. 文物,1972(3).

于豪亮先生指出："这三件铜器显然为一人所作，公孙是其氏，考叔是其字，**牯**父是其名，**宴**是其国。**宴**即塞字，……在本铭文中当以音近读为息……知**宴**公孙**牯**父之**宴**乃是息，也就是春秋时期被楚文王灭掉的息国……息国被灭以后，息国的贵族当然被迫迁移到楚国。枝江本是楚国都城，在楚武王或楚文王时才迁到郢。息国的贵族被迫迁到枝江，是很自然的事，尤其是迁到像百里洲这样一个四面环水便于监视而难于逃走的地方。息是姬姓，作器的人以公孙为氏，很有可能是息侯与息妫的后代。"①

1975 年湖北随州涢阳出土郧子行盆，其铭文为："郧子行自作食盆，永宝用之。"（《集成》5386）盆的形制作侈口，束颈，平底有盖，肩部一对半环耳，盖上有环状捉手，器身、盖满饰蟠螭纹，与信阳平桥樊君夫妇墓所出铜盆相近，应是息国灭于楚前不久所作。此盆与曾、楚等器并出，可能与楚灭息后器物易主有关。②

（二）楚文王灭息获得楚人的尊崇

后世楚人对楚文王十分尊崇。《左传》庄公十四年："楚子如息，以食入享，遂灭息。以息妫归，生堵敖及成王焉。"③ 《左传》宣公四年："王使巡师曰：'吾先君文王克息，获三矢焉。伯棼窃其二，尽于是矣。'鼓而进之，遂灭若敖氏。"④

楚庄王，《左传》称其名作"熊旅"，《史记》作"熊侣"，乃是穆王商臣之子，商臣是楚成王之子。伯棼即子越椒，也称斗椒，是若敖氏的后人。其父子良，是令尹子文之弟。面对若敖氏的反叛，楚庄王在极其危急的关头宣扬文王克息之事，以明自身为楚文王法统所在，鼓舞士气，最终战胜强大的若敖氏，稳固了楚国政权。包山楚简与新蔡葛陵简都显示了楚文王特别的地位。

包山简 246：与祷**酅**（荆）王，自**酅**鹿（丽）以**欷**（就）武王，五牛、五豕。⑤

---

① 于豪亮. 于豪亮学术文存 [M]. 北京：中华书局，1985：62-64.

② 徐少华. 周代南土历史地理与文化 [M]. 武汉：武汉大学出版社，1994：84.

③ 杨伯峻. 春秋左传注 [M]. 北京：中华书局，1990：198-199.

④ 杨伯峻. 春秋左传注 [M]. 北京：中华书局，1990：682.

⑤ 陈伟. 楚地出土战国简册[十四种] [M]. 北京：经济科学出版社，2009：96.

葛陵简甲三 137：☑趏祷佩玉，各璧璜。册告，自客（文）王以臱（就）聖趏王，各朿繪（锦）珈（加）璧。①

葛陵简甲三 5：☑□栾宦（赛）祷于甾（荆）王，以逾訓（顺）至文王，以逾☑②

葛陵简零 301、150：甾（荆）王、文王，以逾至文君，□解□③

葛陵简零 546、687：☑于文王、□□☑④

葛陵简乙四 96：訓以玵玉，甾（荆）王臱（就）祷甾（荆）牢，玵；文王以俞（逾）玵（就）祷大牢玵☑⑤

上述楚简记载，充分证明了楚文王在楚人祀典中占据极为重要的地位。陈伟先生曾经指出，自熊丽至武王的历代楚君，或许属于楚人的"先公"序列；文王以后的过世诸君，相当于"先王"阶段。⑥ 在新蔡葛陵简中，自文王以下诸王为一组祭祀对象，正与这一推测相合。⑦ 而《战国策·楚策一》记载："威王问于莫敖子华曰：'自从先君文王以至不谷之身，亦有不为爵劝，不为禄勉，以忧社稷者乎？'"⑧ 显示楚人将文王以后的楚君看作一个独立单元。此说良是。楚文王如此受到楚人的尊崇，与其灭息的事功不无关系。

（三）楚国灭息带来的影响

息国灭亡对楚国产生深远的政治、军事影响。在灭息之前，楚国的实力已经逐渐膨胀，《左传》桓公二年："蔡侯、郑伯会于邓，始惧楚也。"⑨《会笺》："今年楚武王三十一年也。中国患楚自此始。"⑩ 说明鲁桓公二年，蔡、郑两大诸侯国便已对楚国的发展感到畏惧不安。

---

① 陈伟. 楚地出土战国简册［十四种］［M］. 北京：经济科学出版社，2009：414.
② 陈伟. 楚地出土战国简册［十四种］［M］. 北京：经济科学出版社，2009：400.
③ 陈伟. 楚地出土战国简册［十四种］［M］. 北京：经济科学出版社，2009：412.
④ 陈伟. 楚地出土战国简册［十四种］［M］. 北京：经济科学出版社，2009：412.
⑤ 陈伟. 楚地出土战国简册［十四种］［M］. 北京：经济科学出版社，2009：400.
⑥ 陈伟. 包山楚简初探［M］. 武汉：武汉大学出版社，1996：170-172.
⑦ 陈伟. 新出楚简研读［M］. 武汉：武汉大学出版社，2010：84.
⑧ （汉）刘向集录，范祥雍笺证，范邦瑾协校. 战国策笺证［M］. 上海：上海古籍出版社，2006：807-808.
⑨ 杨伯峻. 春秋左传注［M］. 北京：中华书局，1990：90.
⑩ 〔日〕竹添光鸿. 左氏会笺［M］. 成都：巴蜀书社，2008：146.

息国灭亡后，被设为县。《左传》哀公十七年："彭仲爽，申俘也，文王以为令尹，实县申、息，朝陈、蔡，封畛於汝。"① 息县成为楚国向北扩张的重要据点和稳定的兵源地，不仅是战略要地，而且为楚提供大量有战斗力的军队，使得楚国的军事实力大为增强。

息国地处淮汉之间，地理位置极为重要，徐少华先生认为："古息国在今息县西南、淮水北岸，其北为同姓的沈、蔡，东即蒋、蓼，西与江国紧邻，南渡淮水，是嬴姓之黄、樊，当东去淮河中下游之要冲，为西周时期中原诸侯与淮夷集团交往的前沿，位置十分重要。楚文王向淮域扩展，首师即灭息而设县，以作为经略淮域、图霸中原的桥头堡和前沿基地，可见楚对息地的重视。与此同时，楚人还建立了一支实力颇强的地方兵团——息县之师，在春秋战国时期楚在同晋、吴诸国的长期军事行动中，扮演着重要角色。"② 张正明先生指出："淮汉之间是当时东西南北文化交会的一个十字路口，谁占领了这个十字路口，谁就能得到来自四面八方的文化信息，谁就能掌握东来西往和南来北往的锁钥。申在这个地方的西部，息在这个地方的中部偏北。文王灭申、息，占领了这个十字路口，对楚国的前途和中原的前途都是至关紧要的。"③

楚文王灭息的军事行动无疑为楚国的发展提供了更为广阔的战略空间，更为楚国的军事力量增添了新的血液。《系年》记载："文王以北启出方城，圳于汝，改旅于陈，焉取顿以赣陈侯。"《春秋》僖公二十五年经："秋，楚人围陈，纳顿子于顿。"④《系年》在记述息国被灭的史事后，接以文王北出方城，取顿恐陈的事件，说明息国被灭后有利于楚国北出扩疆拓土。

息县之师战斗力较强，人数较多，为楚国争霸中原提供了强有力的支持，如《左传》僖公二十五年："秋，秦、晋伐都。楚斗克、屈御寇以申息之师戍商密。"⑤ 这是以申、息两县之军队抵御秦、晋两国之兵。《左传》文公三年："楚师围江，晋先仆伐楚以救江。冬，晋以江故告于周。王叔桓公、晋阳处父伐楚

① 杨伯峻. 春秋左传注 [M]. 北京：中华书局，1990：1708.
② 徐少华. 周代南土历史地理与文化 [M]. 武汉：武汉大学出版社，1994：87.
③ 张正明. 楚史 [M]. 武汉：湖北教育出版社，1995：84.
④ 杨伯峻. 春秋左传注 [M]. 北京：中华书局，1990：429.
⑤ 杨伯峻. 春秋左传注 [M]. 北京：中华书局，1990：434.

以救江，门于方城，遇息公子朱而还。"杜注："子朱，楚大夫，伐江之帅也，闻晋师起而江兵解，故晋亦还。"① 息公子朱是息县长官，楚军围江的统帅，其所领军队极有可能即为息县之师。《左传》成公六年："晋栾书救郑，与楚师遇于绕角。楚师还。晋师遂侵蔡。楚公子申、公子成以申息之师救蔡，御诸桑隧。"② 这又是以申息之师单独抵御晋军，可见息县之师的战斗力不弱。

综上所述，通过《系年》与传世文献的对读，使得息国被灭的史实能够更加清晰地展现出来。拥有息国对楚国是一个关键的契机，不仅扩充了楚国的实力，还进一步打通了楚国北上争霸的道路，为楚国在春秋乃至战国始终保持大国地位打下了坚实的基础。

第二节　清华简与邲之战相关史事

楚庄王是一位雄才大略的君主，在位时期整顿内部秩序，积极扩充楚国国力，终于在邲大败晋军，问鼎于中原。清华简《系年》第十三章涉及邲之战史事，对此《左传》《国语》《史记》《竹书纪年》也有记载。现将相关简文以通行字体照录于下。《系年》第十三章：

……［庄］王围郑三月，郑人为成。晋中行林父率师救郑，庄王遂北……［楚］人盟。赵旃不欲成，弗召，席于楚军之门，楚人被驾以追之，遂败晋师于河［上］。③

随着近年来出土文献的发现，使这一史事得以被重新审视。目前学术界对邲之战史事有所关注，如李天虹先生《竹书〈郑子家丧〉所涉历史事件综

---

① 杨伯峻．春秋左传注［M］．北京：中华书局，1990：531.
② 杨伯峻．春秋左传注［M］．北京：中华书局，1990：830.
③ 清华大学出土文献研究与保护中心编，李学勤主编．清华大学藏战国竹简（贰）［M］．上海：中西书局，2011：165.

析》①、葛亮先生《〈上博七·郑子家丧〉补说》② 等，都从不同角度对此事件
展开研究，取得了很多重要成果，笔者拟在已有成果的基础上再结合清华简的
相关记载，对这件史事展开探索。

一、郑国子家内乱史事辨疑

郑国子家之乱是邲之战的因素之一，但此事存在扑朔迷离的疑点。针对这
一事件，传世文献与出土文献之间存在不一致之处，试析如下。《左传》宣公
四年：

楚人献鼋于郑灵公。公子宋与子家将见。子公之食指动，以示子家，曰：
"他日我如此，必尝异味。"及入，宰夫将解鼋，相视而笑。公问之，子家以告。
及食大夫鼋，召子公而弗与也。子公怒，染指于鼎，尝之而出。公怒，欲杀子
公。子公与子家谋先。子家曰："畜老，犹惮杀之，而况君乎？"反谮子家。子
家惧而从之。夏，弑灵公。书曰"郑公子归生弑其君夷"权不足也。君子曰：
"仁而不武，无能达也。"凡弑君，称君，君无道也；称臣，臣之罪也。③

《左传》宣公十年："郑子家卒。郑人讨幽公之乱，斫子家之棺，而逐其族。
改葬幽公，谥之曰'灵'。"④

《史记·郑世家》：

二十二年，郑穆公卒，子夷立，是为灵公。灵公元年春，楚献鼋于灵公。
子家、子公将朝灵公，子公之食指动，谓子家曰："佗日指动，必食异物。"及
入，见灵公进鼋羹，子公笑曰："果然！"灵公问其笑故，具告灵公。灵公召之，
独弗予羹。子公怒，染其指，尝之而出。公怒，欲杀子公。子公与子家谋先。
夏，弑灵公。郑人欲立灵公弟去疾，去疾让曰："必以贤，则去疾不肖；必以
顺，则公子坚长。"坚者，灵公庶弟，去疾之兄也。于是乃立子坚，是为襄

① 李天虹. 竹书《郑子家丧》所涉历史事件综析 [M] //出土文献：第一辑. 上海：中西
书局，2010：185 – 193.
② 葛亮. 《上博七·郑子家丧》补说 [M] //出土文献与古文字研究：第三辑. 上海：复
旦大学出版社，2010.
③ 杨伯峻. 春秋左传注 [M]. 北京：中华书局，1990：677 – 678.
④ 杨伯峻. 春秋左传注 [M]. 北京：中华书局，1990：709.

公……（郑襄公）八年，楚庄王以郑与晋盟，来伐，围郑三月，郑以城降楚。①

《史记·楚世家》：

十七年春，楚庄王围郑，三月克之。入自皇门，郑伯肉袒牵羊以逆，曰："孤不天，不能事君，君用怀怒，以及敝邑，孤之罪也。敢不惟命是听！宾之南海，若以臣妾赐诸侯，亦惟命是听。若君不忘厉、宣、桓、武，不绝其社稷，使改事君，孤之愿也，非所敢望也。敢布腹心。"楚群臣曰："王勿许。"庄王曰："其君能下人，必能信用其民，庸可绝乎！"庄王自手旗，左右麾军，引兵去三十里而舍，遂许之平。潘尪入盟，子良出质。夏六月，晋救郑，与楚战，大败晋师河上，遂至衡雍而归。②

上博简《郑子家丧》：

郑子家丧，（边）人来告。庄王就大夫而与之言曰："郑子家杀其君，不谷日欲以告大夫，以邦之恓（病），以急于含（今），而后楚邦思为诸侯正。今郑子家杀其君，将保其炎以及内（入）（地）。女（如）上帝鬼神以为怒，吾将何以答？虽邦之恓（病），将必为师。"乃起师，围郑三月。郑人问其故，王命答之曰："郑子家颠覆天下之礼，弗畏鬼神之不祥，戕折其君。余将必使子家毋以成名立于上，而灭鼎于下。郑人命以子良为执命，使子家利木三寸，疏索以供，毋敢私门而出，陷之城基。"王许之。师未还，晋人涉，将救郑，王将还。大夫皆进曰："君王之起此师，以子家之故。今晋人将救子家，君王必进师以起之！"王焉还军起之，与之战于两棠，大败晋师焉。③

按上博简整理者原释为"息人来告"，陈伟先生指出"息"为"边"之误④，可从。《国语·鲁语上》："晋人杀厉公，边人以告，成公在朝。"⑤ 韦昭注："边人，疆场之司也。"可知春秋时期存在边人这样监视他国的官员，而息国早已灭于楚。因此，"息"当纠正为"边"。这是说郑国子家死去，楚国边人

---

①　（汉）司马迁. 史记［M］. 北京：中华书局，1959：1767－1768.

②　（汉）司马迁. 史记［M］. 北京：中华书局，1959：1702.

③　马承源. 上海博物馆藏战国楚竹书：七［M］. 上海：上海古籍出版社，2008：173－179.

④　陈伟. 《郑子家丧》初读［EB/OL］. 简帛网，2008－12－31.

⑤　徐元诰. 国语集解［M］. 北京：中华书局，2002：172.

来报告给楚庄王，因而有了楚王与众臣商议是否出兵郑国的讨论。

以上文献记载互有异同。相同之处在于均记载子家、子公弑君之事，但不同之处在于以下几点。

（一）弑君的主谋

上博简认为子家是主谋，未提及子公之事。《史记·郑世家》《左传》宣公四年认为子公是弑君主谋，子家只是帮凶。

笔者认为当从《史记·郑世家》《左传》宣公四年。据《左传》宣公四年，楚人献鼋于郑灵公，公子宋在朝见郑灵公之前就预测会吃到异味，看似偶然，实则不然。顾栋高《春秋大事表》郑执政表：

> 家氏铉翁曰："《经》书楚伐而不书晋救者，归生弑君，晋当出师讨贼。今既更岁，因楚师之来而以兵救郑，是当讨而不当救也。"吴氏徵曰："归生贵戚之卿，秉国重权，嗣君新立，必有所不获于其君，因宋之有邪谋而遂成之，此乱臣之首，而宋特其从也。"左氏所传殆缪也。灵公立未踰年，其居储宫亦未甚久，大抵当在壮年耳。而遽有畜老惮杀之言，无论人臣不当出诸口，于事情亦不合。归生久握大权，无君已久，假手于宋，而特造为解鼋之事以欺世，其实弑君者，归生一人也。圣人直书归生弑君，明白正大，自无容说。陆氏淳谓归生纵子公为逆，不得不居首恶之罪，此犹牵于左氏而为是蛇足之论耳。《春秋》于宣元年书赵盾帅师救陈，而明年赵盾弑其君夷皋。二年书归生帅师与宋战于大棘，而四年归生弑其君夷。兵权下移，祸患之来若影响。不从此著眼，而沾沾以舍宋而罪归生为圣人明微之论，此终是为左氏所误也。至谓君无道，又谓归生仁而不武，此殆无人心之言。[①]

可知郑国已经有君弱臣强之势。子公以自己的食指作为判断依据，显然不符合人们的基本生理常识。笔者认为子公很可能在国君身边安插眼线，对国君的行动了如指掌，所谓"指动必食异物"只是一个幌子。

当郑灵公从子家口中得知子公的预言，显然对子公已经有所戒备。郑灵公之所以坚决不允许子公食鼋，并非一时的争强好胜，而是向子公示意不得冒犯国君权威。子公感到国君有所察觉，已然动了弑君之心。子公愤怒染指于鼎，

---

① （清）顾栋高辑. 春秋大事表［M］. 北京：中华书局，1993：1918 - 1920.

实则是向国君彻底决裂。

值得注意的是，灵公欲杀子公的计划又为子公先知，更暗示了子公在灵公身边安插了眼线。双方均已剑拔弩张，谁先发难，谁就会取得先机。《左传》宣公四年："子家曰：'畜老，犹惮杀之，而况君乎？'反谮子家。子家惧而从之。"此处记载甚为可疑。灵公新立，并非年老，子家却将灵公比喻为老畜；更为费解的是子家拒绝子公之后，子公居然向灵公诽谤子家。如前所述，灵公已对子公动了杀机，君臣矛盾加剧，灵公又怎会听从子公的片面之辞？因此笔者认为子家大概与子公是一党，或者利益接近，虽然不赞同弑君，但还是没有阻止子公的行动。

（二）楚国伐郑的原因

《史记·郑世家》认为楚国伐郑的原因是郑与晋结盟，而上博简《郑子家丧》认为是子家之丧。

据《左传》宣公十一年："厉之役，郑伯逃归，自是楚未得志焉。郑既受盟于辰陵，又徽事于晋。"① 郑在与楚国结盟之后又向晋国献媚，引起楚国不满，因此楚才决定讨伐郑国，故当从《史记》与《左传》。

春秋时期的战争敌友关系转化较频繁，郑国向来首鼠两端，郑国的外交政策并非全部出自子家的主张。《左传》宣公二年："归生受命于楚伐宋，宋华元、乐吕御之。战于大棘。宋师败绩。"② 可知归生亦受楚国驱使，讨伐宋国。楚国不应当只拿子家作为讨伐郑国的借口，其实是因为郑国背楚与晋国结盟，危害了楚国在中原的利益，不利于楚国争霸。况且《史记》《左传》均记载楚国伐郑并非在子家死后立即实施，而是过了几年时间之后。上博简则倾向于子家死后，楚王立即决定出兵伐郑，与传世文献相左。《郑子家丧》的史料价值不及传世文献，因此当以传世文献记载为准。

子公、子家杀死郑灵公对郑国来说不啻是一场灾难，而灵公的处理方式也确实存在问题，既已察觉臣下有僭越之举，却悬而不发，不能当机立断，且机谋外泄，失败也就在所难免。《逸周书·史记》："大臣有锢职，谲诛者危。昔者

① 杨伯峻. 春秋左传注 [M]. 北京：中华书局，1990：716.
② 杨伯峻. 春秋左传注 [M]. 北京：中华书局，1990：651.

质沙三卿，朝而无礼，君怒而久拘之，譁而弗加。譁卿谋变，质沙以亡。"孔晁注："锢职，谓事专权也。"丁宗洛云："'譁'疑'谋'之讹。"① 君臣关系关系到一个国家的治乱兴衰，质沙国君未能妥善处理君臣关系，导致臣下叛乱，质沙国亡。郑灵公与质沙国君都因类似的问题导致国内政治动乱的爆发。因为这不仅给郑国带来了内乱，危及了统治上层的稳定，还给楚国提供了出兵干涉郑国内政的借口，由此引发的晋楚争霸中原的战争深深影响了春秋时期的历史进程。

二、邲之战相关问题发微

邲之战是楚庄王定霸之战，此后楚国较长时间掌握中原霸权。然而对于这场战争的爆发原因学界还缺乏深入的探讨，笔者拟围绕这次战争的原因、经过、结果做相关的探索。

（一）邲之战的命名

邲之战，又称两棠之战，见于上博简、《吕氏春秋》《新书》。

《陈公治兵》："先君文［王］……战于涂漳之滮（汻），币不幽（绝）；或（又）与晋人战于两棠，币不幽（绝）。"②

《吕氏春秋·至忠》："荆兴师，战于两棠，大胜晋，归而赏有功者。"③

《新书·先醒》："庄王围宋伐郑，郑伯肉袒牵羊，奉簪而献国。庄王曰：'古之伐者，乱则整之，服则舍之，非利之也。'遂弗受。乃与晋人战于两棠，大克晋人。会诸侯于汉阳，申天子之辟禁，而诸侯悦服。"④

孙人和先生经过详细考证之后认为两棠就是邲⑤，杨伯峻先生进一步认为"邲本为水名，即汴河，汴河亦曰汴渠。其上游为荥渎，又曰南济，首受黄河，

---

① 黄怀信，张懋镕，田旭东撰，李学勤审定. 逸周书汇校集注［M］. 上海：上海古籍出版社，2007：950 – 951.

② 马楠. 上博九《陈公治兵》初读［EB/OL］. 清华大学出土文献研究与保护中心网站，2013 – 04 – 22.

③ 许维遹撰，梁运华整理. 吕氏春秋集释［M］. 北京：中华书局，2009：244.

④ （汉）贾谊撰，阎振益，钟夏校注. 新书校注［M］. 北京：中华书局，2000：261 – 262.

⑤ 孙人和. 左宧漫录［M］//文史：第二辑. 北京：中华书局，1963：43 – 50.

在荥阳曰浪荡渠。两棠即浪荡，文异音同。"① 李零先生明确指出两棠之战就是
邲之战,② 李天虹先生也赞同此说，认为两棠就是邲。③

综合上述文献记述及前辈学者的看法，笔者认为邲之战与两棠之役确为一
事。此战或可称河上之役。

清华简《系年》第十三章："……王围郑三月，郑人为成。晋中行林父率师
救郑，庄王遂北……［楚］人盟。赵旃不欲成，弗召，席于楚军之门，楚人被
驾以追之，遂败晋师于河［上］。"④

《史记·晋世家》："楚已服郑，欲饮马于河为名而去。楚与晋军大战。郑新
附楚，畏之，反助楚攻晋。晋军败，走河，争度，船中人指甚众。楚虏我将智
罃……四年，先縠以首计而败晋军河上，恐诛，乃奔翟，与翟谋伐晋。"⑤

《史记·郑世家》："晋闻楚之伐郑，发兵救郑。其来持两端，故迟，比至
河，楚兵已去……庄王闻，还击晋。郑反助楚，大破晋军于河上。"⑥

《史记·楚世家》："十七年春，楚庄王围郑，三月克之……庄王自手旗，左
右麾军，引兵去三十里而舍，遂许之平。潘尪入盟，子良出质。夏六月，晋救
郑，与楚战，大败晋师河上，遂至衡雍而归。"⑦

以上文献均提到"败晋军于河上"的说法，先秦时期存在以战役特点命名
的习惯，如"泛舟之役"，见《左传》僖公十三年："秦于是乎输粟于晋，自雍
及绛相继，命之曰'泛舟之役'。"杜注："从渭水运入河、汾。"孔疏："秦都
雍，雍临渭。晋都绛，绛临汾。渭水从雍而东，至弘农华阴县入河。从河逆流
而北上，至河东汾阴县，乃东入汾，逆流东行而通绛。"⑧ 清华简《说命上》提

---

① 杨伯峻. 春秋左传注［M］. 北京：中华书局，1990：717.

② 李零. 简帛古书与学术源流［M］. 北京：生活·读书·新知三联书店，2004：274.

③ 李天虹. 竹书《郑子家丧》所涉历史事件综析［M］//出土文献：第一辑. 上海：中西
书局，2010：191.

④ 清华大学出土文献研究与保护中心编，李学勤主编. 清华大学藏战国竹简（贰）［M］.
上海：中西书局，2011：165.

⑤ （汉）司马迁. 史记［M］. 北京：中华书局，1959：1677.

⑥ （汉）司马迁. 史记［M］. 北京：中华书局，1959：1769.

⑦ （汉）司马迁. 史记［M］. 北京：中华书局，1959：1702.

⑧ 《十三经注疏》整理委员会整理，李学勤主编. 春秋左传正义［M］. 北京：北京大学
出版社，1999：368.

到的"赦俘之戎":"一豕随仲之自行,是为赦俘之戎。"整理者注:"意云失仲逃走而其子随之。戎,指兵事。"① 同时也存在以战役地点命名的战争,如城濮之战、崤之战、柏举之战,因此邲之战亦可称之为"河上之役"。

(二)邲之战胜负原因

邲之战爆发的真实原因是楚国国力渐强,晋国内部各种势力失衡,双方的目的均是维持中原霸权,试为申说如下:

1. 楚国国力增强、上下一心

楚庄王继位之后先后敉平若敖氏叛乱、群舒之乱,协调了内部关系,巩固了对属国的控制,国势已呈蒸蒸日上之态。从晋国随武子的话语便可一窥端倪。

《左传》宣公十二年:

及河,闻郑既及楚平,桓子欲还,曰:"无及于郑而剿民,焉用之?楚归而动,不后。"随武子曰:"善。会闻用师,观衅而动。德、刑、政、事、典、礼不易,不可敌也,不为是征。楚军讨郑,怒其贰而哀其卑。叛而伐之,服而舍之,德、刑成矣。伐叛,刑也;柔服,德也,二者立矣。昔岁入陈,今兹入郑,民不罢劳,君无怨讟,政有经矣。荆尸而举,商、农、工、贾不败其业,而卒乘辑睦,事不奸矣。蒍敖为宰,择楚国之令典;军行,右辕,左追蓐,前茅虑无,中权,后劲。百官象物而动,军政不戒而备,能用典矣。其君之举也,内姓选于亲,外姓选于旧。举不失德,赏不失劳。老有加惠,旅有施舍。君子小人,物有服章。贵有常尊,贱有等威,礼不逆矣。德立、刑行,政成、事时,典从、礼顺,若之何敌之?见可而进,知难而退,军之善政也。兼弱攻昧,武之善经也。子姑整军而经武乎,犹有弱而昧者,何必楚?仲虺有言曰:'取乱侮亡',兼弱也。《汋》曰:'于铄王师,遵养时晦',耆昧也。《武》曰:'无竞惟烈。'抚弱耆昧,以务烈所,可也。"②

按荀林父不欲战,想等楚军回国后再讨伐郑国降楚之罪。随武子认为楚国讨郑有合理的借口,恩威并施,已赢得郑国的臣服。楚庄王对内选拔贤才、安

---

① 清华大学出土文献研究与保护中心编,李学勤主编. 清华大学藏战国竹简(叁)[M].
上海:中西书局,2012:122.
② 杨伯峻. 春秋左传注 [M]. 北京:中华书局,1990:722-726.

定百姓、整军经武，外抚诸侯，符合德刑的标准，做到了德立、刑行、政成、事时、典从、礼顺的境界，晋国此时不可与之为敌，应当知难而退，引仲虺之言于《汋》之文来说明与楚开战胜算极小。

这种观点得到另一位大夫栾武子的赞同：

栾武子曰："楚自克庸以来，其君无日不讨国人而训之于民生之不易、祸至之无日、戒惧之不可以怠；在军，无日不讨军实而申儆之于胜之不可保、纣之百克而卒无后，训之以若敖、蚡冒筚路蓝缕以启山林……其君之戎，分为二广，广有一卒，卒偏之两。右广初驾，数及日中，左则受之，以至于昏。内官序当其夜，以待不虞。不可谓无备。子良，郑之良也；师叔，楚之崇也。师叔入盟，子良在楚，楚、郑亲矣。来劝我战，我克则来，不克遂往，以我卜也！郑不可从。"①

栾武子认为楚国继承先民的艰苦奋斗的精神，整饬军备、始终保持忧患意识，国力强盛。此次救郑，晋国师出无名，楚国又严加戒备，晋军无机可乘。郑国已经降楚，却来鼓动晋军进攻楚国，晋军面临极大危险，应当退军以观其变。

2. 晋国统治阶层意见不统一

晋成公为赵氏拥立，威权未立。晋自曲沃武公以小宗夺大宗之国后，便极力削弱公族势力，骊姬之乱更加使得公族实力遭受打击。《左传》宣公二年：

宣子使赵穿逆公子黑臀于周而立之。壬申，朝于武宫。初，丽姬之乱，诅无畜群公子，自是晋无公族。及成公即位，乃宦卿之适子而为之田，以为公族。又宦其馀子，亦为余子；其庶子为公行。晋于是有公族、余子、公行。赵盾请以括为公族，曰："君姬氏之爱子也。微君姬氏，则臣狄人也。"公许之。冬，赵盾为旄车之族，使屏季以其故族为公族大夫。②

关于"公族""余子""公行"，杜注："无公子，故废公族之官也。余子，嫡子之母弟也，亦治余子之政也。庶子，妾子也，掌率公戎行者也。皆官名也。"竹添光鸿《会笺》："是骊姬与献公及诸大夫为此诅，而其后遂为故常。

---

① 杨伯峻．春秋左传注［M］．北京：中华书局，1990：731–732.
② 杨伯峻．春秋左传注［M］．北京：中华书局，1990：663–665.

此公族以人言，即公族之属也，非以官言也。下庶子为妾子，知余子是适子之母弟也。《孟子》余夫二十五亩，除兄之外谓之余，独余子不为制名，仍名余子，故曰亦为余子。皆族也，非官名。"① 刘文淇《疏证》认为余子、公行之官为成公新增。② 杨伯峻先生赞同杜预的说法，认为"公族""余子""公行"为官名。③

　　尽管"公族""余子""公行"具体所指仍存分歧，但此举削弱了晋国国君的实力，助长了卿大夫的气焰是没有问题的。晋成公竟然以卿之适子、余子、庶子为公族、余子、公行，进一步加剧君弱臣强的国内政治格局。成公死后，子景公立。晋景公三年，出师救郑。

　　《左传》宣公十二年：

　　夏六月，晋师救郑。荀林父将中军，先縠佐之；士会将上军，郤克佐之；赵朔将下军，栾书佐之。赵括、赵婴齐为中军大夫，巩朔、韩穿为上军大夫，荀首、赵同为下军大夫。韩厥为司马。及河，闻郑既及楚平，桓子欲还，曰："无及于郑而剿民，焉用之？楚归而动，不后。"随武子曰："善。会闻用师，观衅而动……抚弱者昧，以务烈所，可也。"彘子曰："不可。晋所以霸，师武、臣力也。今失诸侯，不可谓力；有敌而不从，不可谓武。由我失霸，不如死。且成师以出，闻敌强而退，非夫也。命为军帅，而卒以非夫，唯群子能，我弗为也。"以中军佐济。④

　　这样安排已经埋下晋军政出多门的隐患。在和战问题上，荀林父欲还，隋武子和之。彘子（即先縠）认为遇强敌而退有损晋国霸权，坚决主张迎战。《左传》宣公十二年："赵括、赵同曰：'率师以来，唯敌是求。克敌、得属，又何俟？必从彘子！'"⑤《史记·郑世家》："晋闻楚之伐郑，发兵救郑。其来持两端，故迟，比至河，楚兵已去……庄王闻，还击晋。郑反助楚，大破晋军於河

①　〔日〕竹添光鸿. 左氏会笺［M］. 成都：巴蜀书社，2008：828.

②　刘文淇. 春秋左氏传旧注疏证［M］. 北京：科学出版社，1959：629.

③　杨伯峻. 春秋左传注［M］. 北京：中华书局，1990：665.

④　杨伯峻. 春秋左传注［M］. 北京：中华书局，1990：721 – 726.

⑤　杨伯峻. 春秋左传注［M］. 北京：中华书局，1990：732.

上。"① 赵括、赵同和之，荀氏、栾氏、士氏均不欲战，先氏、赵氏强横，主帅无力节制。

3. 郑国的支持

郑国历来是晋楚争霸的焦点，楚庄王依靠实力与妥善的处理方式获得了郑国暂时的驯服，意味着晋国以一敌二，胜利的天秤已发生倾斜。《左传》宣公十二年：

春，楚子围郑，旬有七日。郑人卜行成，不吉；卜临于大宫，且巷出车，吉。国人大临，守陴者皆哭。楚子退师，郑人修城。进复围之，三月克之。入自皇门，至于逵路。郑伯肉袒牵羊以逆，曰："孤不天，不能事君，使君怀怒以及敝邑，孤之罪也，敢不唯命是听？其俘诸江南，以实海滨，亦唯命；其翦以赐诸侯，使臣妾之，亦唯命。若惠顾前好，徼福于厉、宣、桓、武，不泯其社稷，使改事君，夷于九县，君之惠也，孤之愿也，非所敢望也。敢布腹心，君实图之。"左右曰："不可许也，得国无赦。"王曰："其君能下人，必能信用其民矣，庸可几乎！"退三十里而许之平。潘尪入盟，子良出质。②

从楚围郑到郑国投降，在楚国群臣要求乘机灭掉郑国时，庄王没有被胜利冲昏头脑，没有折辱前来投降的郑伯，还退兵以示无灭郑之心，没有听取下属意见将郑国灭国设县，而是维持郑国国君的统治，只求郑国服从即可，充分显示自己明君霸主的风范。楚王对于郑国给予了充分尊重，对于郑国大度的处理方式赢得了郑国的臣服，郑国已完全依附楚国。最终郑楚结盟，使得晋国师出无名。《史记·晋世家》："三年，楚庄王围郑，郑告急晋……闻楚已服郑，郑伯肉袒与盟而去，荀林父欲还。先縠曰：'凡来救郑，不至不可，将率离心。'卒度河。楚已服郑，欲饮马于河为名而去。楚与晋军大战。郑新附楚，畏之，反助楚攻晋。晋军败，走河，争度，船中人指甚众。"③ 先縠没有意识到局势发生扭转，仍然坚持救郑，贸然渡河，迫使晋军全军参战。郑国不仅可以为楚军提供粮草、辎重，还发兵帮助楚军攻击晋军。晋军劳师袭远，内部又不统一，给

---

① （汉）司马迁. 史记 [M]. 北京：中华书局，1959：1769.
② 杨伯峻. 春秋左传注 [M]. 北京：中华书局，1990：718 – 721.
③ （汉）司马迁. 史记 [M]. 北京：中华书局，1959：1676 – 1677.

了楚军可乘之机，最终大败而归，丢盔弃甲，伤亡惨重。

4. 双方战略战术存在优劣之分

楚国君臣对于和战问题也略有分歧。《左传》宣公十二年：

> 闻晋师既济，王欲还，嬖人伍参欲战。令尹孙叔敖弗欲，曰：“昔岁入陈，今兹入郑，不无事矣。战而不捷，参之肉其足食乎？”参曰：“若事之捷，孙叔为无谋矣。不捷，参之肉将在晋军，可得食乎？”令尹南辕、反旆，伍参言于王曰：“晋之从政者新，未能行令。其佐先縠刚愎不仁，未肯用命。其三帅者，专行不获。听而无上，众谁适从？此行也，晋师必败。且君而逃臣，若社稷何？”王病之，告令尹，改乘辕而北之，次于管以待之。①

杨伯峻注：“爱妾、爱臣可统称嬖人。”嬖人伍参是伍奢的祖父、楚王的爱臣，他仔细分析晋国的不利情况，以国家利益成功说服楚王改变主意，劝楚王抓住时机，挫败晋国兵锋。令尹孙叔敖因连年征战反对与晋交战。楚庄王在权衡利弊之后停止了撤军行动。

此后楚军采取灵活多变的战略战术，先向晋示弱，指使郑国使者去晋营劝战，以加深晋国内部矛盾；又派少宰至晋营谦辞请和，说明楚只是为了平定郑国内部动乱而来，非挑战晋国霸权，达到了麻痹晋军松懈其戒备的目的。

楚庄王见决战时机成熟，派善战的许伯、乐伯、摄叔合乘兵车挑战，冲入晋营，杀人而退，以激怒晋军主战将领。果然，魏犨、赵旃曾求公族大夫不成，挟私怨欲败荀林父之功，至楚营并不请盟而挑战。

晋军主帅缺乏精密的战争谋划，又不能对下属意见择善而从。《左传》宣公十二年：

> 赵旃求卿未得，且怒于失楚之致师者，请挑战，弗许。请召盟，许之，与魏锜皆命而往。郤献子曰：“二憾往矣，弗备，必败。”彘子曰：“郑人劝战，弗敢从也；楚人求成，弗能好也。师无成命，多备何为？”士季曰：“备之善。若二子怒楚，楚人乘我，丧师无日矣，不如备之。楚之无恶，除备而盟，何损于好？若以恶来，有备，不败。且虽诸侯相见，军卫不彻，警也。”彘子不可。士季使巩朔、韩穿帅七覆于敖前，故上军不败。赵婴齐使其徒先具舟于河，故败

---

①　杨伯峻. 春秋左传注［M］. 北京：中华书局，1990：729－730.

而先济。①

　　赵旃前去楚军挑衅，战争一触即发。郤克、士季建议做好相应的战争准备，荀林父仍然在战与不战的立场中徘徊，消极对待郤克、士季的建议。好在士季提前命所辖的上军做好战备，令巩朔、韩穿在敖山设了七处伏兵，故而在随后的大战中减少了损失。

　　关于赵氏的莽撞行为，传世文献与出土文献都有记载。

　　清华简《系年》第十三章：

　　……王围郑三月，郑人为成。晋中行林父率师救郑，庄王遂北［楚］人盟。赵旃不欲成，弗召，席于楚军之门，楚人被驾以追之，遂败晋师于河［上］。整理者注："弗召，指不执行召盟的使命。被驾，被甲驾马。"②

　　《左传》宣公十二年：

　　潘党既逐魏锜，赵旃夜至于楚军，席于军门之外，使其徒入之。楚子为乘广三十乘，分为左右。右广鸡鸣而驾，日中而说；左则受之，日入而说。许偃御右广，养由基为右；彭名御左广，屈荡为右。乙卯，王乘左广以逐赵旃。赵旃弃车而走林，屈荡搏之，得其甲裳。晋人惧二子之怒楚师也，使軘车逆之。潘党望其尘，使骋而告曰："晋师至矣。"楚人亦惧王之入晋军也，遂出陈。③

　　赵氏的鲁莽行为遭到楚军的反击，楚庄王亲自率师出击，晋人担心赵旃、魏锜惹怒楚师，派軘车来接应。不料潘党误以为晋军大部队前来，向楚军报告。为了楚庄王的安全，楚军大部队在孙叔敖的部署下随后展开全面攻击。

　　值得注意的是，孙叔敖也曾反对与晋作战，但当战争无法避免之时，便迅速作出支持战争的决定与部署。《左传》宣公十二年："孙叔曰：'进之。宁我薄人，无人薄我。《诗》云：'元戎十乘，以先启行。'先人也。《军志》曰：'先人有夺人之心'，薄之也。'"④ 孙叔敖的灵活应对与晋国荀林父的犹豫不决形成鲜明对比，楚国君臣上下如臂使指，全部以楚国的国家利益为重，又辅之

---

①　杨伯峻. 春秋左传注［M］. 北京：中华书局，1990：736－737.

②　清华大学出土文献研究与保护中心编，李学勤主编. 清华大学藏战国竹简（贰）［M］. 上海：中西书局，2011：165－166."

③　杨伯峻. 春秋左传注［M］. 北京：中华书局，1990：737－738.

④　杨伯峻. 春秋左传注［M］. 北京：中华书局，1990：738－739.

以正确的战术，晋军的惨败也就难以避免。

三、邲之战的影响

从表面看，楚庄王极力避开与晋正面交战，晋军主帅也不欲与楚交锋，然而实质上围绕中原霸权，双方不得不展开正面对决。战争对于晋、楚两国的影响既深且巨，试说如下。

（一）楚国暂时获得中原霸权

楚国在多次努力争霸未成的情况下，通过邲之战终于获得霸主地位。《左传》宣公十二年：

> 丙辰，楚重至于邲，遂次于衡雍。潘党曰："君盍筑武军，而收晋尸以为京观？臣闻克敌必示子孙，以无忘武功。"楚子曰："非尔所知也。夫文，止戈为武……今我使二国暴骨，暴矣；观兵以威诸侯，兵不戢矣；暴而不戢，安能保大？犹有晋在，焉得定功？所违民欲犹多，民何安焉？无德而强争诸侯，何以和众？利人之几，而安人之乱，以为己荣，何以丰财？……今罪无所，而民皆尽忠以死君命，又可以为京观乎？"祀于河，作先君宫，告成事而还。是役也，郑石制实入楚师，将以分郑，而立公子鱼臣。辛未，郑杀仆叔及子服……郑伯、许男如楚。①

杜注："筑军营以章武功也。积尸封土其上，谓之京观也。"竹添光鸿《会笺》："此京盖象其崇积之状而名，大诛罪人，积首级令崇，以观示四方，而惩凶慝，故谓之京观，犹后世骷髅台之意。"杨伯峻注："武军、京观盖是一事，收晋师而封土，谓之武军；建表木而书之，即谓京观。"

邲之战对楚国的意义十分重大，因此潘党建议收晋尸筑京观来宣扬此战楚国的声威。楚庄王才能卓越，对战争有正确的认识，认识到止戈为武、武有七德的道理，拒绝潘党提出武军、京观的建议，那样只会激怒晋国。楚王只是在黄河边上祭祀河神、作先君宫而已。此外，郑、许臣服于楚，为楚国北上干预中原各国打开了通道。晋国并不甘心失去霸权，晋景公五年伐郑，为楚所败。

---

① 杨伯峻. 春秋左传注 [M]. 北京：中华书局，1990：743 - 747.

《史记·晋世家》："五年，伐郑，为助楚故也。是时楚庄王强，以挫晋兵河上也。"① 晋景公六年救宋，不敢出兵与楚抗衡。《史记·晋世家》："伯宗谋曰：'楚，天方开之，不可当。'"② 晋伯宗之言也反映了楚国此事国力强盛、晋人不敢撄其锋的史实。

（二）晋国政治格局的重新洗牌

荀林父回国之后主动请求为邲之战承担罪责，因随会（士贞子）之谏言得到晋侯宽宥。先縠却因邲之战败而不自安，落得身死族灭的下场。

《左传》宣公十二年：

> 秋，晋师归，桓子请死，晋侯欲许之。士贞子谏曰："不可。城濮之役，晋师三日縠，文公犹有忧色。左右曰：'有喜而忧，如有忧而喜乎？'公曰：'得臣犹在，忧未歇也。困兽犹斗，况国相乎？'及楚杀子玉，公喜而后可知也，曰：'莫余毒也已。'是晋再克而楚再败也，楚是以再世不竞。今天或者大警晋也，而又杀林父以重楚胜，其无乃久不竞乎？林父之事君也，进思尽忠，退思补过，社稷之卫也，若之何杀之？夫其败也，如日月之食焉，何损于明？"晋侯使复其位。③

《史记·晋世家》：

> 归而林父曰："臣为督将，军败当诛，请死。"景公欲许之。随会曰："昔文公之与楚战城濮，成王归杀子玉，而文公乃喜。今楚已败我师，又诛其将，是助楚杀仇也。"乃止。四年，先縠以首计而败晋军河上，恐诛，乃奔翟，与翟谋伐晋。晋觉，乃族縠。縠，先轸子也。④

按荀林父回国后请求以死谢罪，赖范氏力保得以脱罪。《左传》记载说服晋景公的大臣是士贞子，即士渥浊，而《史记》记载说服晋景公的是士会。《增订春秋世族源流图考》据《春秋分纪》认为士縠生穆子，穆子生士渥浊。笔者认为当从《左传》。士贞子素有贤名，如《国语·晋语七》记载："君知士贞子帅

① （汉）司马迁. 史记 [M]. 北京：中华书局，1959：1677.
② （汉）司马迁. 史记 [M]. 北京：中华书局，1959：1677.
③ 杨伯峻. 春秋左传注 [M]. 北京：中华书局，1990：748.
④ （汉）司马迁. 史记 [M]. 北京：中华书局，1959：1676–1677.

志博闻，而宣惠于教也，使为太傅。"① 韦昭注："贞子，晋卿士穆子之子士渥浊也。帅，循也。宣，徧也。惠，顺也。"可见士贞子知识渊博、善于抚众，当有较高声望。士会以上军帅的身份参加了邲之战，可谓败军之将，自己是否可以免罪尚在两可之间，不太可能为荀林父求情；而士贞子并未参加此次战役，又获得晋人尊重，应当能从中立的角度对荀林父做出评价，劝说晋侯不再怪罪荀林父。

先縠，《史记》记其为先轸之子，而齐召南《考证》认为："以《传》考之，轸子先且居；且居子先克，文九年为箕郑等所杀，则此先縠当是轸之孙或曾孙，《史记》未可信也。"杨伯峻先生赞同这一观点。② 先縠在邲之战中担任中军佐，是此次战役的第二负责人，居然带头反对主帅荀林父的命令，将晋军拖入战局，对于战败的结局难逃罪责。主帅荀林父既已被宣布无罪，邲之战给晋国带来的巨大损失，必须要有人对此负责。先縠可能感到国内政治局势的变化，这才与翟谋伐晋，结果落得身死族灭的下场。先氏灭后，赵氏家族仍然没有吸取教训，最终于晋景公十七年遭受下宫之难，险些落得灭族的下场。

总之，楚国讨伐郑国的根本原因并非子家之乱，其实是因为郑国背楚与晋国结盟，危害了楚国在中原的利益。邲之战亦可称之为"河上之役"，爆发的真实原因是楚国国力渐强，意图掌握中原霸权。楚国内部团结一心、以国家利益为重、采取了合理的战略战术，而晋国内部矛盾重重、上下离心，加上郑国支持楚国等诸多因素导致邲之战楚胜晋败的结果。此役给晋、楚两国带来较大的影响：楚国通过这次战争击败晋国暂时获得中原霸权，晋国因战败导致国内政治格局的重新洗牌，先氏、赵氏陆续遭到打击，君弱臣强的格局最终没有得到扭转。

第三节　清华简《系年》与巫臣、夏姬史事

楚国称霸中原之后，国内孕育着不安定因素。楚王对于夏姬的处理不当，

---

① 徐元诰. 国语集解 [M]. 北京：中华书局，2002：406.
② 杨伯峻. 春秋左传注 [M]. 北京：中华书局，1990：721.

导致后来巫臣叛逃晋国，在巫臣的帮助下，吴国逐渐成为楚国的劲敌，为楚国带来长期的军事威胁。清华简《系年》第十五章涉及巫臣、夏姬史事，对此《左传》《史记》等史籍亦有记载。笔者拟围绕清华简与相关传世文献，揭示导致楚国霸业中衰的潜在因素。现依通行字体将《系年》相关简文照录于下：

> 楚庄王立，吴人服于楚。陈公子徵舒取妻于郑穆公，是少孟。庄王立十又五年，陈公子徵舒杀其君灵公，庄王率师围陈。王命申公屈巫适秦求师，得师以来。王入陈，杀徵舒，取其室以予申公。连尹襄老与之争，夺之少孟。连尹止于河滩，其子黑要也又室少孟。庄王即世，共王即位。黑要也死，司马子反与申公争少，申公曰："是余受妻也。"取以为妻。司马不顺申公。王命申公聘于齐，申公窃载少孟以行，自齐遂逃适晋，自晋适吴，焉始通吴晋之路，教吴人叛楚。以至灵王，灵王伐吴，为南怀之行，执吴王子蹶由，吴人焉又服于楚。灵王即世，景平王即位。少师无极谗连尹奢而杀之，其子伍员与伍之鸡逃归吴。伍鸡将吴人以围州来，为长壑而涅之，以败楚师，是鸡父之涅。景平王即世，昭王即位。伍员为吴大宰，是教吴人反楚邦之诸侯，以败楚师于柏举，遂入郢。昭王归随，与吴人战于析。吴王子晨将起祸于吴，吴王阖卢乃归，昭王焉复邦。①

巫臣是一位很具争议的历史人物，他与美女夏姬的事迹常为后人艳称。但仔细阅读传世文献及清华简，可以发现巫臣与夏姬的关系值得重新思考，其叛楚奔晋的原因仍有待进一步挖掘。本节分别从三个方面对此展开讨论，以求初步缕清关于巫臣的若干史事。

一、夏姬、徵舒关系辨

根据传世文献记载，夏姬与徵舒二人为母子关系本无争议，而《系年》明确记载夏姬与徵舒是夫妻关系，这无疑颠覆了传统以来的认识。有学者认为当以《系年》为准②，认定二者为夫妻关系，笔者认为还有探讨余地。

---

① 清华大学出土文献研究与保护中心编，李学勤主编. 清华大学藏战国竹简（贰）[M].
　上海：中西书局，2011：167.
② 程薇. 清华简《系年》与夏姬身份之谜 [J]. 文史知识，2012（7）.

现存传世文献虽针对夏姬记载详略不一，但对于夏姬与徵舒的关系口径一致，均称其二人为母子关系。如《国语·楚语上》："昔陈公子夏为御叔娶于郑穆公（韦昭注：公子夏，陈宣公之子，御叔之父也，为御叔郑穆公少妃姚子之女夏姬也），生子南。子南之母乱陈而亡之（韦昭注：子南，夏徵舒之字。御叔早死，陈灵公与孔宁、仪行父淫夏姬。徵舒弑灵公，庄王以诸侯讨之，而灭陈），使子南戮于诸侯。"① 此处明确指出几个历史人物关系，即公子夏为御叔之父，夏姬为御叔之妻，徵舒之母。陈灵公被杀的起因之一就是和宠臣孔宁、仪行父议论徵舒长得与谁相似。《左传》宣公十年："陈灵公与孔宁、仪行父饮酒于夏氏，公谓行父曰：'徵舒似女。'对曰：'亦似君。'徵舒病之。公出，自其厩射而杀之。二子奔楚。"② 此事又见《史记·陈杞世家》，记载较《左传》稍详："十四年，灵公与其大夫孔宁、仪行父皆通于夏姬，衷其衣以戏于朝……十五年，灵公与二子饮于夏氏。公戏二子曰：'徵舒似汝。'二子曰：'亦似公。'徵舒怒。灵公罢酒出，徵舒伏弩厩门射杀灵公。孔宁、仪行父皆奔楚，灵公太子午奔晋。徵舒自立为陈侯。徵舒，故陈大夫也。夏姬，御叔之妻，舒之母也。"③ 需要注意的是陈灵公与大臣孔宁、仪行父之间以"征舒似汝"开玩笑，可见徵舒是夏姬之子的事实更为合理，否则陈灵公的玩笑就显得无的放矢。

清华简《系年》第十五章提及一位"少孟"的历史人物，整理者注："少孟，即《左传》《国语》等的夏姬。《左传》宣公十一年称夏征舒为'少西氏'，杜注：'少西，征舒之祖子夏之名。''少孟'之'少'疑为'少西氏'之省称，而'孟'是夏姬之名。"此说可从。晋杜预赞成徵舒为夏姬之子，如《左传》成公二年："是不祥人也。是夭子蛮，杀御叔，弑灵侯，戮夏南，出孔、仪，丧陈国，何不祥如是？"④ 杜注："夏姬子徵舒也。"日本学者竹添光鸿同意杜预的说法，并进一步指出："徵舒字子南，《楚语》云：'昔陈公子夏为御叔娶于郑穆公，生子南。'以氏配字谓之夏南。"⑤ 巫臣与夏姬逃至晋国后曾育有一女，

① 徐元浩．国语集解［M］．北京：中华书局，2002：492.

② 杨伯峻．春秋左传注［M］．北京：中华书局，1990：707 – 708.

③ （汉）司马迁．史记［M］．北京：中华书局，1959：1579.

④ 杨伯峻．春秋左传注［M］．北京：中华书局，1990：803 – 804.

⑤ 〔日〕竹添光鸿．左氏会笺［M］．成都：巴蜀书社，2008：981.

嫁给晋国贤臣叔向，此婚事曾遭叔向母亲反对。《左传》昭公二十八年："初，叔向欲娶于申公巫臣氏，其母欲娶其党。叔向曰：'吾母多而庶鲜，吾惩舅氏矣。'其母曰：'子灵之妻杀三夫、一君、一子，而亡一国、两卿矣，可无惩乎？吾闻之：'甚美必有甚恶。'是郑穆少妃姚子之子，子貉之妹也。子貉早死，无后，而天钟美于是，将必以是大有败也……夫有尤物，足以移人，苟非德义，则必有祸。'"① 据此叔向所娶之女就是巫臣与夏姬之女，围绕这门亲事叔向与其母发生争执。叔向母极力反对这门婚事，原因是夏姬乃是不祥之人，先后导致三夫、一君、一子皆死。此处的"子"无疑就是指徵舒。叔向及其母皆与巫臣、夏姬时代相近，所说可信度较高。

上述论证表明夏姬与徵舒的关系暂时难以骤下定论。相对而言，母子说的理由与论据较为充足，夫妻说还有待发现更多的材料来证明。

二、巫臣、夏姬私奔事件的再考察

通过阅读传世文献与新出清华简，笔者发现两者对于巫臣与夏姬私奔事件的记述存在矛盾之处，试析如下。

现存传世文献皆记载楚庄王欲先取夏姬为妻，经巫臣进谏后才放弃这个打算，司马子反又想娶夏姬，也被巫臣阻止，最后楚王将夏姬赐给连尹襄老。《史记·晋世家》："（晋景公十一年）楚申公巫臣盗夏姬以奔晋，晋以巫臣为邢大夫。"② 传统观点据此认为巫臣贪图夏姬美色，为得到夏姬而巧舌如簧，最终通过"曲线救国"之策略实现目的。

《左传》成公二年：

楚之讨陈夏氏也，庄王欲纳夏姬。申公巫臣曰："不可。君召诸侯，以讨罪也；今纳夏姬，贪其色也……若兴诸侯，以取大罚，非慎之也。君其图之！"王乃止。子反欲取之，巫臣曰："是不祥人也……天下多美妇人，何必是？"子反乃止。王以予连尹襄老。襄老死于邲，不获其尸。其子黑要烝焉。巫臣使道焉，曰："归！吾聘女。"又使自郑召之，曰："尸可得也，必来逆之。"姬以告王，

---

① 杨伯峻. 春秋左传注 [M]. 北京：中华书局，1990：1492 - 1493.
② （汉）司马迁. 史记 [M]. 北京：中华书局，1959：1678 - 1679.

王问诸屈巫。对曰："其信……其必许之。"王遣夏姬归。将行，谓送者曰："不得尸，吾不反矣。"巫臣聘诸郑，郑伯许之。及共王即位，将为阳桥之役，使屈巫聘于齐，且告师期。巫臣尽室以行……及郑，使介反币，而以夏姬行。将奔齐，齐师新败，曰："吾不处不胜之国。"遂奔晋，而因郤至，以臣于晋。晋人使为邢大夫。①

从上述记载来看，申公巫臣先后劝说楚庄王、子反放弃娶夏姬的打算，待连尹襄老死后与夏姬暗通款曲，定下出逃楚国的私奔计划，真可谓煞费苦心。

然而清华简《系年》第十五章记载："王入陈，杀徵舒，取其室以予申公。连尹襄老与之争，夺之少。连尹止于河灉，其子黑要也又室少。庄王即世，共王即位。黑要也死，司马子反与申公争少，申公曰：'是余受妻也。'取以为妻。司马不顺申公。王命申公聘于齐，申公窃载少以行，自齐遂逃适晋，自晋适吴，焉始通吴晋之路，教吴人反楚。"② 清华简记载楚庄王在伐陈之后曾先允诺将夏姬予申公，结果连尹襄老捷足先登占有夏姬。申公在连尹襄老、黑要死后直接娶夏姬为妻，又因子反的排挤，才借出使齐国的机会私自与夏姬同行。

围绕巫臣、夏姬私奔史事，清华简与传世文献所记不同之处大致有三点：楚庄王曾明确表示将夏姬赐予申公巫臣；黑要死后，巫臣在楚国娶夏姬为妻；巫臣从楚国偷偷携夏姬同行出使齐国。通过比较，可知清华简的记述更为合理，试为论证如下。

（一）楚庄王曾将夏姬赐给巫臣

清华简带来的信息相当重要，为传世文献中为何巫臣近乎疯狂的求取夏姬的史事提供了一种解释，即简文巫臣所说夏姬"是余受妻也"。

依据《系年》，楚庄王灭陈之后"取其室以予申公"，原因可能就是因为"王命申公屈巫适秦求师，得师以来"。程薇认为楚庄王这一举动是对巫臣成功让秦出兵的犒赏。③

此事与传世文献的记载相呼应，如《左传》成公二年所载申公巫臣劝楚庄

---

① 杨伯峻. 春秋左传注［M］. 北京：中华书局，1990：803 - 805.

② 清华大学出土文献研究与保护中心编，李学勤主编. 清华大学藏战国竹简（贰）［M］. 上海：中西书局，2011：167.

③ 程薇. 清华简《系年》与夏姬身份之谜［J］. 文史知识，2012（7）.

王语："不可。君召诸侯，以讨罪也；今纳夏姬，贪其色也。"① 这里提到楚王召诸侯，可知伐陈之役并非只有楚国参加。

《史记·楚世家》记申叔时劝谏楚王："且王以陈之乱而率诸侯伐之，以义伐之而贪其县，亦何以复令于天下！"② 从申叔时的话中不难发现楚庄王伐陈之役的目的并非仅仅为陈平定动乱，而是藉此树立楚国的正面形象，扩大楚国在诸侯中的影响力，以求长久保持楚国的霸权。

据《系年》"王命申公屈巫适秦求师，得师以来"的记载，可知《左传》《史记》中巫臣、申叔时所提到的诸侯包括秦国。整理者注："楚庄王命屈巫求师于秦，经传不载，但《左传》宣公十一年庄王云：'夏征舒为不道，弑其君，寡人以诸侯讨而戮之'，说明伐陈不仅楚军。"③ 此说甚是。唐孔颖达《正义》云："经无诸侯而云'以诸侯讨之者'，时有楚之属国从行也。"此可备一说，诸侯或有楚之属国，但结合清华简文，但也应包括若干其他诸侯国，秦应当就是其中之一。巫臣在联络秦国出兵共伐陈国的过程中立有大功，以夏姬赐巫臣可能出于楚庄王赏功之举。

（二）巫臣、夏姬的私奔路线

《系年》记载申公巫臣出奔晋国的过程颇合情理。依照传统文献的解释，巫臣为得到夏姬，先将夏姬支回郑国，然后自己出使齐国完成使命后到郑国与夏姬会合，再从郑国出发打算逃至齐国，后因齐国新近战败才最终逃亡晋国。

仔细爬梳史料，传世文献其实有不甚合理之处。

其一，巫臣出使齐国时很难做到尽带其家室与财产。《左传》成公二年："王以予连尹襄老。襄老死于邲，不获其尸。其子黑要烝焉。巫臣使道焉，曰：'归！吾聘女。'又使自郑召之，曰：'尸可得也，必来逆之。'姬以告王，王问诸屈巫……王遣夏姬归。将行，谓送者曰：'不得尸，吾不反矣。'巫臣聘诸郑，郑伯许之。及共王即位，将为阳桥之役，使屈巫聘于齐，且告师期。巫臣尽室以行。申叔跪从其父，将适郢，遇之，曰：'异哉！夫子有三军之惧，而又有

---

① 杨伯峻. 春秋左传注 [M]. 北京：中华书局，1990：803.

② （汉）司马迁. 史记 [M]. 北京：中华书局，1959：1702.

③ 清华大学出土文献研究与保护中心编，李学勤主编. 清华大学藏战国竹简（贰）[M]. 上海：中西书局，2011：171.

《桑中》之喜，宜将窃妻以逃者也.' 及郑，使介反币，而以夏姬行。将奔齐，齐师新败，曰：'吾不处不胜之国.' 遂奔晋，而因郤至，以臣于晋。晋人使为邢大夫。"申公巫臣奉王命出使齐国，目的是与齐国结盟，为阳桥之役作准备。对于"巫臣尽室以行"的解释，杜预认为："室家尽去。"杨伯峻注："尽带其家室与财产。"① 竹添光鸿笺曰："尽带财贿去也。杜注室家尽去，果然谁不知其出奔？观及郑使介反币，则虽介亦不悟其出奔耳。"竹添光鸿的质疑有可取之处。按巫臣作为出使齐国的使者，携带自己的家产及妻子随行，一则不易保密，二则容易引起他人怀疑。而《系年》记载"申公窃载少以行"，即申公仅携夏姬私自出行，如此行事显然更易于不为人知。从申叔跪之言可以见其端倪："夫子有三军之惧，而又有《桑中》之喜，宜将窃妻以逃者也。"杜注："《桑中》，《卫风》淫奔之诗。"竹添光鸿笺曰："巫臣往告师期，是有三军之惧。将淫夏姬，是有桑中之喜。盖申叔父子早知其情，今又见其行色而言之也。《桑中》诗序云：'相妾妻妾，期于幽远'，桑中卫邑之小者，汉封赵顷王之子广汉为桑中侯，地在今河南卫辉府淇县。《玉篇》：'宜，当也。合当然也。'合当然意与殆近。"② 竹添光鸿指出申叔时父子早知其情，可谓卓识。申叔时父子显然洞若观火，对于巫臣与子反之间的矛盾有较为清楚的认识，因此判断巫臣将叛逃齐国。

其二，巫臣与夏姬在郑国会合后不太可能产生去齐国避难的想法。既然巫臣刚代表楚国与齐结盟，叛楚之后巫臣若携夏姬逃至齐国，只要楚国对齐国施加压力，齐国极有可能遣送二人回楚，这对于巫臣并非最佳选择。而清华简《系年》记载与传世文献不同："连尹止于河滩，其子黑要也又室少。庄王即世，共王即位。黑要也死，司马子反与申公争少，申公曰：'是余受妻也。'取以为妻。司马不顺申公。王命申公聘于齐，申公窃载少以行，自齐遂逃适晋，自晋适吴，焉始通吴晋之路，教吴人反楚。"③ 据此简文，巫臣在黑要死后即迎娶夏姬，只是不断受到子反的排挤，促使巫臣产生出逃的想法。适逢楚王派巫臣出使齐国结盟，巫臣便私自携带夏姬同行，至齐完成使命后，巫臣便随夏姬一起

---

① 杨伯峻. 春秋左传注 [M]. 北京：中华书局，1990：805.
② 〔日〕竹添光鸿. 左氏会笺 [M]. 成都：巴蜀书社，2008：983.
③ 清华大学出土文献研究与保护中心编，李学勤主编. 清华大学藏战国竹简（贰）[M]. 上海：中西书局，2011：167.

逃至晋国。两下相较,《系年》所载显然更符合历史事实。

(三) 巫臣奔晋带来的影响

巫臣携夏姬奔晋显然是经过深思熟虑的结果。晋国国力与楚相埒,晋国也经常收容楚国的亡臣,春秋时人曾有"楚材晋用"之语,所以巫臣选择晋国作为栖息之所是为合情合理的最佳选择。晋国利用巫臣的目的在于打击楚国,缓解晋国压力。由于巫臣尽知楚之虚实,针对楚国的国情建议晋国联合吴国以制约楚国,取得了不错的效果。

《左传》成公七年:

巫臣请使于吴,晋侯许之。吴子寿梦说之。乃通吴于晋。以两之一卒适吴,舍偏两之一焉。与其射御,教吴乘车,教之战陈,教之叛楚。置其子狐庸焉,使为行人于吴。吴始伐楚、伐巢、伐徐,子重奔命。马陵之会,吴入州来,子重自郑奔命。子重、子反于是乎一岁七奔命。蛮夷属于楚者,吴尽取之,是以始大,通吴于上国。"①

杜注:"《司马法》:'百人为卒,二十五人为两。车九乘为小偏,十五乘为大偏。'盖留九乘车及一两二十五人,令吴习之。"孔颖达《正义》:"'以两之一',谓将二十五人也,又言'卒',谓更将百人也,言'之'者,婉句耳,凡将一百二十五人适吴也。'舍偏',谓舍一偏之车九乘也,'两之一焉',又舍二十五人也,凡舍九乘车二十五人与吴矣。"② 巫臣出使吴国,帮助吴国改革军制、改良战备,导致吴国军事实力日强,渐可与楚争锋。

《左传》襄公二十六年:

子反与子灵争夏姬,而雍害其事,子灵奔晋,晋人与之邢,以为谋主,扦御北狄,通吴于晋,教吴叛楚,教之乘车、射御、驱侵,使其子狐庸为吴行人焉。吴于是伐巢、取驾、克棘、入州来,楚罢于奔命,至今为患,则子灵之所为也。③

《系年》第十五章:

---

① 杨伯峻. 春秋左传注 [M]. 北京: 中华书局, 1990: 834 - 835.
② (清) 阮元校刻. 十三经注疏·春秋左传正义 [M]. 北京: 中华书局, 1980: 1903.
③ 杨伯峻. 春秋左传注 [M]. 北京: 中华书局, 1990: 1122.

王命申公聘于齐，申公窃载少以行，自齐遂逃适晋，自晋适吴，焉始通吴晋之路，教吴人反楚。①

《史记·晋世家》：

十六年，楚将子反怨巫臣，灭其族。巫臣怒，遗子反书曰："必令子罢于奔命！"乃请使吴，令其子为吴行人，教吴乘车用兵。吴晋始通，约伐楚。②

上述史籍记载巫臣帮助吴国变革军制，吴军战斗力迅速增强，鼓动吴国叛楚以自立。巫臣之子狐庸为吴行人，专门负责联系晋、吴两国，共同对付楚国。结果吴国不断侵扰楚国，使"子重、子反于是乎一岁七奔命"，楚不得不将更多的精力投放到对吴国的军事行动，减轻了晋国的边防压力，巫臣倡导的晋吴联盟策略得以实现。

三、巫臣坚持迎娶夏姬缘由辨疑

（一）巫臣功绩

巫臣出自楚国旧族，本人颇具才能，曾在楚国政坛十分活跃，对楚国的发展贡献甚多。《左传》宣公十二年记载：

冬，楚子伐萧，宋华椒以蔡人救萧。萧人囚熊相宜僚及公子丙。王曰："勿杀，吾退。"萧人杀之。王怒，遂围萧。萧溃。申公巫臣曰："师人多寒。"王巡三军，拊而勉之，三军之士，皆如挟纩。遂傅于萧。③

楚军攻打萧国，因萧俘获熊相宜僚及公子丙，楚王为救人表示愿意退军，萧不为所动反而并杀死两人。楚王大怒，意欲拿下萧国。申公巫臣发现因冬季出现士卒寒冷的问题，适时向楚王反映。楚王采纳建议，亲自巡视三军，劝勉将士，使得"三军之士，皆如挟纩"，杜注："纩，绵也，言说以忘寒。"三军士卒因楚王抚慰而忘却寒冷、士气大振，终于完成攻克萧国的军事行动。申公巫臣在这次战争中能够及时发现危机并及时向楚王劝谏，为最终伐萧之役的胜利贡献了自己的力量。

---

① 清华大学出土文献研究与保护中心编，李学勤主编.清华大学藏战国竹简（贰）[M].上海：中西书局，2011：167.

② （汉）司马迁.史记[M].北京：中华书局，1959：1678-1679.

③ 杨伯峻.春秋左传注[M].北京：中华书局，1990：748-749.

据清华简《系年》的记载，申公还曾在伐陈之役发挥影响："王命申公屈巫适秦求师，得师以来。"① 巫臣出使秦国，成功劝说秦国派兵随楚一起进行军事行动，为楚国在争霸战局中抢占有利地位。对此，楚共王也充分肯定巫臣的功勋。

《左传》成公二年：

子反请以重币锢之，王曰："止！其自为谋也则过矣，其为吾先君谋也则忠。忠，社稷之固也，所盖多矣。且彼若能利国家，虽重币，晋将可乎？若无益于晋，晋将弃之，何劳锢焉。"②

杜注："禁锢勿令仕也。"竹添光鸿《会笺》："锢，铸塞也。铁器穿穴者，铸铁以塞之使不漏，禁人使不得仕官者。其事亦似之，故谓之禁锢。"③

《新序·杂事》：

令尹将徙其族，言之于王曰："申公巫臣谏先王以无近夏姬，今身废使命，与夏姬逃之晋，是欺先王也，请徙其族。"王曰："申公巫臣为先王谋则忠，自为谋则不忠，是厚于先王，而自薄也，何罪于先王？"遂不徙。④

巫臣叛逃至晋，被晋任命为邢大夫。子反建议楚王用重币贿赂晋国以禁锢巫臣不得为官，然被楚王拒绝。理由就是申公巫臣曾为楚庄王多次谋划，于楚的争霸事业贡献尤多。其实晋国任用巫臣之目的就在于对付楚国，也不会因为楚国的重币弃用巫臣。楚共王虽初即位，但对此事的认识可谓独具慧眼。从楚王的言语之中可以发现，申公巫臣对于楚国发展的功绩不容抹杀。

（二）巫臣坚持迎娶夏姬的缘由

虽说传世文献与清华简对于巫臣、夏姬史事存在较多不同，但二者在记载巫臣坚持迎娶夏姬之事上则大体一致。这样一位出身勋贵、于国有功之臣竟因一女子抛家叛国，个中缘由实在令人费解。笔者认为巫臣坚持娶夏姬为妻除去

---

① 清华大学出土文献研究与保护中心编，李学勤主编．清华大学藏战国竹简（贰）［M］．上海：中西书局，2011：167.

② 杨伯峻．春秋左传注［M］．北京：中华书局，1990：805 – 806.

③ 〔日〕竹添光鸿．左氏会笺［M］．成都：巴蜀书社，2008：983.

④ （汉）刘向撰，石光瑛校释，陈新整理．新序校释［M］．北京：中华书局，2001：145 – 148.

"是余受妻也"的理由之外，还存在政治方面的因素，试论如下。

1. 追逐财富的渴望

清华简《系年》："王入陈，杀徵舒，取其室以予申公。"① 此处的"室"除了指夏姬之外，也包括财产。《说文》："室，实也。"②

《左传》文公元年："穆王立，以其为太子之室与潘崇。"孔颖达《正义》："商臣今既为王，以其为太子之时所居室内财物仆妾尽以与潘崇，非与其所居之宫室也。"③ 竹添光鸿《会笺》："为太子之室与《曲礼》为人子之礼句法同，以其为太子之时所有财物，尽与潘崇也。"④

《左传》成公二年："巫臣尽室以行"，杜注："室家尽去。"⑤ 竹添光鸿《会笺》："尽带财贿去也。"⑥

《国语·周语中》："定王使单襄公聘于宋，遂假道于陈，以聘于楚。火朝觌矣，道茀不可行也。侯不在疆，司空不视涂，泽不陂，川不梁，野有庾积，场功未毕，道无列树，垦田若艺，膳宰不致饩，司里不授馆，国无寄寓，县无旅舍，民将筑台于夏氏。"韦昭注："民，陈国之民也。台，观台也。夏氏，陈大夫夏徵舒家也。"⑦

《国语·晋语六》："于是乎君伐智而多力，怠教而重敛，大私其匿，杀三郤而尸诸朝，纳其室以分夫人。"韦注："纳，取也。室，妻妾货贿。"⑧

《楚语上》记声子之言："昔庄王方弱，申公子仪父为师，王子燮为傅，使师崇、子孔帅师以伐舒。燮及仪父施二帅而分其室。"⑨ 韦昭注："施罪于二帅。二帅，子孔、潘崇也。室，家资也。"

① 清华大学出土文献研究与保护中心编，李学勤主编．清华大学藏战国竹简（贰）［M］．上海：中西书局，2011：167.
② （汉）许慎撰，（清）段玉裁注，许惟贤整理．说文解字注［M］．南京：凤凰出版社，2007：591.
③ （清）阮元校刻．十三经注疏·春秋左传正义［M］．北京：中华书局，1980：1837.
④ 〔日〕竹添光鸿．左氏会笺［M］．成都：巴蜀书社，2008：675.
⑤ （清）阮元校刻．十三经注疏·春秋左传正义［M］．北京：中华书局，1980：1897.
⑥ 〔日〕竹添光鸿．左氏会笺［M］．成都：巴蜀书社，2008：982.
⑦ 徐元诰．国语集解［M］．北京：中华书局，2002：61－62.
⑧ 徐元诰．国语集解［M］．北京：中华书局，2002：394.
⑨ 徐元诰．国语集解［M］．北京：中华书局，2002：490.

《礼记·曲礼上》："三十曰'壮'，有室。"郑玄注："有室，妻也。妻称室。"孔颖达疏："三十而立，血气已定，故曰壮也。壮有妻，妻居室中，故呼妻为室。若通而言之，则宫室通名，故《尔雅》云：'宫谓之室，室谓之宫。'别而言之，论其四面穹隆则曰宫，因其贮物充实则曰室，室之言实也。今不云'有妻'而云'有室'者，妻者，齐也，齐为狭局。云室者，含妾媵，事类为广。"①

唐人孔颖达认为室的含义大于妻，以贮物充实代表财产。斯维至先生曾指出分其室就是争夺劳动力，弱其室就是削弱对方的经济力量。② 赵世超先生指出《左传》《国语》中常见的"分室"含义包括掠夺帑、器用财贿采邑众室中的农业劳动者及他们耕种的土地。③ 朱凤瀚先生认为"室"指贵族家族的财产，主要包括田地及其他动产，所谓"取室"就是以暴力方式扩充财产。④

结合前引文献，可以证明"室"的含义较广，包括财产之义。徵舒家在陈国势力颇大。征舒是陈国大夫，夏姬又为郑穆公之女，其家财产当较为丰厚，引起楚国诸臣的觊觎实在情理之中。楚庄王始将征舒之室赐予巫臣，当是对巫臣使秦之功的酬谢，不料连尹襄老横刀夺爱，使巫臣一无所获。巫臣之所以坚持迎娶夏姬，对夏姬背后财富的追逐应为因素之一。

2. 赚取政治资本

巫臣追逐夏姬本欲提升屈氏家族在楚国政坛的影响力，但事与愿违，受制于楚国嫡系王族的挤压，迫使巫臣走向叛楚之路。

夏姬是郑穆公之女，《左传》昭公二十八年记载："是郑穆少妃姚子之子，子貉之妹也。"⑤ 郑国是晋楚争霸的关键所在，谁能征服郑国，谁就能掌握中原的话语权。郑穆公子嗣较多，除郑灵公之外，还有七子：子罕、子驷、子丰、子游、子印、子国、子良，势力庞大，后来郑国执政均出七穆之族。若能与郑国联姻，无疑有利于这一目标的实现。楚庄王初欲娶夏姬，可能有这方面的

---

① （清）阮元校刻. 十三经注疏·礼记正义 [M]. 北京：中华书局，1980：1232.
② 斯维至. 中国古代社会文化论稿 [M]. 台北：允晨文化实业股份有限公司，1997：69.
③ 赵世超. 周代国野制度研究 [M]. 西安：陕西人民出版社，1991：219.
④ 朱凤瀚. 商周家族形态研究（增订版）[M]. 天津：天津古籍出版社，2004：497.
⑤ 杨伯峻. 春秋左传注 [M]. 北京：中华书局，1990：1492.

考虑。

楚国讨伐陈国打出为陈平乱的旗号。《左传》宣公十一年："楚子为陈夏氏乱故，伐陈。谓陈人'无动！将讨於少西氏。'遂入陈，杀夏徵舒，轘诸栗门，因县陈，陈侯在晋。"① 杀死夏徵舒后，反而欲将陈改设为县、迎娶夏姬，这会影响楚王的形象。

《左传》成公二年：

楚之讨陈夏氏也，庄王欲纳夏姬。申公巫臣曰："不可。君召诸侯，以讨罪也；今纳夏姬，贪其色也。贪色为淫。淫为大罚。《周书》曰：'明德慎罚'，文王所以造周也。明德，务崇之之谓也；慎罚，务去之之谓也。若兴诸侯，以取大罚，非慎之也。君其图之！"王乃止。②

《史记·楚世家》：

十六年，伐陈，杀夏徵舒。徵舒弑其君，故诛之也。已破陈，即县之。群臣皆贺，申叔时使齐来，不贺。王问，对曰："鄙语曰，牵牛径人田，田主取其牛。径者则不直矣，取之牛不亦甚乎？且王以陈之乱而率诸侯伐之，以义伐之而贪其县，亦何以复令于天下！"庄王乃复国陈后。③

巫臣与申叔时的建议使得楚庄王明白国君娶夏姬会影响伐陈的正义性，而以陈为楚县则不利于提高楚国的政治形象，所以最终楚庄王放弃这一打算。

若巫臣娶得夏姬，对于屈氏的发展显然利大于弊，有助于屈氏获得更多的政治话语权。日本学者安倍道子曾讨论了春秋后期楚国王权与世族之间的斗争，认为庄王时代的王权得到强化，也产生了公子群政权。④ 李零先生认为斗氏、成氏衰落后，楚国一度由王族专政，蒍氏与屈氏辅之。楚共王时王朝贵族大多出自王族，康王初年也是如此。⑤ 今按王族专政在楚庄王时期已初现端倪，楚共王时期这一现象更为突出。子重、子反乃楚庄王兄弟；屈氏虽出自王族，但

① 杨伯峻. 春秋左传注［M］. 北京：中华书局，1990：713 - 714.
② 杨伯峻. 春秋左传注［M］. 北京：中华书局，1990：803.
③ （汉）司马迁. 史记［M］. 北京：中华书局，1959：1701 - 1702.
④ 〔日〕安倍道子. 关于春秋时代的楚王权——从庄王时代到灵王时代［M］//湖北省楚史研究会编. 楚史研究专辑. 武汉师范学院学报编辑部，1982：244 - 263.
⑤ 李零. "三闾大夫"考［M］//待兔轩文存·读史卷. 桂林：广西师范大学出版社，2011：231 - 232.

现已属别支，亲疏之别一目了然。加之被灭的若敖氏因势力过大，曾逼迫"王以三王之子为质焉"①，楚庄王兄弟对拥有实力的旧族保持警惕就不难理解。

《左传》成公七年：

楚围宋之役，师还，子重请取于申、吕以为赏田。王许之。申公巫臣曰："不可。此申、吕所以邑也，是以为赋，以御北方。若取之，是无申、吕也。晋、郑必至于汉。"王乃止。子重是以怨巫臣。子反欲取夏姬，巫臣止之，遂取以行，子反亦怨之。及共王即位，子重、子反杀巫臣之族子阎、子荡及清尹弗忌及襄老之子黑要，而分其室。子重取子阎之室，使沈尹与王子罢分子荡之室，子反取黑要与清尹之室。②

杜注："分申、吕之田以自赏。"巫臣为申公，子重请削申、吕部分之田为赏田，子反欲夺巫臣之妻夏姬，均是嫡系王族削弱屈氏的尝试。楚庄王惩于若敖氏之乱对子重、子反的做法并未节制，只是居中调和，将夏姬赐于连尹襄老，使得王族与屈氏暂时相安无事。及楚共王继位，倚重嫡系王族治理楚国，使得子重、子反肆无忌惮排挤巫臣，迫使巫臣离楚适晋。子重、子反以此为借口打击巫臣之族，屈氏暂时陷入低谷。

巫臣事件表面上看是巫臣、子反的争妻之案，实则潜藏着楚国王族打击其他支族的因素。楚庄王鉴于若敖氏之乱，有意培养嫡系王族势力，屈氏受此策略影响，进入发展的短暂停滞阶段也就成为必然。然因王族专政程度过强，导致其他大族不满，最终还是没有打破大族掌国政的怪圈，战国时期昭、屈、景依旧掌握楚国大权。

第四节　小结

楚文王利用息国与蔡国之间的矛盾，取息作为北进中原的重要基地。息县之师成为楚国军队的重要组成部分，在后来的争霸战争中厥功甚伟。楚庄王对

---

① 杨伯峻. 春秋左传注 [M]. 北京：中华书局，1990：681.
② 杨伯峻. 春秋左传注 [M]. 北京：中华书局，1990：833-834.

内铲除若敖氏，对外积极扩张，在邲大败晋军，楚国的霸权达到鼎盛。因楚国对巫臣、夏姬的处理方式不当，导致巫臣叛逃，为楚国霸权的衰弱受挫留下了极大的隐患。

结　语

　　商汤之所以能够取代夏朝，离不开贤臣伊尹的帮助。伊尹不仅亲自刺探夏朝的国情，还在商汤的领导下，率军参加了讨伐夏桀的战争，为商朝的建立作出了不可磨灭的历史贡献。在对待归顺的夏朝大臣与民众的问题上，伊尹建议商汤吸收夏朝降臣为我所用，安抚民众，终使商朝天下大定。重视贤才一直是商朝统治者的首要任务，至商王武丁时期，经过多方努力，寻得贤才傅说为其处理政事，傅说通过讨伐失仲建立功勋，被封爵赐土，委以朝政。在武丁与傅说的共同努力下，商朝臻于极盛。

　　西周灭商是一个非常重大的历史转折，周人在成功之后不断总结灭商的经验，天命思想就属于周人思考的内容。在《尚书》的周书部分经常看到周公宣扬"文王受命"的思想，这种天命转移思想渊源有自。清华简《程寤》篇所展示太姒所梦的内涵就涉及文王受命的说法，值得注意的是梦中主体是太子发，其携带的梓树令商庭的荆棘退避三舍，梦中蕴含的深意就是商灭周兴。太姒之所以会做这样的梦，其实更深层次的意义是文王已有反商之志，太子发在梦中的作用十分重要，此梦的象征意义是太子发将会率周的贤臣占领商都，推翻商朝。

　　周文王虽然未能亲自消灭商朝，却已经三分天下有其二，为武王完成最后一击做了铺垫。周武王灭商的过程相当顺利，传世文献与利簋铭文均可证明。胜利之快出乎周人原来计划，武王尚未来得及对新的周政权进行建设就因病撒手人寰。周公义无反顾地承担了辅佐成王、稳固天下的艰巨任务。但周公与成王的关系一直是一个谜。清华简《金縢》的发现，为我们重新研究"周公居东"及"召公身世"的历史难题提供了一个新的角度。太公、召公与周公的关系是一个容易使学者忽略的问题，而这一点恰恰能够为避居待罪说提供一定的佐证。周公诚然是一位伟大的历史人物，基于残酷的权力斗争，他与成王的矛盾真实存在。但是周公始终以周邦的稳定为出发点，最终敉平三监之乱，使天下大定。周公能在波谲云诡的政治漩涡中进退得宜，除去自身才能之外，原因之一就是博得召公、太公的支持。召公奭是一位高寿且享有极高政治威望的人物，这一方面由于他属于周的同族，与武王、周公为族兄弟，不会直接构成对王位的威胁，从而远离政治漩涡的中心；另一方面他以大局为重，与周公同心协力，对西周政权进行了富有成效的建设，维护了西周王朝的稳定。

周公在政权建设基本完成、成王熟悉政务之后，功成身退，致政成王。清华简《皇门》就是周公致政前的政治宣言，简文的公布为学者提供了绝佳的文本比勘的机会。其中关于"譬如戎夫，骄用从禽，其犹克有获？"一句的解释需要重新思考。周公的比喻是在劝谕大臣尽忠职守，然而无论是"戎夫"还是"农夫"，即已骄纵，显然无法成为周王狩猎的随从，造成简文理解上的疑难。通过论证，简本当依今本校改为："譬若畋，犬骄用从禽，其犹克有获？"就是说譬如王田猎时，以不熟悉地形和兽情的犬官随行去擒获猎物，如何能有收获？如此解释，方与《皇门》主旨相符。另外，《皇门》篇与《书·立政》的关系较为密切，对于两者的成篇年代问题有很多启发。两者在思想、内容方面均极为相似，周公先告诫群臣忠于职事、选贤与能，为权力移交做了妥善的安排，然后嘱咐成王要亲贤远佞，避免用人无度，注意维持政策的一致性与连贯性，可以推测《皇门》作于《立政》之前。

西周中期，周昭王与周穆王先后继续向外经营，却遭遇了一系列的挫折。一些有识之士心忧王室，开始向天子提出建议，纠正天子的偏失。祭公谋父就是一位重要的历史人物。清华简《祭公之顾命》中祭公谋父、周穆王的治国观念值得挖掘。祭公谋父出身西周世家大族，忠于王室，阅历丰富，使得他拥有足够的资历对于周穆王的不当行为进行规劝。穆王也并非荒淫无道之主，能在祭公弥留之际主动求教治国之道，西周盛行的天命思想也在穆王身上展示无余。祭公借此讽谏周穆王要继承文王、武王的遗志，恪守天命，依靠姬姓宗族，亲贤远佞，慎用刑罚，维护西周统治稳定。

西周末期，幽王未能妥善处理各方政治关系，加之西周国家固有的制度缺陷，导致西周的灭亡。在这一关键的历史时刻，各种政治势力重新洗牌，东周政权最终确立。传世文献中关于两周之际的史事记载矛盾甚多，而清华简《系年》第二章则为这一研究热点提供了新的视角。当现有史料无法做出统一的答案时，不妨换个角度，以周平王的经历为主线，审视这段历史的发展过程，可以得到这样一个结论：周平王并非传统认识中的被动主体，围绕权力也进行了积极的政治运作，其得到诸侯的广泛认可也经历了一个过程，携王之死损害了周王室的核心力量，埋下了东周一蹶不振的根源。

东周政权赖晋文侯之鼎力相助得以重建，而晋国内部后来出现曲沃小宗吞并大宗的巨变，这一格局引领晋国走向与其他诸侯国不同的政治轨迹。小宗的夺权成功使晋国国君始终充满对丧失权力的恐惧，公室力量被猜忌，异姓卿大夫逐渐触碰到权力核心。清华简《系年》第六章记载了晋献公末年的政治纷争，骊姬为子谋权迫害申生自杀，夷吾与重耳先后主宰晋国大政，晋文公成为最后的赢家。里克左右摇摆的政治态度造成晋国内乱的同时也葬送了自己的生命。在这一番乱局之中，勾勒出晋国内部公室力量不甘衰退而让位、新兴异姓力量勃兴的史实。

在晋文公的治理下，晋国蓬勃发展，但宋国的叛楚行为使得晋楚两国最终刀兵相见。在城濮之战中，随晋参战的有宋、齐、秦、群戎之师，随楚参战的国家包括郑、陈、蔡及群蛮夷之师。城濮之战使晋国的霸业得以实现，加剧了楚国的国内矛盾。晋国后来通过崤之战击败秦国，达到霸业的巅峰。

晋国赢得了中原霸权，但当初共同拥戴重耳的众位卿大夫已经在暗地里展开权力的争夺。赵氏家族的崛起吹响了这一号角。清华简《系年》第九、十章记载了晋襄公死后晋国内部的激烈政治斗争。狐、赵两族由原来的互相谦让变为针锋相对，赵盾的才能与政治手腕逼迫狐氏家族的狐射姑逃出晋国，退出晋国的权力争夺。赵盾对于拥立国君的改弦更张，成功获得了晋国公室的支持，同时也打击了其竞争对手的政治力量，暂时稳固了晋国的内部秩序。赵盾的精心谋划赢得了权力斗争的胜利，但付出了牺牲秦、晋两国外交关系的代价，造成晋、秦连年构兵的严重后果。

晋国的郤氏家族也通过战争攫取了扩充实力与提高政治地位的机会。晋国权臣郤克出使齐国受辱事件埋下了晋、齐两国交战的导火索。《系年》第十四章探讨了鞌之战与郤克的相关问题。齐顷公刻意安排妇人观看郤克出使齐国，导致郤克遭到妇人的嘲笑。此妇人并非传统认识中的萧同叔子，其实是齐顷公为了争夺霸权刻意安排了这一场景。后人却以讹传讹，编造了各种萧同叔子与郤克的传闻趣事，实不足取。鞌之战虽使晋国继续维持其中原霸权，但郤氏家族势力的不断扩张，使得晋国内部矛盾激化，暗伏不安定因素。

楚国由一个蛮夷之国如何成长为影响春秋战国政局的大国？《系年》第五章给予我们新的线索。以楚国、息、蔡三国关系为切入点，发现楚文王灭息对春秋格局意义重大，为楚国国力的膨胀奠定了雄厚基础。而息、蔡两个姬姓诸侯的自相争斗，说明周代赖以统治天下的宗法制日益衰弱，这一思想意识的式微也预示了汉阳诸姬姓封国终将被楚一一吞并的命运。

经过楚人的不断努力，楚国国力不断扩张。楚庄王对内敉平若敖氏等威胁王权的势力，对外继续推行扩张政策，获得了一些诸侯国的暂时臣服。郑国是中原争霸的一个关键，楚庄王借郑子家之乱的借口出兵伐郑，真实原因是郑国背楚与晋国结盟危害了楚国在中原的利益。楚国用萝卜加大棒的方式迫使郑国屈服。然晋国不甘放弃自文公以来就已获得的霸权，最终与楚国兵戎相见。结合清华简《系年》以及上博简等关于邲之战的史事，发现邲之战的爆发源于楚国国力渐强、晋国内部卿族不和的历史背景，战役使楚国获得梦寐以求的中原霸权。

楚国在国力鼎盛之际因一个看似微不足道的事件逐渐走向衰落。清华简《系年》第十五章记载了巫臣、夏姬私奔史事，夏姬本为徵舒之母，几经辗转之后嫁给了巫臣。巫臣遭到子反为首的嫡系王族的打压，最终私自携夏姬逃亡晋国。子反大肆诛杀巫臣之族，屈氏家族势力在楚国暂时陷入低谷，而逃亡晋国的巫臣联吴制楚，为吴国攻破楚国都城埋下了伏笔。巫臣、子反的争妻案，实则潜藏着楚国嫡系王族打击其他支族的历史背景。

清华简丰富的内容，为我们带来了很多新的想法与思路，一些传统问题因此得到解决，确属弥足珍贵的文献。清华简所涉及时间范围较广，这些重见天日的文字记载，将对整个上古史的研究产生深远影响。对清华简的研究方兴未艾，坚持利用出土文献与传世文献的紧密结合，就有可能解开某些古史遗留的谜团，尽可能地接近历史的真实。

参考文献

一、古籍

[1] （清）阮元校刻.十三经注疏［M］.北京：中华书局，1980.

[2] 《十三经注疏》整理委员会整理，李学勤主编.周易正义［M］.北京：北京大学出版社，1999.

[3] 高亨.周易大传今注［M］.济南：齐鲁书社，1989.

[4] （汉）伏生撰，（清）皮锡瑞疏证.尚书大传疏证.清光绪二十二年师伏堂刻本.

[5] （宋）蔡沈.书经集传［M］.上海：上海古籍出版社，1985.

[6] （清）牟庭.同文尚书［M］.济南：齐鲁书社，1981.

[7] （清）孙星衍.尚书今古文注疏［M］.北京：中华书局，1986.

[8] （清）皮锡瑞.今文尚书考证［M］.北京：中华书局，1989.

[9] 《十三经注疏》整理委员会整理，李学勤主编.尚书正义［M］.北京：北京大学出版社，1999.

[10] （清）朱右曾.逸周书集训校释［M］.北京：商务印书馆1937.

[11] 刘师培.周书补注.刘申叔先生遗书［M］.宁武南氏1936年校印本.

[12] 黄怀信，张懋镕，田旭东撰，黄怀信修订，李学勤审定.逸周书汇校集注［M］.上海：上海古籍出版社，2007.

[13] 《十三经注疏》整理委员会整理，李学勤主编.毛诗正义［M］.北京：北京大学出版社，1999.

［14］（清）孙诒让．周礼正义［M］．北京：中华书局，1987.

［15］黄怀信主撰，孔德立，周海生参撰．大戴礼记汇校集注［M］．西安：三秦出版社，2004.

［16］《十三经注疏》整理委员会整理，李学勤主编．礼记正义［M］．北京：北京大学出版社，1999.

［17］《十三经注疏》整理委员会整理，李学勤主编．仪礼注疏［M］．北京：北京大学出版社，1999.

［18］《十三经注疏》整理委员会整理，李学勤主编．春秋左传正义［M］．北京：北京大学出版社，1999.

［19］《十三经注疏》整理委员会整理，李学勤主编．春秋公羊传注疏［M］．北京：北京大学出版社，1999.

［20］《十三经注疏》整理委员会整理，李学勤主编．春秋谷梁传注疏［M］．北京：北京大学出版社，1999.

［21］（清）顾栋高辑，吴树平、李解民点校．春秋大事表［M］．北京：中华书局，1993.

［22］杨伯峻．春秋左传注［M］．北京：中华书局，1990.

［23］《十三经注疏》整理委员会整理，李学勤主编．尔雅注疏［M］．北京：北京大学出版社，1999.

［24］（汉）许慎撰，（清）段玉裁注，许惟贤整理．说文解字注［M］．南京：凤凰出版社，2007.

［25］（宋）陆佃．埤雅［M］．北京：中华书局，1985.

［26］（清）俞樾．群经平议［M］//续皇清经解．上海：上海书店，1988.

［27］ （清）万斯大．学春秋随笔［M］//皇清经解．上海：上海书店，1988.

［28］（汉）司马迁．史记［M］．北京：中华书局，1959.

［29］（汉）班固．汉书［M］．北京：中华书局，1962.

［30］方诗铭，王修龄．古本竹书纪年辑证［M］．上海：上海古籍出版社，2005.

［31］徐元诰．国语集解［M］．北京：中华书局，2002.

［32］　（汉）宋衷注，秦嘉谟等辑．世本八种［M］．北京：中华书局，2008．

［33］（汉）刘向集录，范祥雍笺证，范邦瑾协校．战国策笺证［M］．上海：上海古籍出版社，2006．

［34］　（汉）刘向撰，向宗鲁校证．说苑校证［M］．北京：中华书局，1987．

［35］（汉）刘向撰，石光瑛校释，陈新整理．新序校释［M］．北京：中华书局，2001．

［36］（汉）刘向．古列女传［M］．北京：中华书局，1985．

［37］（宋）郑樵．通志·二十略［M］．北京：中华书局，1995．

［38］（宋）洪迈．容斋随笔［M］．北京：中华书局，2005．

［39］（春秋）孔丘撰，孔子门人整理，杨树达疏证．论语疏证［M］．上海：上海古籍出版社，1986．

［40］王先谦．荀子集解［M］．北京：中华书局，1988．

［41］许维遹撰，梁运华整理．吕氏春秋集释［M］．北京：中华书局，2009．

［42］　（汉）刘安等撰，何宁集释．淮南子集释［M］．北京：中华书局，1998．

［43］（汉）贾谊撰，阎振益，钟夏校注．新书校注［M］．北京：中华书局，2000．

［44］（汉）班固撰，（清）陈立疏证．白虎通疏证［M］．北京：中华书局，1994．

［45］（汉）应劭撰，王利器校注．风俗通义校注［M］．北京：中华书局，1981．

［46］（汉）王充撰，黄晖校释．论衡校释［M］．北京：中华书局，1990．

［47］（汉）王符撰，（清）汪继培笺，彭铎校正．潜夫论笺校正［M］．北京：中华书局，1985．

［48］（清）陶方琦．汉孳室文钞》，收入《续修四库全书·集部·别集类［M］．上海：上海古籍出版社，2002．

二、出土文献及考古报告

［1］郭沫若．殷契粹编［M］．北京：科学出版社，1965.

［2］湖北省博物馆．湖北枝江百里洲发现春秋铜器［J］．文物，1972（3）．

［3］郭沫若主编，胡厚宣总编辑．甲骨文合集［M］．北京：中华书局，1978－1982.

［4］马承源主编．商周青铜器铭文选：三［M］．北京：文物出版社，1988.

［5］郭沫若．两周金文辞大系图录考释：上、下［M］．上海：上海书店出版社，1999.

［6］胡厚宣主编，王宇信，杨升南总审校．甲骨文合集释文［M］．北京：中国社会科学出版社，1999.

［7］中国社会科学院考古研究所编．殷周金文集成释文［M］．香港：香港中文大学出版社，2000.

［8］张亚初．殷周金文集成引得［M］．北京：中华书局，2001.

［9］马承源主编．上海博物馆藏战国楚竹书：一［M］．上海：上海古籍出版社，2001.

［10］刘雨，卢岩．近出殷周金文集录［M］．北京：中华书局，2002.

［11］曹玮．周原甲骨文［M］．北京：世界图书出版公司，2002.

［12］马承源主编．上海博物馆藏战国楚竹书：四［M］．上海：上海古籍出版社，2004.

［13］中国社会科学院考古研究所编著．中国考古学·西周卷［M］．北京：中国社会科学出版社，2004.

［14］钟柏生，陈昭容，黄铭崇，袁国华编．新收殷周青铜器铭文暨器影汇编［M］．台北：台北艺文印书馆，2006.

［15］河南省文物考古研究所，平顶山市文物管理局．河南平顶山应国墓地八号墓发掘简报［J］．华夏考古，2007（1）．

［16］马承源主编．上海博物馆藏战国楚竹书：七［M］．上海：上海古籍出版社，2008.

[17] 中国社会科学院考古研究所编. 殷周金文集成（修订增补本）[M]. 北京：中华书局，2007.

[18] 陈伟主编. 楚地出土战国简册［十四种］[M]. 北京：经济科学出版社，2009.

[19] 清华大学出土文献研究与保护中心编，李学勤主编. 清华大学藏战国竹简（壹）[M]. 上海：中西书局，2010.

[20] 清华大学出土文献研究与保护中心编，李学勤主编. 清华大学藏战国竹简（贰）[M]. 上海：中西书局，2011.

[21] 清华大学出土文献研究与保护中心编，李学勤主编. 清华大学藏战国竹简（叁）[M]. 上海：中西书局，2012.

三、国内学者著作

[1] 杨筠如. 尚书覈诂 [M]. 西安：陕西人民出版社，1959.

[2] 韩席畴编注. 左传分国集注 [M]. 南京：江苏人民出版社，1963.

[3] 童书业. 春秋左传研究 [M]. 上海：上海人民出版社，1980.

[4] 邹衡. 夏商周考古学论文集 [M]. 北京：文物出版社，1980.

[5] 唐兰. 殷墟文字记 [M]. 北京：中华书局，1981.

[6] 梁玉绳. 史记质疑 [M]. 北京：中华书局，1981.

[7] 顾颉刚编著. 古史辨：第一册 [M]. 上海：上海古籍出版社，1982.

[8] 张光直. 中国青铜时代 [M]. 北京：生活·读书·新知三联书店，1983.

[9] 黄留珠. 秦汉仕进制度 [M]. 西安：西北大学出版社，1985.

[10] 陈梦家. 尚书通论 [M]. 北京：中华书局，1985.

[11] 于豪亮. 于豪亮学术文存 [M]. 北京：中华书局，1985.

[12] 唐兰. 西周青铜器铭文分代史征 [M]. 北京：中华书局，1986.

[13] 张亚初、刘雨. 西周金文官制研究 [M]. 北京：中华书局，1986.

[14] 徐锡台. 周原甲骨文综述 [M]. 西安：三秦出版社，1987.

[15] 黄留珠. 中国古代选官制度述略 [M]. 西安：陕西人民出版社，1989.

［16］刘起釪. 尚书学史［M］. 北京：中华书局，1989.

［17］林剑鸣. 秦史稿［M］. 上海：上海人民出版社，1989.

［18］李学勤. 新出青铜器研究［M］. 北京：文物出版社，1990.

［19］赵世超. 周代国野制度研究［M］. 西安：陕西人民出版社，1991.

［20］裘锡圭. 古代文史研究新探［M］. 南京：江苏古籍出版社，1992.

［21］裘锡圭. 古文字论集［M］. 北京：中华书局，1992.

［22］黄怀信.《逸周书》源流考辨［M］. 西安：西北大学出版社，1992.

［23］杨向奎. 宗周社会与礼乐文明［M］. 北京：人民出版社，1992.

［24］陕西历史博物馆编. 西周史论文集［M］. 西安：陕西人民教育出版社，1993.

［25］王国维. 古史新证——王国维最后的讲义［M］. 北京：清华大学出版社，1994.

［26］徐少华. 周代南土历史地理与文化［M］. 武汉：武汉大学出版社，1994.

［27］吴荣曾. 先秦两汉史研究［M］. 北京：中华书局，1995.

［28］张正明. 楚史［M］. 武汉：湖北教育出版社，1995.

［29］陈平. 燕史纪事编年会按［M］. 北京：北京大学出版社，1995.

［30］李学勤. 古文献丛论［M］. 上海：上海远东出版社，1996.

［31］陈伟. 包山楚简初探［M］. 武汉：武汉大学出版社，1996.

［32］蔡运章. 甲骨金文与古史新探［M］. 北京：中国社会科学出版社，1996.

［33］斯维至. 中国古代社会文化论稿［M］. 台北：允晨文化实业股份有限公司，1997.

［34］王世民，陈公柔，张长寿. 西周青铜器分期断代研究［M］. 北京：文物出版社，1999.

［35］陈直. 读金日扎［M］. 西安：西北大学出版社，2000.

［36］王晖. 商周文化比较研究［M］. 北京：人民出版社，2000.

［37］袁林. 两周土地制度新论［M］. 长春：东北师范大学出版社，2000.

［38］李学勤. 简帛佚籍与学术史［M］. 南昌：江西教育出版社，2001.

[39] 黄留珠. 秦汉历史文化论稿 [M]. 西安：三秦出版社，2002.

[40] 张懋镕. 古文字与青铜器论集 [M]. 北京：科学出版社，2002.

[41] 沈长云. 上古史探研 [M]. 北京：中华书局，2002.

[42] 杨朝明. 周公事迹研究 [M]. 郑州：中州古籍出版社，2002.

[43] 张光直. 美术、神话与祭祀 [M]. 沈阳：辽宁教育出版社，2002.

[44] 刘启益. 西周纪年 [M]. 广州：广东教育出版社，2002.

[45] 彭裕商. 西周青铜器年代综合研究 [M]. 成都：巴蜀书社，2003.

[46] 钱穆. 先秦诸子系年 [M]. 北京：商务印书馆，2003.

[47] 田旭东. 二十世纪中国古史研究主要思潮概论 [M]. 北京：中华书局，2003.

[48] 陈伟. 郭店竹书别释 [M]. 武汉：湖北教育出版社，2003.

[49] 杨宽. 西周史 [M]. 上海：上海人民出版社，2003.

[50] 王国维. 观堂集林 [M]. 石家庄：河北教育出版社，2003.

[51] 王晖. 古文字与商周史新证 [M]. 北京：中华书局，2003.

[52] 张金光. 秦制研究 [M]. 济南：山东大学出版社，2004.

[53] 朱凤瀚. 商周家族形态研究（增订版）[M]. 天津：天津古籍出版社，2004.

[54] 胡平生，李天虹. 长江流域出土简牍与研究 [M]. 武汉：湖北教育出版社，2004.

[55] 任伟. 西周封国考疑 [M]. 北京：社会科学文献出版社，2004.

[56] 裘锡圭. 中国出土古文献十讲 [M]. 上海：复旦大学出版社，2004.

[57] 张政烺. 张政烺文史论集 [M]. 北京：中华书局，2004.

[58] 李零. 简帛古书与学术源流 [M]. 北京：生活·读书·新知三联书店，2004.

[59] 陈梦家. 西周铜器断代 [M]. 北京：中华书局，2004.

[60] 彭林. 中国古代礼仪文明 [M]. 北京：中华书局，2004.

[61] 尹盛平. 西周史征 [M]. 西安：陕西师范大学出版社，2004.

[62] 黄留珠. 传统历史文化散论 [M]. 西安：三秦出版社，2005.

[63] 刘钊. 郭店楚简校释 [M]. 福州：福建人民出版社，2005.

［64］顾颉刚，刘起釪．尚书校释译论［M］．北京：中华书局，2005.

［65］周玉秀．《逸周书》的语言特点及其文献学价值［M］．北京：中华书局，2005.

［66］吴静安．春秋左氏传旧注疏证续［M］．长春：东北师范大学出版社，2005.

［67］李学勤．中国古代文明研究［M］．上海：华东师范大学出版社，2005.

［68］李无未．春秋朝聘制度研究［M］．长春：吉林人民出版社，2005.

［69］童书业．春秋左传研究［M］．北京：中华书局，2006.

［70］吴镇烽．金文人名汇编（修订本）［M］．北京：中华书局，2006.

［71］王辉．商周金文［M］．北京：文物出版社，2006.

［72］黄怀信．逸周书校补注译（修订本）［M］．西安：三秦出版社，2006.

［73］张懋镕．古文字与青铜器论集：第二辑［M］．北京：科学出版社，2006.

［74］许兆昌．先秦史官的制度与文化［M］．哈尔滨：黑龙江人民出版社，2006.

［75］吕文郁．周代的采邑制度（增订版）［M］．北京：社会科学文献出版社，2006.

［76］杨树达．积微居甲文说·耐林庼甲文说·卜辞琐记·卜辞求义［M］．上海：上海古籍出版社，2007.

［77］李峰．西周的灭亡：中国早期国家的地理和政治危机［M］．上海：上海古籍出版社，2007.

［78］李零．郭店楚简校读记［M］．北京：中国人民大学出版社，2007.

［79］李学勤．走出疑古时代［M］．长春：长春出版社，2007.

［80］杨树达．积微居读书记［M］．上海：上海古籍出版社，2007.

［81］杨升南．甲骨文商史丛考［M］．北京：线装书局，2007.

［82］白国红．春秋晋国赵氏研究［M］．北京：中华书局，2007.

［83］李学勤．殷代地理简论［M］//李学勤早期文集．石家庄：河北教育

出版社，2008.

[84] 马承源. 中国青铜器研究 [M]. 上海：上海古籍出版社，2008.

[85] 于省吾. 双剑誃尚书新证 [M] //于省吾著作集. 北京：中华书局，2009.

[86] 朱凤瀚. 中国青铜器综论 [M]. 上海：上海古籍出版社，2009.

[87] 陈槃. 春秋大事表列国爵姓及存灭表譔异 [M]. 上海：上海古籍出版社，2009.

[88] 陈槃. 不见于春秋大事表之春秋方国稿 [M]. 上海：上海古籍出版社，2009.

[89] 杨泽生. 战国竹书研究 [M]. 广州：中山大学出版社，2009.

[90] 田旭东. 古代兵学文化探论 [M]. 北京：中国社会科学出版社，2010.

[91] 李学勤. 通向文明之路 [M]. 北京：商务印书馆，2010.

[92] 李锐. 新出简帛的学术探索 [M]. 北京：北京师范大学出版社，2010.

[93] 许进雄. 许进雄古文字论集 [M]. 北京：中华书局，2010.

[94] 陈槃. 旧学旧史说丛 [M]. 上海：上海古籍出版社，2010.

[95] 王晖. 古史传说时代新探 [M]. 北京：科学出版社，2010.

[96] 王宇信，徐义华. 商代国家与社会 [M]. 北京：中国社会科学出版社，2011.

[97] 韩江苏，江林昌.《殷本纪》订补与商史人物徵 [M]. 北京：中国社会科学出版社，2010.

[98] 王震中. 商代都邑 [M]. 北京：中国社会科学出版社，2010.

[99] 孙亚冰，林欢. 商代地理与方国 [M]. 北京：中国社会科学出版社，2010.

[100] 罗琨. 商朝的战争与军制 [M]. 北京：中国社会科学出版社，2010.

[101] 李峰. 西周的政体 [M]. 北京：生活·读书·新知三联书店，2010.

[102] 王连龙.《逸周书》研究 [M]. 北京：社会科学文献出版社，2010.

[103] 杨升南，马季凡. 商代经济与科技 [M]. 北京：中国社会科学出版社，2010.

[104] 陈伟. 新出楚简研读 [M]. 武汉：武汉大学出版社，2010.

[105] 晁福林. 夏商西周社会的变迁 [M]. 北京：中国人民大学出版社，2010.

[106] 李学勤. 三代文明研究 [M]. 北京：商务印书馆，2011.

[107] 宋镇豪. 商代社会生活与礼俗 [M]. 北京：中国社会科学出版社，2011.

[108] 中国文化遗产研究院编. 出土文献研究：第十辑 [M]. 北京：中华书局，2011.

[109] 顾颉刚. 顾颉刚读书笔记 [M]. 北京：中华书局，2011.

[110] 顾颉刚. 顾颉刚古史论文集 [C]. 北京：中华书局，2011.

[111] 朱凤瀚主编. 新出金文与西周历史 [M]. 上海：上海古籍出版社，2011.

[112] 李零. 待兔轩文存·读史卷 [M]. 桂林：广西师范大学出版社，2011.

[113] 刘国忠. 走近清华简 [M]. 北京：高等教育出版社，2011.

[114] 晁福林. 春秋战国社会的变迁 [M]. 北京：商务印书馆，2011.

[115] 曾运乾. 尚书正读 [M]. 北京：中华书局，2011.

[116] 晁福林. 天命与彝伦：先秦社会思想探研 [M]. 北京：北京师范大学出版社，2012.

[117] 许倬云. 西周史（增补2版）[M]. 北京：生活·读书·新知三联书店，2012.

[118] 清华大学出土文献研究与保护中心，北京大学出土文献研究所，荆州文物保护中心. 古代简牍保护与整理研究 [M]. 上海：上海：中西书局，2012.

[119] 裘锡圭. 裘锡圭学术文集 [M]. 上海：复旦大学出版社，2012.

[120] 张政烺. 论易丛稿 [M]. 北京：中华书局，2012.

[121] 张怀通. 逸周书新研 [M]. 北京：中华书局，2013.

[122] 陈致主编. 简帛·经典·古史 [M]. 上海：上海古籍出版社，2013.

[123] 李学勤. 初识清华简 [M]. 上海：中西书局，2013.

四、海外学者著作

[1] 〔美〕Herrlee Glessner Creel：The Origins of Statecraft in China，volume 1 [M]. Chicago：The University of Chicago Press，1970.

[2] 〔日〕安倍道子. 关于春秋时代的楚王权——从庄王时代到灵王时代 [M] //湖北省楚史研究会编. 楚史研究专辑. 武汉：武汉师范学院学报编辑部，1982.

[3] 〔日〕白川静. 金文的世界：殷周社会史 [M]. 温天河，蔡哲茂，译. 台北：台北联经出版社，1989.

[4] 〔美〕Edward L. Shaughnessy：Sources of Western Zhou History：Inscribed Bronze Vessels [M]. Berkeley：University of California Press，1991.

[5] 〔日〕白川静. 西周史略 [M]. 袁林，译. 西安：三秦出版社，1992.

[6] 〔日〕白川静. 金文通释选译 [M]. 曹兆兰，译. 武汉：武汉大学出版社，2000.

[7] 〔日〕岛邦男. 殷墟卜辞研究 [M]. 濮茅佐，顾伟良，译. 上海：上海古籍出版社，2006.

[8] 〔美〕夏含夷. 古史异观 [M]. 上海：上海古籍出版社，2005.

[9] 〔日〕竹添光鸿. 左氏会笺 [M]. 成都：巴蜀书社2008.

[10] 〔韩〕权仁瀚，金庆浩，李承律编. 东亚资料学的可能性探索 [M]. 桂林：广西师范大学出版社，2010.

[11] 〔美〕艾兰. 怎样成为君王 [N]. 王进锋，译. 光明日报，2010-07-12.

[12] 〔美〕艾兰. 龟之谜——商代神话、祭祀、艺术和宇宙观研究 [M]. 北京：商务印书馆，2010.

［13］〔美〕艾兰．世袭与禅让：古代中国的王朝更替传说（新译本）［M］．北京：商务印书馆，2010．

［14］〔美〕艾兰．早期中国历史、思想与文化（增订版）［M］．北京：商务印书馆，2011．

［15］〔美〕夏含夷．兴与象：中国古代文化史论集［M］．上海：上海古籍出版社，2012．

［16］〔以〕尤锐．展望永恒帝国：战国时代的中国政治思想［M］．孙英刚，译．上海：上海古籍出版社，2013．

五、学术论文

［1］杨向奎．周礼的内容分析及其著作年代［J］．山东大学学报，1954（2）．

［2］李学勤．论史墙盘及其意义［J］．考古学报，1978（2）．

［3］徐中舒．西周史论述［J］．四川大学学报，1979（3）．

［4］顾颉刚．周公制礼的传说和周官一书的出现［J］．文史，1979（6）．

［5］何幼琦．周公东征概述［J］．东岳论丛，1983（1）．

［6］陈昌远．“周公奔楚”考［J］．史学月刊，1985（5）．

［7］顾颉刚．周公执政称王——周公东征史事考证之二［J］．文史，1985（23）．

［8］李学勤．大盂鼎新论［J］．郑州大学学报（哲学社会科学版），1985（3）．

［9］李学勤．祭公谋父及其德论［J］．齐鲁学刊，1988（3）．

［10］李学勤．竹简卜辞与商周甲骨［J］．郑州大学学报（哲学社会科学版），1989（2）．

［11］黄怀信．《逸周书》时代略考［J］．西北大学学报（哲学社会科学版），1990（1）．

［12］张懋镕．周人不用日名说［J］．历史研究，1993（5）．

［13］王彩梅．召公奭与西周燕国的建立［J］．北京社会科学，1994（3）．

［14］李学勤．从金文看《周礼》［J］．寻根，1996（2）．

[15] 沈长云. 论殷周之际的社会变革 [J]. 历史研究, 1997 (6).

[16] 朱凤瀚. 房山琉璃河出土之克器与西周早期的召公家族 [M] //远望集：陕西省考古研究所华诞四十周年纪念文集. 西安：陕西人民美术出版社, 1998.

[17] 杨朝明. 周公东征史实诠说 [J]. 史学月刊, 2000 (6).

[18] 沈长云. 骊戎考 [J]. 中国史研究, 2000 (3).

[19] 李学勤. 师询簋与《祭公》[A]. 中国古文字研究会, 吉林大学中国古文字研究中心编. 古文字研究：第二十二辑 [Z]. 北京：中华书局, 2000.

[20] 余瑾. 对《逸周书·皇门解》的再分析 [J]. 西北师范大学学报, 2002 (3).

[21] 刘源. 逨盘铭文考释 [J]. 中国史研究, 2003 (4).

[22] 李学勤. 周公庙卜甲四片试释 [J]. 西北大学学报 (哲学社会科学版), 2005 (2).

[23] 王连龙. 汲冢《周书》考 [J]. 古籍整理研究学刊, 2005 (1).

[24] 张怀通. "孟侯, 朕其弟小子封" 新解 [J]. 历史研究, 2005 (5).

[25] 朱凤瀚. 柞伯鼎与周公南征 [J]. 文物, 2006 (5).

[26] 朱凤瀚.《召诰》《洛诰》、何尊与成周 [J]. 历史研究, 2006 (1).

[27] 朱凤瀚. 公簋与唐伯侯于晋 [J]. 考古, 2007 (3).

[28] 李学勤. 初识清华简 [N]. 光明日报, 2008 – 12 – 01。

[29] 张怀通. 小盂鼎与《世俘》新证 [J]. 中国史研究, 2008 (1).

[30] 陈絜. 应公鼎铭与周代宗法 [J]. 南开学报 (哲学社会科学版), 2008 (6).

[31] 张懋镕. 再论 "周人不用日名说" [J]. 文博, 2009 (3).

[32] 张光裕. 何簋铭文与西周史事新证 [J]. 文物, 2009 (2).

[33] 李学勤. 论清华简《保训》的几个问题 [J]. 文物, 2009 (6).

[34] 李学勤. 清华简《保训》释读补正 [J]. 中国史研究, 2009 (3).

[35] 李学勤. 周文王遗言 [N]. 光明日报, 2009 – 04 – 13.

[36] 李学勤, 刘国忠. 清华简与中国古代文明研究 [J]. 国学学刊, 2009

（3）.

[37] 李均明. 周文王遗嘱之中道观 [N]. 光明日报, 2009 - 04 - 20.

[38] 李均明.《保训》与周文王的治国理念 [N]. 中国史研究, 2009 - 05 - 20.

[39] 李零. 说清华楚简《保训》篇的"中"字 [N]. 中国文物报, 2009 年 5 月 20 日。

[40] 刘国忠. 清华简保护及研究情况综述 [J]. 中国史研究动态, 2009 （9）.

[41] 黄人二. 清华大学藏战国竹简《宝训》校读 [J]. 考古与文物, 2009 （6）.

[42] 李零. 读清华简《保训》释文 [N]. 中国文物报, 2009 - 08 - 21.

[43] 何驽. 山西襄汾陶寺城址中期王级大墓 IM22 出土漆杆"圭尺"功能试探 [J]. 自然科学史研究, 2009 （3）.

[44] 刘光胜. 清华简《保训》与《易经》的形成 [J]. 文史知识, 2009 （7）.

[45] 刘国忠. 清华简《保训》与周文王事商 [J]. 清华大学学报（哲学社会科学版）, 2009 （5）.

[46] 沈建华.《保训》所见王亥史迹传说 [N]. 光明日报, 2009 - 04 - 20.

[47] 沈建华. 释《保训》简"测阴阳之物" [J]. 中国史研究, 2009 （3）.

[48] 王辉. 清华楚简《保训》"惟王五十年"解 [J]. 考古与文物, 2009 （6）.

[49] 赵平安.《保训》的性质和结构 [N]. 光明日报, 2009 - 04 - 13.

[50] 赵平安. 关于《保训》"中"的几点意见 [J]. 中国史研究, 2009 （3）.

[51] 李学勤. 清华简《耆夜》[N]. 光明日报, 2009 - 08 - 03.

[52] 刘成群. 清华简《乐诗》与"西伯戡黎"再探讨 [J]. 史林, 2009 （4）.

［53］王鹏程．"清华简"武王所戡之"黎"应为"黎阳"［J］．史林，2009（4）．

［54］张怀通．武王伐纣史实补证［J］．中国史研究，2010（4）．

［55］刘光胜．由清华简谈文王、周公的两个问题［J］．东岳论丛，2010（5）．

［56］陈伟．《保训》字句试读［M］//出土文献：第一辑．上海：中西书局，2010：58 - 62.

［57］杜勇．关于清华简《保训》的著作年代问题［J］．天津师范大学学报（社会科学版），2010（4）．

［58］陈致．清华简所见古饮至礼及《耆夜》中古佚诗试解［M］//出土文献：第一辑．上海：中西书局，2010：6 - 30.

［59］刘成群．清华简《耆夜》与尊隆文、武、周公——兼论战国楚地之《诗》学［J］．东岳论丛，2010（6）．

［60］李学勤．从清华简谈到周代黎国［M］//出土文献：第一辑．上海：中西书局，2010：1 - 5.

［61］徐义华．清华简《保训》"假中于河"解［A］．中国古文字研究会，吉林大学中国古文字研究中心编．古文字研究：第二十八辑［Z］．北京：中华书局，2010.

［62］王辉．读清华楚简《保训》札记（四则）［M］．出土文献：第一辑．上海：中西书局，2010.

［63］沈建华．清华战国楚简《保训》所见商代先祖史迹传说［A］．中国古文字研究会．吉林大学中国古文字研究中心编．古文字研究：第二十八辑［Z］．北京：中华书局，2010.

［64］姚小鸥．"保训"释疑［J］．中州学刊，2010（5）．

［65］张崇礼．清华简《保训》解诂（四则）［J］．山东教育学院学报，2010（5）．

［66］王辉．也说清华楚简《保训》的"中"字［A］．中国古文字研究会，吉林大学中国古文字研究中心编．古文字研究：第二十八辑［Z］．北京：中华书局，2010.

[67] 王连龙. 谈清华简《保训》篇的"中" [J]. 古籍整理研究学刊, 2010 (2).

[68] 王连龙.《保训》与《逸周书》多有关联 [J]. 社会科学报, 2010 - 03 - 11.

[69] 刘国忠. 清华简《金縢》与周公居东的真相 [M] //出土文献:第一辑, 上海:中西书局, 2010:31 - 42.

[70] 沈建华. 清华楚简《祭公之顾命》中的三公与西周世卿制度 [J]. 中华文史论丛, 2010 (4).

[71] 黄人二. 战国简《保训》通解——兼谈其在中国经学史上"道统说"建立之重要性 [J]. 中国哲学史, 2010 (3).

[72] 廖名春, 陈慧. 清华简《保训》篇解读 [J]. 中国哲学史, 2010 (3).

[73] 郭伟川.《保训》主旨与"中"字释读 [N]. 光明日报, 2010 - 12 - 06.

[74] 甘凤, 王进锋, 余佳翻译. 整理. 中是什么 [N]. 光明日报, 2010 - 07 - 12.

[75] 张卉. 清华简《保训》"中"字浅析 [J]. 史学月刊, 2010 (12).

[76] 李学勤. 清华简九篇综述 [J]. 文物, 2010 (5).

[77] 廖名春. 清华简与《尚书》研究 [J]. 文史哲, 2010 (6).

[78] 杜勇. 关于清华简《保训》的著作年代问题 [J]. 天津师范大学学报, 2010 (4).

[79] 江林昌. 浅议清华简《保训》篇"中"的观念 [M] //出土文献:第一辑. 上海:中西书局, 2010:76 - 77.

[80] 张怀通. 武王伐纣史实补考 [J]. 中国史研究, 2010 (4).

[81] 李学勤.《程寤》《保训》"日不足"等语的读释 [J]. 清华大学学报 (哲学社会科学版), 2011 (2).

[82] 李学勤. 清华简与《尚书》《逸周书》的研究 [J]. 史学史研究, 2011 (2).

[83] 李学勤. 清华简《系年》及有关古史问题 [J]. 文物, 2011 (6).

［84］郭伟川. 武王遵遗训伐纣取中土——再论清华简《保训》［N］. 光明日报，2011 - 04 - 25.

［85］廖名春. 清华简《保训》篇"中"字释义及其他［J］. 中国哲学史，2011（2）.

［86］廖名春. 清华简《尹诰》研究［J］. 史学史研究，2011（2）.

［87］沈建华. 清华楚简《尹至》释文试解［J］. 中国史研究，2011（1）.

［88］沈建华. 清华简《祭公》与《逸周书》校读记［M］//出土文献研究：第十辑. 北京：中华书局，2011.

［89］廖名春. 清华简《金縢》篇补释［J］. 清华大学学报（哲学社会科学版），2011（4）.

［90］黄怀信. 清华简《金縢》校读［J］. 古籍整理研究学刊，2011（3）.

［91］李锐.《金縢》初探［J］. 史学史研究，2011（2）.

［92］刘国忠. 从清华简《金縢》看传世本《金縢》的文本问题［J］. 清华大学学报（哲学社会科学版），2011（3）.

［93］马楠. 清华简第一册补释四则［J］. 中国史研究，2011（1）.

［94］马楠.《金縢》篇末析疑［J］. 清华大学学报（哲学社会科学版），2011（2）.

［95］李锐. 清华简《保训》与中国古代"中"的思想［J］. 孔子研究，2011（2）.

［96］黄怀信. 清华简《程寤》解读［J］. 鲁东大学学报（哲学社会科学版），2011（4）.

［97］陈剑. 清华简《金縢》研读三题［M］//出土文献与古文字研究：第四辑. 上海：上海古籍出版社，2011.

［98］李学勤. 论清华简《楚居》中的古史传说［J］. 江汉考古，2011（2）.

［99］赵平安.《楚居》的性质、作者及写作年代［J］. 清华大学学报（哲学社会科学版），2011（4）.

[100] 李学勤. 清华简《系年》"奴之戎"试考 [J]. 社会科学战线, 2011 (12).

[101] 李学勤. 谈秦人初居"邽"的地理位置 [M] //出土文献：第二辑. 上海：中西书局, 2011：1 - 5.

[102] 李学勤. 纣子武庚禄父与大保簋 [M] //甲骨文与殷商史：新二辑. 上海：上海古籍出版社, 2011：1 - 4.

[103] 赵平安. 试释《楚居》中的一组地名 [J]. 中国史研究, 2011 (1).

[104] 李守奎. 根据《楚居》解读史书中熊渠至熊延世序之混乱 [J]. 中国史研究, 2011 (1).

[105] 刘国忠. 从清华简《金縢》看传世本《金縢》的文本问题 [J]. 清华大学学报 (哲学社会科学版), 2011 (4).

[106] 李均明. 清华简《皇门》之君臣观 [J]. 中国史研究, 2011 (1).

[107] 孙飞燕. 清华简《皇门》管窥 [J]. 清华大学学报 (哲学社会科学版), 2011 (2).

[108] 王连龙. 清华简《皇门》篇"惟正 [月] 庚午, 公 (格) 才 (在) 门"刍议——兼谈周公训诰的时间及场所问题 [J]. 孔子研究, 2011 (3).

[109] 邢文.《保训》之"中"与天数"五" [J]. 清华大学学报 (哲学社会科学版), 2011 (2).

[110] 李学勤. 论清华简《耆夜》的《蟋蟀》诗 [J]. 中国文化, 2011 (1).

[111] 廖名春. 清华简《金縢》篇补释 [J]. 清华大学学报 (哲学社会科学版), 2011 (4).

[112] 黄怀信. 清华简《金縢》校读 [J]. 古籍整理研究学刊, 2011 (3).

[113] 李锐.《金縢》初探 [J]. 史学史研究, 2011 (2).

[114] 陈颖飞. 清华简毕公高、毕桓与西周毕氏 [J]. 中国国家博物馆馆刊, 2012 (6).

[115] 陈颖飞. 清华简《程寤》《保训》文王纪年探研 [J]. 中国文化研

究，2012（1）.

　　[116] 刘成群. 毕公事迹及毕公世系初探——基于清华简的研究 [J]. 上海交通大学学报（哲学社会科学版），2012（4）.

　　[117] 杜勇. 清华简《金縢》有关历史问题考论 [J]. 古籍整理研究学刊，2012（2）.

　　[118] 彭裕商.《尚书》金縢新研 [J]. 历史研究，2012（6）.

　　[119] 罗恭. 清华简《金縢》与周公居东 [J]. 文史知识，2012（4）.

　　[120] 杨振红. 从清华简《金縢》看《尚书》的流传及周公历史记载的演变 [J]. 中国史研究，2012（3）.

　　[121] 许兆昌，齐丹丹. 试论清华简《系年》的编纂特点 [J]. 古代文明，2012（2）.

　　[122] 陈民镇.《系年》"故志"说—清华简《系年》性质及撰作背景刍议 [J]. 邯郸学院学报，2012（2）.

　　[123] 廖名春. 清华简《系年》管窥 [J]. 深圳大学学报（人文社会科学版），2012（3）.

　　[124] 李学勤. 清华简《系年》解答封卫疑谜 [J]. 文史知识，2012（3）.

　　[125] 马楠. 楚简与《尚书》互证校释四则 [M] //出土文献：第二辑. 上海：中西书局，2012：215－220.

　　[126] 程薇. 清华简《系年》与息妫事迹 [J]. 文史知识，2012（4）.

　　[127] 程薇. 清华简《系年》与晋伐中山 [J]. 深圳大学学报（人文社会科学版），2012（2）.

　　[128] 程薇. 清华简《系年》与夏姬身份之谜 [J]. 文史知识，2012（7）.

　　[129] 王红亮. 清华简《系年》中周平王东迁的相关年代考 [J]. 史学史研究，2012（4）.

　　[130] 陈颖飞. 楚悼王初期的大战与楚封君——清华简《系年》札记之一 [J]. 文史知识，2012（5）.

　　[131] 梁立勇. 读《系年》札记 [J]. 深圳大学学报（人文社会科学版），

2012 (3).

[132] 邓少平. 清华简《系年》与两周之际史事综考 [J]. 深圳大学学报（人文社会科学版），2012 (3).

[133] 陈伟. 读清华简《系年》札记 [J]. 江汉考古，2012 (3).

[134] 罗恭. 从清华简《系年》看齐长城的修建 [J]. 文史知识，2012 (7).

[135] 田旭东. 清华简《系年》与秦人西迁新探 [J]. 秦汉研究，2012, 6.

[136] 陈颖飞. 清华简祭公与西周祭氏 [J]. 江汉考古，2012 (1).

[137] 刘光胜. 清华简与先秦《书》经流传 [J]. 史学集刊，2012 (1).

[138] 黄怀信. 由清华简《尹诰》看《古文尚书》 [J]. 鲁东大学学报（哲学社会科学版），2012 (6).

[139] 刘国忠. 清华简与古代文史研究 [J]. 文史知识，2012 (3).

[140] 刘国忠. 清华简《程寤》与"文王受命" [J]. 文史知识，2012 (5).

[141] 刘光胜. 真实的历史还是不断衍生的传说——对清华简文王受命的再考察 [J]. 社会科学辑刊，2012 (5).

[142] 李学勤. 由清华简《系年》论《纪年》的体例 [J]. 深圳大学学报（人文社会科学版），2012 (2).

[143] 李桂民. 周原庙祭甲骨与"文王受命"公案 [J]. 历史研究，2013 (2).

[144] 廖名春，赵晶. 清华简《说命》上考释 [J]. 史学史研究，2013 (2).

[145] 吕庙军. 清华大学"出土文献与中国古代文明"国际学术研讨会 [J]. 邯郸学院学报，2013 (3).

[146] 李守奎：《清华简中的诗与《诗》学新视野 [J]. 中国高校社会科学，2013 (3).

[147] 马楠. 清华简《良臣》所见三晋《书》学 [J]. 中国高校社会科学，2013 (3).

[148] 江林昌，孙进. 由清华简论"颂"即"容"及其文化学意义 [J]. 中国高校社会科学，2013（3）.

[149] 杜勇. 从清华简《金縢》看周公与《鸱鸮》的关系 [J]. 理论与现代化，2013（3）.

[150] 杜勇. 从清华简《说命》看古书的反思 [J]. 天津师范大学学报（社会科学版），2013（4）.

[151] 程浩. 清华简《金縢》性质与成篇辨证 [J]. 上海交通大学学报（哲学社会科学版），2013（4）.

[152] 陈絜. 清华简札记二则 [J]. 中原文化研究，2013（4）.

[153] 丁四新. 近九十年《尚书·洪范》作者及著作时代考证与新证 [J]. 中原文化研究，2013（5）.

[154] 李锐. 清华简《傅说之命》研究 [J]. 深圳大学学报（人文社会科学版），2013（6）.

[155] 杜勇. 从清华简《耆夜》看古书的形成 [J]. 中原文化研究，2013（6）.

[156] 廖名春. 清华简《周公之琴舞》与《周颂·敬之》篇对比研究 [J]. 深圳大学学报（人文社会科学版），2013（6）.

[157] 魏栋. 清华简《系年》与携王之谜 [J]. 文史知识，2013（6）.

[158] 夏麦陵. 初读清华简《楚居》的古史传说——对《楚居》有关古史传说的一点思考 [J]. 中国国家博物馆馆刊，2013（11）.

六、学位论文

[1] 辛迪. 两周戎狄考 [D]. 北京：北京大学，2005.

[2] 严明. "清华简"《保训》研究 [D]. 北京：北京大学，2011.

[3] 马楠. 周秦两汉书经考 [D]. 北京：清华大学，2012.

[4] 郝贝钦. 清华简《耆夜》整理与研究 [D]. 天津：天津师范大学，2012.

[5] 肖攀. 清华简《系年》文字研究 [D]. 长春：吉林大学，2013.

[6] 陈民镇. 清华简《系年》研究 [D]. 烟台：烟台大学，2013.

[7] 路懿菡. 清华简与西周若干问题研究 [D]. 西安：西北大学，2013.

后 记

　　本书是在我的博士论文基础上修改而来。本书曾被评为陕西省优秀博士论文，亦可视之为读博期间获得的一点成绩的肯定。我自幼酷爱历史知识，后来对历史研究保持着浓厚的兴趣。

　　我在 2011 年秋进入西北大学攻读博士学位，逐渐接触清华简的研究。田旭东师开设了出土文献研读课程，我开始了解清华简等宝贵的出土文献与典籍相关的资料，由此产生了对清华简的兴趣，试着写了几篇小文章交给导师批阅。在导师的鼓励下，我开始对清华简第一册与第二册的内容进行整理研究，撰写了一些文章，先后发表在《光明日报》《西北大学学报》等一些刊物上，为本书的形成打下了一定的基础。部分文章得到中国孔子研究院院长杨朝明教授、美国达慕思大学邢文教授的审读，他们对我的论文部分内容给予了积极肯定的评价并给出了修改意见，《光明日报》国学版主编梁枢先生、张其成基金会也对我论文发表有过帮助。

　　在确定以清华简为研究对象之后，我一方面撰写论文的主要内容，另一方面也曾赴清华大学、复旦大学、西南大学等高校参加出土文献与先秦史相关的学术会议，得到过清华大学李守奎教授、西南大学张显成教授、邹芙都教授、复旦大学陈剑教授的帮助，李老师还对我的博士论文提出具体的修改意见与写作方向，对我启发很大。博士论文初稿完成后，田旭东师费心为我修改，大到论文结构，小至标点符号，提出许多宝贵意见，为我改正不少疏漏之处。导师还专门为我这部书撰写序言，这些均令我既感

257

且佩。博士答辩之前，论文曾匿名交由若干位专家评审并顺利通过，他们对我的博士论文给予了较高评价并提出了有价值的修改意见，使论文得到进一步的完善。博士论文答辩时，黄留珠教授、张懋镕教授、徐卫民教授、周天游教授、王晖教授在百忙之中出席我的答辩会，他们对论文的赞赏与积极评价使我感激不已。黄老师曾为我的硕士论文提出不少宝贵的意见并给予很大鼓励，还在我博士论文开题、答辩时给予具体的改进建议；张老师曾为我撰写推荐信，还将自己的著作赠送给我，这都令我备受鼓舞。

感谢美国哥伦比亚大学东亚系终身教授李峰老师，作为我的合作导师，李老师对清华简的看法与文章对我有很大启发。我还向李老师学习了西周与东周青铜器的研究课程，受益匪浅。在哥伦比亚大学学习期间参与过多次与外国学者的学术交流，亦曾与吴东明、Yong ha Kim、Chris Kim、王诗涵诸位博士共同研读清华简《系年》，对本书的完成有一定帮助。

我必须感谢我的硕士导师贾俊侠教授。在学习上，贾师对我严格要求，积极制定学习书目，指导我写作学术论文，督促我努力学习，使我打下了一定的史学基础。贾师对我的硕士论文、博士论文均仔细修改，提出很多有价值的意见。在工作生活上，贾师对我多有帮助，为我解决了不少问题，这都令我铭记于心。

陕西师范大学贾二强老师、周晓薇老师对我较为关心，周老师还数次帮我写推荐意见。西安文理学院长安历史文化研究中心的各位老师都对我有不同程度的帮助，其中赵均强老师对我的博士论文提出过很好建议。还要感谢华侨大学朱晓雪副教授，我们在美国相识，曾多次探讨先秦史与古文字的有关问题。

入职交大以后，得到了历史所的陈学凯老师、马金玲老师、王宇颖老师、宋希斌老师等各位师友在学习和工作上的帮助，特表谢意。

感谢赐予我生命的父母，他们含辛茹苦，在我的身上倾注了大量心血。我特别要感谢我的母亲，父亲因病去世之后，母亲毅然挑起家庭重担，赡养老人、抚养子女，继续支持我的学业。我的爱人温广琴女士善解人意、任劳任怨，在繁忙工作的同时对我照顾有加，在我失落彷徨的时候给我支持鼓励，还抽出时间帮我修改论文，得妻如此，夫复何求。此外，岳父对我的学习工作始终支持，大姑、大姑父、二姑、二姑父、两位表哥和嫂子为我提供了极大的精神和物质保障，深情厚意，何敢忘焉。我的弟弟、弟妹默默地为家里付出很多，令我感念于心。

最后感谢师姐路懿菡、师弟任晓峰、郭成磊、王彪、杨家刚等同门，他们与我有过很多学术讨论，对我写作论文颇有启发；师弟刚绍辉、王博凯、蔡旭、师妹朱莉娜为我的博士论文提出详细的修改意见，在生活学习上也给予我很大支持。他们的帮助促使我不断前进。

正是这些亲人师友的帮助，使我能够面对人生的起落，在学术研究的道路上坚持下去，以求不辜负他们对我的期望。

申超

于西安发愤阁

2018 年 12 月